KB097850

엄청나게 중요하고 믿을 수 없게 친근한 경제

베스 레슬리, 조 리처즈 지음
임경은 옮김

"　"

한결같이 응원해주고, 퇴고 때마다 피드백을 주며,

언제든 차 한잔을 대접해주던 샘 폴렛Sam Follett,

그리고 우리 아버지께 이 책을 바칩니다.

또한 우리와 마찬가지로 경제학을 조금이라도 재미있게 만드는 일에

열정을 보여준 〈몬티 파이튼Monty Python〉 시리즈의

희극 배우 테리 존스Terry Jones에게 특별히 헌사를 보냅니다.

1장   지금의 질서는 어떻게 생겨났을까?

2장   '경제'란 무엇일까?

3장 경제가 존재하는 목적

4장 여러분(그리고 그 밖의 모든 사람들)

5장 쇼핑 거리

6장　가정

7장　직장

8장 돈

9장 사회

10장 정부

추천사

●

장하준, 런던대학교 경제학과 교수,『장하준의 경제학 레시피』저자

───

우리는 모두 경제 속에 살고 있다. 우리가 하는 일과 우리에게 일어나는 일은 대부분 경제와 관련이 있다. 그러나 전문가의 경제분석과 우리 일상의 경험 사이에는 차이가 존재한다. 이 책은 그 차이를 메워준다. 또한 체계적이면서도 가볍고, 방대한 내용을 다루면서도 부담스럽지 않으며, 원칙적이면서도 거만하지 않다. 다 함께 읽어보기 바란다.

마틴 울프, 파이낸셜타임스 수석경제논설위원

───

경제란 무엇인가? 경제학은 또 무엇인가? 이 훌륭한 책은 비전문가에게 의미 있는 답을 제시한다. 경제는 쉬운 주제가 아니지만, 우리는 자신에게 직접적인 영향을 미치는 경제 지식을 누구나 조금이나마 지니고 있다. 또한 우리의 삶을 이해하고 민주주의에 참여하려면 경제와 경제학에 대해 어느 정도 알아야 한다. 이 책을 읽고 깨달음을 얻길 바란다. 경제학은 경제학자들에게만 맡기기에는 너무나 중요하다.

피터 안토니오니, 유니버시티칼리지 런던 교수

———

경제학자들이 말하는 내용이나 경제학과 경제에 관한 언론보도를 더 잘 이해하고 싶다면 주옥같은 이 책이 여러분을 출발점으로 안내할 것이다.

서문(이자 경고문)

●

경제학은 상당히 개인적이다. 학계는 경제학을 철저히 수학적인 학문으로 포장하기 위해 오랜 세월 노력해왔지만, 경제학이 다루는 진정 유일한 주인공은 이 책을 읽고 있는 여러분이다. 음, 더 정확히 말하자면 여러분과 다른 모든 사람들을 포함한다. 간단히 말해 경제학의 본질적인 주제는, 이제는 경제와 가장 동떨어져 버린 듯해도 결국 인간이다.

물론 하나뿐인 지구를 나눠쓰는 80억 인구의 행동을 연구하려면 다소 복잡해질 때도 있다. 그러나 이 중요한 작업이 복잡한 숫자, 주눅들게 하는 전문 용어로 가득한 그들만의 리그로 전락해서는 안 된다. 경제학은 우리 모두의 이야기이자, 우리가 영위하는 삶, 가능하거나 불가능한 온갖 선택을 다룬다. 그리고 이 모든 결정이 우리 자신뿐 아니라 가족, 지역사회, 지구, 우리와 공생하는 다른 모든 생물종에 미치는 영향을 탐구하는 학문이다.

이를 바꿔 말하면 경제학은 지극히 '주관적'이기도 하다. 우리는 모든 사람이 경제학에 접근할 수 있게 하자는 취지로 책을 썼지만, 때로는 (최선의 노력을 다했음에도) 우리 자신의 편향에서 벗어나지 못한 부분도 있을 것이다. 우리는 이 책(또는 다른 어떤 경제 서적이라도)을 집어든 독자 여러분에게 주변에서 들리는 정보가 옳은지, 그리고 그 정보가 화자의 어떤 가치관과 가설에서 비롯되었는지 마음을 열고 스스로 질문하기를 권한다.

분명히 밝히건대 우리 두 필자는 전문가들과 대적할 생각은 절대 없다. 앞서 말했듯이 경제학은 광범위하고 복잡해지기 쉬운 학문이다. 그만큼 그 모든 지식을 밝혀내는 전문가의 역할이 중요하다고 믿는다. 다만 여러분도 지식과 건전한 의심으로 무장해 대화에 동참하기를 바랄 뿐이다.

마지막으로 경제학은 엄청나게 광범위하다. 우리는 다방면의 전문가와 학자들에게 자문했고, 연구팀을 곁에 두어 이 책에 실을 정보를 정리하는 데 도움을 받았다. 그러나 결국 이것저것 넣다보니 어느 주제도 전문적 수준으로 깊게 파고들지는 못했다. 게다가 이 한 권의 책에 경제학의 모든 영역을 다룰 수도 없었기 때문에 미처 담지 못한 내용도 엄청나게 많다. 우리는 일상생활에 가장 밀접한 주제를 위주로 선택했고, 경제 초심자들이 입문하기에 좋은 폭넓은 정보를 제공하고자 했다. 그러나 많은 경제학자들이 이 책을 보면 그들이 가장 좋아하는 주제를 우리가 놓쳤다는 점에 안타까움을 금치 못할 것이라 예상한다. 따라서 우리는 독자들이 다른 경제학 서적도 찾아 읽고, 관심 있는 주제를 더 파고들고, 여기에 나온 설명보다 전반적으로 더 깊고 중요한 주제는 무엇일지 찾아보기를 권한다. 우리의 임무는 경제학을 쉽게 접근할 수 있게 하는 것이기 때문이다. 아무쪼록 이 책이 여러분에게 경제학이라는 거친 세계를 즐겁게 여행하는 첫걸음이 되기를 바란다.

이 책의 사용법

*

우리는 책장을 이리저리 휙휙 넘길 수 있는 책을 쓰고자 노력했다. 따라서 꼭 특정 순서대로 읽어야 할 필요는 없지만, 적어도 2장은 다른 장을 읽기 전에 먼저 읽고 넘어가기를 권한다. 그래야 경제에 대해 생각하고, 우리 일상 속에서 다양한 방식으로 작동하는 경제를 상상할 수 있는 큰 틀이 머릿속에 잡힐 것이기 때문이다.

이 책의 일부는 여러분에게 이미 익숙할 테고 일부는 생소할 것이다. 익숙한 부분은 건너뛰어도 좋지만, 아무리 뻔하다고 생각되는 부분이라도 두 번씩 읽어보기 바란다. 아마도 같은 주제를 놓고 색다르고 놀라운 방식으로 생각한 몇몇 경제학자가 있다는 것을 알게 될 것이다.

이 책이 '정치적'인지에 관하여

정답은 그럴 수도 있고 아닐 수도 있다.

우선 이 책은 경제를 다른 방식으로 이야기하자고 주장한다는 점에서 정치적이다. 그러나 앞서 논의했듯이 모든 종류의 정치적 당파를 포용하는 것이 목표라는 점에서는 비정치적이다. 모든 사람의 경제 경험은 각자 다르므로 이 책의 모든 내용이 여러분에게 와닿거나 여러분의 삶과 주변 세계를 설명하지는 못한다. 그래도 조금이나마 여러분의 마음을 움직이길 바랄 뿐이다.

이 책이 경제학의 올바른 정의에 대해 뚜렷한 소신을 갖고 있는 일부 전문가들의 심기를 불편하게 할 수도 있다. 우리 또한 그럴 가능성을 각오하고 썼다. 그러나 우리 두 필자는 특히 경제학이 신뢰를 쌓고 효능을 인정받기 위해서라면, 경제학의 문턱을 낮춰야 한다는 생각에 동의할 학자들이 더 많으리라고 믿는다.

물론 우리도 나름의 정치적 견해가 있기는 하지만, 이 책의 목표는 더 나은 경제는 어떠해야 한다고 설득하는 것이 아니라 경제에 관한 더 나은 대화의 장을 마련하는 것이다. 어쨌든 우리는 양질의 대화가 더 많은 사람들에게 유익한 결과로 이어질 것이라고 믿어 의심치 않는다. 경제적 의사 결정에는 흔히 특정 누군가를 이롭게 하고 다른 누군가는 불리하게 하는 상충관계가 따른다. 하지만 바라건대 진지한 경제 대화가 지금보다 활발해진다면, 대부분 사람들이 유익한 방향으로 경제생활을 '행할' 더 많은 방법을 찾을 수 있을 것이다.

그런 의미에서 이 책의 본질은 정치적이지만, 의도적으로 특정 당파성을 띄는 일은 없도록 자제했다.

1장

지금의 질서는 어떻게 생겨났을까?

경제는 어렵다. 우리 두 필자도 한때는 경제를 어려워했다.

지금의 경제에 일부러 질서를 세운 사람이 아무도 없었음에도 어떻게 체계가 잡혔을까? 경제학자 밀턴 프리드먼Milton Friedman은 "평범한 연필 한 자루를 혼자 만들 수 있는 사람은 아무도 없다. 언어도 종교도 다르고 심지어 만나면 서로 싫어할지도 모를, 말 그대로 수천 명이 협력해서 이 연필 한 자루를 만들었다!"라고 말했다.

이 과정이 어떻게 작동하는지, 그리고 겉으로는 질서정연해 보이는 시스템이 왜 종종 혼란에 빠지는지 제대로 이해하려면 경제를 알아야 한다. 온갖 종류의 '물건'이 차고 넘치는 세상에서도 빈곤층과 실업자가 사라지지 않는 이유는 경제에서 찾을 수 있다.

사람들은 하루하루를 다양한 규칙 속에서 살아가지만 그 규칙이 정확히 무엇인지, 심지어 때로는 자신이 규칙을 지키고 있는지도 전혀 의식하지 못하는 경우가 대부분이다. 우리는 체제의 일원이어서 각자 할 수 있거나 없는 행동, 그리고 해야 하거나 하지 말아야 할 행동이 그 체제에 따라 결정된다. 이처럼 사람들이 이끄는 삶과 선택하는 방향은 모두 체제, 그리고 그 체제에서 본인도 반쯤은 의식하지 못하는 규칙에 따라 정해진다. 그리고 그 체제를 바로 (여러분이 곧 배우게 될) '경제'라고 한다.

그러나 이 체제는 어떻게 생겨났을까? 길을 안내해줄 지도가 있었을까, 만약 있다면 그 지도는 누가 그렸을까? 사실 지금의 체제는 한 명이 아닌 여러 사람의 노력이 깃든 합작품이며, 심지어 (놀라지 마시라) 여러분도 여기에 한몫했다.

경제학을 이해하면 우리 인간이 살아가는 방식을 이해할 수 있다. 따라서 경제를 '행한다는(즉, 경제적 의사 결정을 내린다는)' 것은 한마디로 인류의 미래를 형성하는 것이라는 결론이 자연스레 도출된다.

지금 하는 모든 이야기가 다소 거창하게 들린다면, 바로 위와 같은 이유에서다. 하지만 걱정하지 마시길! 여러분의 이해를 돕기 위한 책이 여기 있으니 말이다.

경제란 무엇일까?

오늘날 '경제economy'라는 단어가 약간 어렵게 느껴질지 몰라도, 그 어원은 꽤 단순하다. 그리스어 'oikos(집)'와 'nemein(관리)'에 뿌리를 두고 있다. 이처럼 경제는 말 그대로 집안 살림을 관리한다는 의미다. 'oikos nemein'을 오늘날에 적용하자면 80억 인구가 가정(지구상 510제곱킬로미터)에서 살림을 관리하는 셈이다.

경제는 사람들이 먹고살고 (기왕이면) 잘살기 위해 매일 쏟는 모든 노력을 일컫는다. 말하자면 인간이 필요와 욕구의 일부나 전부를 충족하기 위해 일부러든 우연히든 스스로 조직하는 방식이다. 여기에는 여러분이 하는 일과 다른 사람들이 하는 일이 전부 포함된다. 또한 모든 사람을 연결하는 관계의 총체이자, 각자 가치 있게 여기는 것들을 얻으려는 행동이기도 하다. 그뿐 아니라 한정된 자원을 신중하게 분배하거나, 아니면 아예 처음부터 대체자원을 개발하는 과정도 있다. 과일을 재배하고, 버스표를 사고, 채굴 광물을 재활용하여 마이크로칩을 만들고, 아이디어를 공유하고, 산소를 공급해주는 자연을 보호하고, 집에 앉아서 TV를 보고, 부엌을 청소하고, 직접 빵을 굽는 것도 다 경제활동이다. 말 그대로 '하루도 빠짐없이' 수십억 인구의 주변에서 일어나는 모든 행동과 인간관계다. 권력도, 공정성도 경제에 들어간다.

그렇다면 경제에서 일어나는 이 모든 활동을 연구하는 학문인 경제학은 무엇일까?

경제학이란 무엇일까?

다들 알다시피 생물학 이전에 식물이 있었고, 요리법 이전에 식량이 있었다. 마찬가지로 경제학 이전에 경제가 있었다. 요점을 말하자면, 경제는 대상이고 경제학은 그 대상을 실행하는 행동, 혹은 연구하는 학문이다. 앞서 경제는 가정에서 살림살이를 관리하는 것이라 설명했으니, 당연히 경제학은 살림관리에 관한 연구, 생각, 혹은 대화다. 따라서 앞으로 논의하겠지만, 경제와 경제학이 거기서 거기처럼 들릴지 몰라도 두 단어의 구별은 중요하다.

경제학은 인간을 이해하고 조직하는 방식을 탐구하므로 학문 분야 중 사회과학에 속한다. 지구의 자원이 계속 고갈되는 가운데 인구는

21세기 말까지 거의 110억 명에 도달할 것으로 예상되는 만큼, 경제학의 역할은 꽤 중요해 보인다.

'경제학'이란 용어가 이해하기 어려운 것은 의미가 한둘이 아니기 때문이다. **경제학은 일종의 체제이자, 학문, 대화이기도 하다.**

체제(행동하는 방식)	우리 눈에 보이는 경제의 작동방식이 곧 우리가 속한 경제 '체제'다. 이러한 체제는 구성원의 필요와 욕구 충족에 도움이 되는 규칙과 구조를 가리킨다(2장에서 자세히 설명한다).
학문(생각하는 방식)	학문으로서 경제학의 목표는 이러한 필요와 욕구를 충족시키는 데 가장 적합한 체제를 더욱 잘 이해하는 것이다. 경제학은 효율성이나 형평성을 달성하는 방법, 경제에서 가치를 찾을 수 있는 영역, 그 가치를 창출하고 분배하는 방법 등을 탐구한다. 과학의 한 자리를 차지한 경제학은 "사람들이 계속 끼니를 해결하고, 수명을 연장하고, 위기를 피하거나 위기에서도 살아남을 수 있게 사회질서를 형성하는 가장 좋은 방법은 무엇일까?"라는, 인생에서 가장 중요한 질문의 답을 찾아내려 한다.
대화(이야기하는 방식)	어쩌면 경제학의 가장 중요한 측면은 대화일 것이다. 경제에 관한 이야기는 우리집 거실에서 채팅방, 사무실, 정부에 이르기까지 어디서도 빠지지 않는다. 사람들이 어느 쪽으로든 투표를 하고, 물건을 사고, 나아가 법률까지 제정하게 하는 모든 시작점은 결국 대화다. 그러나 경제를 주제로 나누는 대화는 그 당위성에 비해 소수의 사람들에게 국한되어 있을뿐더러 인기도 재미도 없는 편이다. 바로 그 이유로 이 책이 탄생하게 되었다.

경제학은 인간활동의 적잖은 부분을 설명하는 학문치고는 사람들과 친해지기 매우 어려운 것으로 악명 높다. 경제학자들은 자신이 인간을 연구한다는 것을 알고 있지만, 경제학자라는 집단이 대체로 인간과 소통하는 데 마냥 뛰어난 편은 아니다.

경제학이라 하면 대부분 사람들은 숫자와 차트를 떠올리지만, 인간의 생활과 기회를 순전히 수학적으로 설명하려 하면 대개 따분하고 어렵게 받아들인다. 이처럼 수학은 사람들이 사는 세계를 형성하거나 나아가 제대로 이해하는 것을 더 어렵게 만든다.

그러나 수학의 이면에는 사람 사는 이야기가 있다. 그리고 '경제학' 이전에 경제가 있었다. 실제로 경제는 언제나 존재해왔지만, 본격적으로 연구되기 시작한 것은 비교적 최근이므로 현재 우리가 아는 경제학은 역사가 꽤 짧은 학문이다.

간단한 역사 교실: 먼 옛날의 경제 살펴보기

현대 경제학의 언어가 생겨난 지는 아무리 길게 잡아도 300년이 채 되지 않는다. 그리고 경제학이 요즘 우리에게 친숙한 학과목으로 자리 잡은 역사는 더 짧아, 겨우 100년 남짓하다. 그러나 경제를 단순히 인간이 욕구를 충족하는 과정으로 정의한다면, 경제의 역사는 당연히 인류가 존재해온 수십만 년 동안 이어져왔다고 봐도 무방하다.

다시 말해, 로마 군단병이나 선사시대 수렵채집인도 '경제학'이라는 과목의 개념을 몰랐을 뿐, 그들은 모두 거래하고 세금을 매기고 화폐를 쓰는 등 오늘날 경제학자들이 연구하는 경제활동을 똑같이 행하고 있었다. 이처럼 초기 인류도 희소한 자원을 가지고 어떻게 체계적으로 모으고 나눠가질지 궁리하느라 머리를 싸매야 했다.

현대 경제의 가장 중요한 기반은 약 1만 2000년 전 인류가 농경을 도입했을 때 시작되었다. 초창기 농업은 대개 소규모로, 각 가족이 일용할 식량을 직접 재배하는 형태였다. 이를 자급자족 농업subsistence farming이라고 하며, 오늘날에도 사하라 이남 아프리카와 동남아시아 등지에서 볼 수 있다.

그러다가 이 농가들 사이에 계급이 형성되었다. 이른바 봉건제feudalism 사회에서 상위 계급은 하위 계급에 자원을 요구하면서 부를 쌓았다. 예를 들어, 중세 영주는 농노가 경작한 작물의 일정한 몫을 취득할 자격이 있었다. 그러나 1600년대 중반이 되자 유럽은 봉건제와 멀어지기 시작했다. 주로 왕실이 지배하던 군주국가들이 영토에 점점 더 강한 통제권을 행사하는 가운데, 시장이 확장되고 번성하기 시작했다. 중상주의mercantilism 시대의 특징으로 알려진 이 단계에서는 사람들이 모든 물건을 직접 만들기보다 필요한 여러 재화와 서비스를 얻기 위해 교환(즉, 사고팔기)하는 것이 더 일반적이었다.

시간이 흘러 정부는 시장이 스스로 작동하도록 내버려두는 한편,

시장의 기능을 지원하고자 공공도로와 교육시설 같은 사회기반시설을 늘리기 시작했다. 또한 분쟁이 발생할 경우 사람들의 권리를 보호할 사법제도도 가다듬었다. 법치주의(와 더불어 특히 완전한 소유권)의 정립은 경제가 계속 돌아가기 위한 필수조건으로 간주되기 시작했다.

우리는 근대화(특히 서양의 근대화)란 항상 진행되면 될수록 더 좋다는 전제하에 인류 역사를 곧 진보의 과정이라고 여기기 쉽다. 그러나 경제와 관련해서는, 지금까지 시간과 자원을 관리하는 방식으로 변화해온 역사가 인류와 지구에 모두 긍정적이었는지 의문을 품는 사람이 많아졌다. 비록 수렵채집인들에게 세탁기나 넷플릭스는 없었을지라도, 인류학자들은 그들의 통상 노동시간이 일주일에 단 이틀에 불과해 오늘날 평균적인 노동자보다 여가시간이 훨씬 많았다고 평가한다. 그렇지만 많은 사람들은 현대생활의 편리함이 이를 상쇄할 가치가 있다고 생각할 것이다. 반면 또 어떤 사람들은 영화 〈파이트 클럽Fight Club〉의 악명 높은 명대사 "광고는 우리가 자동차나 옷을 갈망하게 한다. 그래서 그토록 하기 싫은 일을 억지로 하며 돈을 벌고 그 돈으로 쓸데없는 물건을 사게 한다. 당신이 소유한 것이 결국 당신을 소유하게 된다"를 떠올릴지도 모르겠다.

경제의 규모나 체제에 관계없이, 우리가 공부하지 않으면 경제가 어떻게 작동하는지, 또는 어떻게 해야 더 잘 작동하는지 이해할 기회가 별로 없다는 것은 분명해 보인다. 그렇다면 앞으로 경제가 얼마나 발전하든 간에 경제학자의 역할은 여전히 중요할 것이다.

브렉시트

브렉시트 Brexit는 영국과 유럽 정치에 한 획을 그은 사건이었다. 영국과 유럽연합 European Union· EU 상대국에 예상되는 양적, 질적 변화와 그 파장의 규모뿐만 아니라, 사회 전반에 걸친 민주주의 절차와 경제 인식의 실상을 드러냈기 때문이다.

영국이 EU에서 탈퇴하면 무역, 이민, 물가, 일자리 등 경제의 다방면이 영향을 받을 것이라는 데는 모두가 동의했지만, 실제로 그 영향이 어떤 양상을 띠게 될지는 저마다 의견이 갈렸다. 대중에게 끊임없이 쏟아지는 정보들은 극과 극을 달려서, 어느 쪽의 정보든 거짓말로 사람들을 현혹한다는 의심을 살 수밖에 없었다.

브렉시트 투표 이후에 여론조사기관 유고브 YouGov가 실시한 설문조사에 따르면 탈퇴를 지지한 투표자와 잔류를 지지한 투표자 둘 다 비슷한 경제 지식수준을 나타냈지만, 투표에 기권한 유권자는 경제 지식수준과 이에 대한 자신감이 현저히 낮았다. 이처럼 경제에 대한 이해가 부족할수록, 사람들은 민주주의를 실현하는 절차에서 소외되기 쉽다는 점을 극명히 보여준 사례였다. 이 국민투표를 계기로 전 국민이 소통할 대화의 장이 위기에 처했음이 드러났다.

> ## 코로나19
>
> 코로나19 팬데믹으로 전국이 봉쇄되었을 때처럼 대규모 경제가 완전히 급변하는 경우는 극히 드물다. 팬데믹 사태는 경제학자들에게 나라마다 다양한 경제체제가 세계에 어떤 영향을 미칠 수 있는지에 관해 풍부한 데이터를 제공했다. 그 외 모든 사람들에게는 경제가 우리가 알던 모습에서 완전히 바뀔 수 있다는 것을 일깨워주었다.
>
> 코로나19 팬데믹은 우리의 국내외 공급망이 어떻게 달라져야 하는지, 노동 공급이 얼마나 탄력적이고 민첩하게 조정되어야 하는지, 복지제도의 개혁이 필요한지 아닌지 등 모든 경제 문제에서 논쟁을 촉발했다. 물론 이러한 담론이 실제로 어떤 변화로 이어질지는 아직 두고 봐야 한다. 팬데믹 발발 후 몇 달간 경제에 나타난 변화는 장기적으로 지속되지 못하거나 지속되어서도 안 될 것이다. 그러나 갑자기 우리 경제의 대대적인 재편이 필요해지면서 최소한 현재 경제체제가 구성원들의 필요를 충분히 충족하고 있는지 생각해볼 여지가 생겼다.

관점에 따라 각양각색

지금까지 경제의 역사적 여정을 간략하게 훑어봤듯이, 경제는 고정불변한 존재가 아니다. 전 세계적으로 각국의 역사, 지리, 정치에 따라 경제체제가 다양하게 형성되고 또 변화한다.

역사적 측면	시간의 흐름은 수렵채집인에서 봉건제, 로봇에 이르기까지 경제 발전의 가장 큰 원동력이었다.
지역적 측면	구소련의 계획경제에서 미국의 자유시장경제에 이르기까지 경제의 '표준'이 무엇인지에 대한 개인적 견해는 현재 처한 상황에 따라 달라진다.
정치적 측면	정치인이나 왕족 등 통치권자들이 형성한 경제는 그들의 사후에도 수 세기 동안 존속할 수 있다.
변화 속도의 측면	자급자족 농업이 수천 년간 진행되었고, 산업혁명은 급격하게 이루어졌듯이, 경제의 변화 속도도 일정하지 않다.

오늘날 우리가 '경제'라고 부르는 것에는 인류가 수천 년 동안 겪어온 진화, 권력투쟁, 협력, 교육, 전쟁, 변화가 녹아 있다. 즉, 경제는 의식과 무의식에 의한 인간 행동과 조직화의 결과물이다. 우리는 우연을 가장한 필연에 따라 현재에 이르게 된 것이다. 앞으로 또 경제가 어떻게 펼쳐질지는 아무도 모른다.

경제를 알아야 할 이유

오늘날 전 세계 많은 사람들이 누리는 높은 생활수준과 기술의 발전 등 인간이 달성한 가장 위대한 업적의 중심에는 경제학이 있다. 반면에 빈곤, 식량난, 노숙자 양산, 소득 침체, 직업 안정성 위기, 공공서비스 재원 마련, 집값 부담 등 우리 사회가 직면한 여러 중대한 문제의 중심에도 경제학이 있다.

오랜 세월 동안 더 나은 세상을 만들기 위해 다양한 정치, 경제정책이 쏟아져나왔다. 그 정책들이 얼마나 성공적이었는지에 대해서는 늘 의견이 분분했고, 정책으로 문제가 완전히 해결된 적도 별로 없다. 그래도 대부분 사람들은 경제가 나아졌다 싶으면 정부의 정책이 좋았기 때문이라고 생각한다. 이 점에서 경제학의 역할은 아주 중요하다.

항상 모든 사람을 만족하게 할 수는 없다. 하지만 우리가 더 다양하고 훌륭한 경제적 인식수준, 토론의 장, 경제학자 기반을 점차 구축한다면, 대부분 사람들이 지지하는 경제체제를 구축하기에 훨씬 유리한 여건을 조성할 수 있을 것이다. 그러기 위해서는 이러한 것들이 우리 모두에게 어떤 영향을 미치는지 훨씬 광범위하고 포괄적으로 대화할 기회가 필요하다.

경제학은 체제다: 경제 문제의 거대한 딜레마

현대 경제가 우리에게 주는 편익은 부인할 수 없다. 복잡한 연구에 매진해 최첨단 수술 기법과 생명을 구하는 신약을 개발해온 생의학자부터 매일 80억 인구를 먹여 살리는 수백만 명의 농부와 식품업 종사자에 이르기까지, 그들의 모든 노력으로 인류는 기대수명을 역사상 가장 길게 연장했다. 또한 클릭 한 번으로 책 한 권을 구매하고 번역할 수 있는 세상이다. 인간은 본질적으로 원시적인 종족치고는 제법 훌륭한 성과를 거두었다.

동시에 오늘날 경제가 완벽하다고 생각하는 사람은 아무도 없다. 실제로 80억 인구에게 충분한 식량이 공급되지 못하고,˙ 그들 모두의 생명을 구할 수술 기법도 제공되지 못한다는 것은 누구나 아는 사실이다. 오랫동안 지배적으로 거론된 해결책은 현재의 모든 경제활동을 더욱 촉진해 더 많은 사람들에게 편익이 돌아가게 해야 한다는 것이었다. 그러나 최근 들어 끊임없이 개발되거나 개선되는 온갖 발명품, 치료법, 식습관, 전반적인 생활양식 등이 그 자체로 문제를 일으킨다며 우려하는 사람들이 점점 늘고 있다.

이러한 주장에는 몇 가지 다양한 쟁점이 담겨 있다. 첫번째는 우리가 풍요를 추구하느라 생태계를 파괴하고 있고, 조만간 이 모든 환경 피해가 결국 우리의 발목을 잡을 것이라는 점이다. 두번째는 우리 경제가 자원을 모으는 데 워낙 치우친 나머지, 모아놓은 자원을 구성원 간에 충분히 나누지 못했다는 점이다. 따라서 생산물이 무질서하고 흔히 불평등하게 분배되는 것은 어떤 사람은 잘살고 또 어떤 사람은 말 그대

● 　실제로 2020년 전 세계에서 건강하고 활동적인 생활을 영위하기에 충분한 식량을 얻지 못한 인구가 약 8억 2100만 명에 달했다.

로 굶주린다는 의미이지, 경제활동이 활발하지 못해서라고 해석하기는 어렵다. 세번째는 현대 경제가 거대한 금전적 부를 창출하는 데 성공을 거둔 것은 분명한 사실이지만, 사람들의 복지를 개선하는 데는 역부족이었다는 점이다. 실제로 현대 경제가 복지를 오히려 악화했다는 주장도 있다. 사람들을 병들고 불행하게 만든 다음 '치료제'를 파는 식으로 부를 창출했다는 이유에서다.

물론 이러한 주장들에는 논란의 여지가 많다. 게다가 이러한 각각의 쟁점 속에서도 다툼과 논쟁, 견해차가 생기기 마련이다. 그러나 모든 경제 조치에는 파급효과가 따르며, 이러한 효과가 일부 사람들에게 미칠 부정적 영향은 어떤 노력으로도 막을 수 없다는 점에는 의심의 여지가 없다. 경제학은 결국 상충관계를 빼놓고 설명할 수 없다. 그러므로 한 가지 경제 문제를 '해결'하다 보면 종종 전혀 예상하지 못한 또다른 문제를 일으킬 수 있음을 인지해야 한다. 가장 커다란 경제적 '실수' 중에는 시간이 지난 후 깨달은 지혜 덕에 뒤늦게야 눈에 들어오는 경우도 적지 않다. 우리는 석면으로 건자재를, 납으로 페인트를, 담뱃잎으로 담배를 개발한 후 시간이 지나서야 이들이 건강에 얼마나 해로운지 깨달았다.

인간은 결코 완벽한 경제체제를 창조할 수 없다. 하지만 세상을 더 이롭게 하되 문제점을 줄이는 체제로 개선하려는 노력을 멈춰서는 안 된다. 이 방향으로 나아가기 위한 최선의 방법은 지속적인 토론일 것이다. 우리 경제가 추구해야 할 목표가 무엇인지, 그리고 그 과정에서 무엇을 지키고 무엇을 포기할 것인지 토론해야 한다. 또 권력과 공정성이 무엇이며, 이들이 우리 경제 전반에 어떻게 분포되어 있는지도 논의해야 한다. 우리의 우선순위를 정확하게 반영하려면 이 토론에 더 많은 사람들이 참여해 목소리를 내야 한다. 그러나 일단 합의된 우선순위에 잘 부합하는 체제를 구축하려면 어떻게 해야 할까? 이를 해결하는 것이 경제학이 할 일이다.

경제학은 학문이다: 세상을 현미경으로 들여다보기

우리가 살아가는 시스템을 이해하려면 경제를 학문의 한 영역으로 공부해야 한다. 이것이 대학, 연구소, 그리고 전 세계의 전문가와 학자들이 생각하는 경제학이다. 경제학자들은 그동안 수십억 인구의 상호작용을 관찰함으로써 세계가 돌아가는 원리를 밝혀내기까지 상당한 공적을 세웠다. 그들의 연구 범위는 지식의 발견이 필요한 거의 모든 분야에 영향을 미쳤다.

경제학자가 하는 일

경제학자의 임무는 설명하고, 예측하고, 결정하는 것이다. 그들은 지금 세계에서 무슨 일이 일어나고 있는지 설명하기 위해 세상을 이해하고, 여기에 다른 정보를 덧대어 미래에 일어날 일을 예측한다.

더 구체적으로 말하자면, 경제학자들은 대개 인간의 복지에 이로우면서 지구의 한계도 고려하는 방식으로 물적, 인적 자원을 구성할 방법을 찾기 위해 노력하고 있다. 때로 경제학자들은 어떤 결정 사안에 직면한 정부나 기업을 위해 비용편익분석cost-benefit analysis을 수행하고 그 결과에 따라 권고안을 제시한다. 따라서 미래를 예측할 뿐 아니라 미래에 영향을 미치기도 한다.

경제학자들은 세상이 어떻게 돌아가는지 이해하기 위해 일련의 관찰을 통해 원인과 결과를 파악한다. 가령 미국에서 마리화나가 합법화되면 멕시코의 마약 밀매 조직이 어떻게 반응할지, 영국으로 이민자들이 들어오면 영국 노동자의 임금이 얼마나 변동할지, 성차별 관행이 세계경제에서 그 나라의 위상에 어떤 영향을 미칠 것인지 등을 살펴본다.

또한 경제학자들은 많은 시간을 쏟아 한 주제를 연구하더라도, 그 주제를 놓고 저마다 의견이 다르기 일쑤다. 그들은 경제학의 정의와 범위, 그리고 최선의 경제정책 등에 대해 의견이 갈릴 수 있다. 그렇지만 어떤 시점에서든 적어도 몇몇 경제이론이 대부분 경제학자들 사이에서 특히 대세로 떠오르게 되는데, 흔히들 그 이론이 전체 경제학자들의 공통된 믿음이라고 오해하기 쉽다.

어떻게 보면 좋은 현상이 아닐 수도 있다. 경제학계는 사상과 정체성 면에서 다양성이 충분하지 못하다는 비판을 자주 듣는다. 예를 들어, 여러 연구에서 여성 및 소수민족 경제학자의 수가 유독 비중이 작다고 지적했다. 경제학자 아만다 베이어Amanda Bayer와 세실리아 라우스Cecilia Elena Rouse의 논문을 인용하자면, 다양성 부족은 "해결책의 범위를 좁히고, 익숙한 문제를 새롭고 혁신적인 관점으로 이해하는 우리의 집단지성을 제한"하고 있다.

이 문제와 더불어 어떤 사람이 경제학자라고 자칭할 수 있으려면 얼마나 많은 지식, 경험, 기술을 갖춰야 하는지도 논쟁거리다. 이러한 자격에 지나치게 집중하면 정보의 불필요한 취사선택이 발생할 수 있다. 동시에 경제학자들의 견해와 조언은 사람들의 삶을 근본적으로 변화시킬 만큼 커다란 영향력을 발휘하므로 그들이 어느 정도 전문성을 갖추기를 바라는 것도 당연하다. 그리고 의사나 건축가와 달리 경제학자에게는 연구를 감독할 규제기관도 없고, 행동방식을 규정한 공식적인 행동강령도 없다. 이런 이유로 경제학계가 대중의 신뢰를 얻기 어렵다고 자성의 목소리를 내는 경제학자들도 있다.

경제학은 '과학적 방법'을 따를까?

과학은 과학적 방법을 따른다. 기본적으로 이 의미는 예컨대 "지구는 평평하다"와 같이 과학자들이 반박할 수 있는 명제를 통해 이론을 제시한다는 것이다. 그리고 증거를 수집하고 그 증거가 해당 명제를 지지하거나 반박하는지 확인한 다음, 원래 이론을 받아들이거나 기각하거나 수정한다. 이 과정은 어떤 이론이 '법칙'으로 굳어질 정도로 충분히 입증될 때까지 반복된다.

안타깝게도 경제학에서 과학적 방법을 따르기는 (불가능까지는 아니더라도) 꽤 어렵다. 화학과 같은 자연과학에서는 엄격하게 통제된 실험실에서 관찰이 가능하다. 하지만 경제학과 같은 사회과학에서는 엄격한 실험실 환경을 조성하기가 훨씬 어려우므로 일상 세계에서 데이터를 수집해야 한다. 또한 다양한 변수도 탐구해야 하는데, 이들 변수는 실험 도중에 자주 바뀐다. 이 때문에 경제학자들은 동일한 데이터 집합을 두고 다른 결론을 내리기도 한다.

따라서 과학적 방법을 경제학에 적용하는 데는 대개 어려움이 따른다. 그러다보니 증명된 적이 없는 것을 사실로 받아들이는 경향이 있다는 비판을 받기도 한다. 또한 이 이유로 많은 경제학자들의 주장이 "~할 '가능성'이 있다"라는 식으로 끝난다.

신고전학파 경제학과 그 외 학파

경고 한마디 하자면, 지금부터 전문 용어가 다소 등장할 것이다. 경제학의 여러 갈래 중 많은 대학에서 신고전학파 경제학neoclassical economics을 가르치고 있다. 경제학계의 대세론인 신고전학파에는 대체로 세 가지 기본적인 특징이 있다. 바로 개인주의(집단보다는 개인에 중점을 둔다), 도구주의instrumentalism(인간은 자신의 선호에 의해서만 움직인다는 것을 멋지게 표현한 용어다), 균형(목표는 이론적 균형이다. 다만 현실 세계에서는 절대 달성할 수 없다)이다.

신고전학파가 워낙 지배적이다보니, 그 외 모든 대안 학파는 비주류경제학heterodox economics이라는 용어로 뭉뚱그려 취급된다. 신고전학파 사상과 이단 사상(이 책처럼!)을 모두 통합하려는 경제적 접근방식을 다원주의pluralism라고 한다.

이 책이 다원주의를 취한다는 것은 한 학파를 다른 학파보다 중요성이나 신뢰성 측면에서 우위에 두지 않으려 했다는 의미다. 대신 모든 경제학파에 공통적으로 부족해 보이는 덕목, 즉 열린 토론이 가능하고 정치와 결부된 실용적 측면을 다루고자 노력했다. 이 덕목은 경제학이 더욱 상호연결되고, 변화에 개방적이며, 궁극적으로 학계의 자각을 이끌어내기 위한 필요조건들이다.

미래 예측

예측은 다른 과학과 마찬가지로 경제학에서도 중요한 역할을 한다. 그러나 경제학의 예측 가능성 수준은 기상학(날씨 예측)에 비유할 만하다. 앞으로 일어날 일을 합리적으로 추측하기 위해 경제학자들은 무엇보다 수없이 많은 측정지표를 취합해야 하기 때문이다. 불확실성 속에서도 예측이 경제학에서 여전히 중요한 부분을 차지하는 이유는 문제에 대해 '치료보다 예방' 중심의 접근법을 채택해야 전면적 경제위기를 막을 가능성을 조금이나마 높일 수 있기 때문이다.

경제학자들은 왜 금융위기를 예측하지 못했을까?

2008년 금융위기 후 런던 정경대를 방문한 엘리자베스 여왕은 유수의 경제학자들에게 왜 아무도 위기를 예측하지 못했냐고 질문했다. 몇 년 후, 영란은행 소속의 경제학자 수지트 카파디아Sujit Kapadia가 여왕에게 그 질문에 답변하려 했다. 그의 답을 요약하자면 경제학자들이 규제가 느슨해진 금융 산업에 다소 안주하고 있었으며, 전면적인 위기가 언제 발생할지 정확히 예측하는 것은 신종 유행성 독감이나 지진을 예측하는 것 못지않게 어렵다는 것이었다. 언젠가 발생한다는 건 알지만, 언제 또는 어디서 찾아올지는 모르기 때문이다.

호주의 스티브 킨Steve Keen 교수 등 다른 경제학자들은 재빨리 자신들이 위기를 예측했다고 주장해왔다. 그러나 그들의 경고는 경제학계의 다른 모든 학자들에게서 동의를 얻지 못했기 때문에 주의를 환기하지 못한 채 묻히고 말았다. 결국 현재로서는 경제에 변수가 너무 많고 경제학자들 사이에 의견이 워낙 엇갈려, 수준이나 확실성의 여하를 막론하고 미래에 다가올 위기를 예측하기가 어려워 보인다.

경제학자의 연구실

경제학자의 연구실은 곧 우리가 살고 있는 세상이다. 경제학자들은 다양한 시대와 공간을 초월하는 다량의 데이터를 수집해 서로 비교하기도 한다. 예를 들어, 국가마다 다른 법제가 빈곤에 초래하는 결과나 인구구성이 경제에 미치는 영향, 재난이 하룻밤 사이에 경제에 가져올 변화 등을 비교할 수 있다.

그러나 이 접근방식에는 한계가 있다. 전 세계를 현미경으로 관찰할 수도 없는 노릇이고, 새로운 경제 아이디어를 현실에 적용하면 어떻게 되는지 알아내려고 전체 인구를 연구 대상으로 삼기에는 윤리적 문제가 따른다. 따라서 경제학자들은 세상이 어떻게 작동하는지(또는 작동할 것으로 예상되는지) 연구할 다른 방법을 고안해야 한다. 그 방법 중 하나는 모델model을 개발하는 것이다. 또다른 방법은 파일럿 프로젝트pilot project로, 몇몇 사람들에게 특정 경제정책을 시행해본 후 그 효과가 비교군보다 더 나은지 확인하는 소규모 실험을 말한다.

경제학에 '옳고 그름'이 있을까?

어떤 집단이든 사람들에게 이 질문을 하면 "틀림없이 그렇다!"부터 "전혀 아니다!"까지 양쪽에서 똑같이 확신에 찬 대답을 듣게 될 것이다. 질문을 명확히 하려면 먼저 좀더 과학적인 용어를 써야 한다. 경제학자들은 실증적(혹은 기술적), 규범적 관점에서 주장을 펼친다.

실증적 진술은 "~라는 점은 사실이다(반박할 수 없는 증거로 검증 가능해야 함)"로 끝나는 반면, 규범적 진술은 "~라고 생각한다(절대 참, 거짓을 판별할 수 없음)"로 끝난다. 이처럼 경제학자들은 '사실'과 '의견'을 가리키는 그럴싸한 용어를 붙여서 사용하고 있다. 사실과 의견을 구별해야 한다는 점은 명백하지만, 바로 그 점으로 인해 우리가 원하는 질문의 답을 찾기는 훨씬 까다로워진다.

경제학에 과학적 방법을 적용하기가 어려운 만큼, 경제학자들은 종종 똑같은 현상을 설명하면서도 서로 다른 실증이론을 제시한다. 이것이 경제학자들의 의견이 천차만별인 이유 중 하나다. 또다른 이유는 학자마다 가치관이 다르기 때문에 다양한 규범적 명제를(즉, 저마다 조언이 다르다) 도출하기 때문이다.

따라서 A 경제학자는 X 정책이 이윤을 극대화할 것이므로(실증적 진술) 바람직한 정책이라고(규범적 진술) 주장할 수 있다. 반면에 B 경제학자는 X 정책이 이윤을 극대화할 것이라는 점은 동의하지만 이윤 극대화가 최우선이 되어야 한다는 점에는 동의하지 않을 수 있다. 또 C 경제학자는 이윤 극대화에 우선순위를 두는 데 찬성하면서도 X 정책으로는 그 목표를 달성할 수 없다고 생각할 수 있다.

분명히 이는 얼핏 복잡하게 느껴질 것이다! 그러나 중요하게 기억할 점은 어떤 경제정책의 '효과성'에 동의하지 않는 것과(효과가 없을 것이다) '목표'에 동의하지 않는 것은(이 정책을 시행해서는 안 된다) 엄연히 다르다는 것이다.

우리는 모두 경제를 이야기한다

미국 재무부(공공재정을 관리하는 부처)의 한 일원은(스티븐 므누신Steven Munchin 전 재무장관을 가리킨다. ─옮긴이) 환경운동가 그레타 툰베리Greta Thunburg가 화석연료 투자를 축소하라고 주장하자 "경제학부터 공부해라"라고 일침을 가했다. 이 말에는 경제학 '학위'가 없으면 경제학에 대한 '의견'도 꺼낼 자격이 없다는 흔한 사고방식이 함축되어 있다.

이러한 발상은 다른 영역에서 찾아볼 수 없는 특징이기에 특이하다. 예컨대 보건, 교육, 정치 전반에서는 의사, 교사, 전업 정치인뿐 아니라 우리 같은 내세울 것 없는 서민들도 얼마든지 특정 정책에 대한 나름의 신념을 지킬 수 있다. 물론 경제학 연구에 많은 시간과 노력을 쏟은 전문가들의 지식은 존중해야 마땅하지만, 경제학은 전체적으로 우리의 삶과 분명 밀접하게 연결되어 있다. 그만큼 시민들을 대화에서 차단하려는 시도는 모두 기껏해야 지식인들의 속물근성을 반영하거나 최악의 경우 민주주의의 실패로 볼 수 있다.

이 점은 대중의 신뢰를 진정 얻고자 하는 경제학자와 정책입안자라면 특히 유념해야 한다. 그리고 우리는 경제학이 복잡하다고 입을 다물기보다는 오히려 그렇기 때문에 더 많이 알아야 한다. 어떤 주장에 대한 사람들의 확신이 아무리 강하더라도 그 주장이 무조건 타당하다고 볼 수는 없기에 특히 그러하다. 경제학에 관심이 있는 사람이라면 폭넓은 경제 문해력을 키워서 손해 볼 일은 없다는 것을 알 것이다.

경제학은 대화다

20세기 영국 경제학자 조안 로빈슨Joan Robinson은 "경제학을 공부하는 목적은 경제학자들에게 속지 않는 방법을 배우는 것"이라고 말한 적이 있다. 그러나 우리의 삶 전체를 지배하는 것을 '왜' 배워야 하는지는 쉽게 알 수 있지만, '어떻게' 배울 것인지는 알기 어렵다.

경제 정보가 하도 많아서 어디서부터 시작해야 할지, 또 어느 정보를 믿어야 할지도 막막하다. 심지어 2018년 「데일리메일Daily Mail」 설문조사에 따르면, 대부분 부모가 자녀에게 돈이라는 때문은 주제로 경제 교육을 하기보다 차라리 성교육을 하는 쪽이 마음 편하다고 한다.

주눅들거나 헷갈려도 걱정하지 말자

우리 두 필자는 경제와 관련된 일을 하면서 아이들을 위한 경제교육법을 배우려고 여러 학교를 방문해 수업을 참관했다. 거기서 초등학생들이 일상 속 경제 이야기를 흥미로워한다는 점을 알게 되었다. 이 어린 친구들은 미래, 장래 희망, 지구 살리기 등을 토론하며 자신의 아이디어를 유감없이 펼쳐 보였다. 균형재정을 달성하는 방법에 대해 토론할 때는 무례한 사람에게 세금을 물리자는 의견부터 운전자에게 자동차엔진이 켜져 있는 시간만큼 도로세를 부과하자는 의견까지 다양한 해결책을 내놓았다. 발상이 흥미롭고 영리하기 그지없었다. 그러나 중학교 이후부터는 경제 수업 분위기가 축 처지고, 학생들 사이에서 '경제'가 두렵다는 인식이 확 와닿기 시작한다. 경제라 하면 나중에 자신들이 부채 부담에 시달리거나 조부모의 연금이 삭감되는 시나리오를 떠올린다. 비록 연금이 무엇이고, 왜 영향을 받는지는 모르지만 말이다. 성인이 되면 분위기는 훨씬 어두워진다. 대부분 성인은 대화 주제가 경제로 옮겨가면 얼른 "미안하지만 잘 몰라요"라고 짧게 대답하고 대화를 마무리한다. 청년기를 보내는 동안 무슨 일이 있었기에 이 기회의 과목이 말도 꺼내기 싫은 과목으로 바뀌어 버린 걸까?

2016년에 유고브는 대중을 상대로 설문조사를 실시해 언론과 정치인이 경제를 전달하는 방식을 어떻게 생각하는지 질문했다. 예상대로 조사 결과는 별로 긍정적이지 않았다. 10명 중 9명이 경제 이야기가 "어렵다"라고 답했다. 말 그대로 우리 모두의 삶과 관련된 주제를 대부분 어려워한다는 통계가 나오다니 우려스러운 일이다. 자선단체 이코노미Economy의 알리 노리시Ali Norrish가 주도한 추가 연구에서는 대부분 사람들이 경제학에 대해 다음과 같이 느낀다고 정리했다.

— 복잡하고 이해하기 어렵다.
— 믿음이 안 가고, 부정적인 말이 너무 자주 나온다.
— 우리가 가장 중요시하는 요소, 즉 인간적 측면이 빠져 있다.
— 경제를 주제로 사람들과 대화하기가 내심 두렵다.

그러나 더욱 놀라운 사실은 언론인과 정치인들의 인식도 이 설문 조사 결과와 크게 다르지 않은 것으로 보아, 경제학에 대한 오해와 혼동이 언론계, 정치계에도 만연해 있다는 것이다. 기자는 정치인이 더욱 쉽게 표현할 수 있는 형태의 정보를 전달하기를, 정치인은 경제학자가 더욱 인간적이고 공감하기 쉬운 사실과 수치를 전달하기를 요구했다. 그러나 전문 경제학자라면 누구나 인정하겠지만, 21세기의 경제학 교과 과정에 '대중과 소통하는 방법'이라는 과목은 들어 있지 않다. 경제학자들과 대중의 이해도 사이에는 분명 커다란 간격이 있으며, 대부분 사람들은 이 문제를 부인하기는커녕 해결책이 필요하다고 인식했다.

그러나 해결책을 요구하거나 마련하려는 노력도, 그 노력이 시급하다는 인식도 아직 부족해 보였다. 사실 이 주제를 논하는 사람조차 아무도 없는 듯했다. 경제를 알기 쉽게 전달하는 방식이 부족하다는 점은 때로 경제학자들 스스로도 겸연쩍어 외면하고 싶어하는 암묵적 진실인 것 같았다. 그리고 특정 경제학 지식이 현실에서 어떻게 작동하는지 실제로 이해하지 못하는 정치인 중 이를 공개적으로 인정하고 싶은 사람은 당연히도 거의 없을 것이다. 게다가 기자 중에도 경제와 관련된 어떤 주장을 선뜻 반대 관점에서 자세히 따져볼 만큼 경제학 배경지식이 충분한 사람이 별로 없다.

우리가 이 책을 쓰는 과정에서 만나 대화한 일부 기자들은 작가, 경제학자, 정치인들 사이에 특정 이데올로기가 담긴 경제적 '사실'을 찾고 이에 초점을 맞추는 관행이 흔하다는 의견을 내비쳤다. 그리고 대중이 경제와 관련된 투명한 정보를 발견하거나 찾아보는 데 익숙하지 않은 상황에서, 경제학은 어떤 정책 결정이라도 정당화할 목적으로 쓰일 수 있는 절대적 성역이 되었다.

대다수 경제학자, 언론인, 심지어 정치인들도 처음에는 좋은 뜻을 품고 각계에 입문했을 것이다. 그러다 갈수록 초심을 잃는 것은 경제학 때문이다. 세계가 점점 더 복잡해지고 상호연결되어 갈수록, 전문가와 대중이 다 같이 이해할 수 있는 경제 용어의 부재가 분명히 드러났다. 세계가 빠르게 변화하는 동안 사람들은 친근한 경제 용어가 더 절실히 필요했고 또 원했지만, 경제학계는 이러한 용어를 고안하지 못했다.

경제를 상상하라

이처럼 헝클어진 실타래를 풀기 위해서는 사람들이 이미 알고 있는 것부터 이해하는 것이 중요했다.

경제가 무엇인지 눈을 감고 상상해보자. 그동안 자라면서 들어온 경제의 다양한 정의와 스스로 갖고 있는 경제에 대한 다양한 아이디어를 떠올려보라. 이제 그중 하나를 골라 스스로에게 그 정의를 얼마나 자신 있게 이해하고 있는지 물어보자. 이제 다른 사람에게 똑같은 질문을 하고 그 사람과 자신의 대답을 비교해보라. 그 대답은 약간, 심지어 완전히 다를 수도 있다. 자, 두 사람은 각자의 정의에 대해 얼마나 확신에 차 있는가?

이 질문은 여러분을 떠보기 위한 것이 아니다. 만약 두 경제학자로

하여금 이 일을 똑같이 하게 하더라도 여러분과 똑같은 경험을 할 가능성이 크다. 아니면 두 학자가 생각해낸 서로 다른 정의를 놓고 긴 시간 동안 열띤 토론을 벌일 것이다. 요컨대 경제란 무엇인지 명확한, 더 중요하게는 '일관된' 정답이 없는 이상, 누구도 자신 있게 경제를 정의하리라고 절대 기대할 수 없다.

그 이유는 여러 가지가 있다. 그중 하나는 단순히 경제가 워낙 방대해서, 무엇이 경제이고 무엇이 아닌지를 파악하기가 꽤 어렵다는 점이다. 그리고 학교에서 기본 경제 지식을 가르치지 않으면, 우리는 경제가 무엇인지 이것저것 주워들으면서도 그 정보들을 하나로 정리할 기회는 전혀 갖지 못할 것이다.

따라서 경제란 무엇이냐는 개념 또는 '심성 모형mental model'이 사람마다 다양하게 형성된다. 우리가 앞서 인용한 연구는 사람들이 경제를 바라보는 방식이 다음과 같다는 것을 보여주었다.

돈	쉽게 말해 경제는 돈이자, 우리가 돈을 가지고 하는 모든 행위다.
커다란 원	커다란 원을 중심으로 여러 요소가 들락날락한다.
데이터로 가득한 원	일자리나 금융 등 다양한 주제로 구성된 원형 도표다.
순환	움직임과 흐름이 있는, 돌고 도는 순환구조다.

도표	숫자와 가격을 표시하는 차트나 도표로 구성되어 있다.
네트워크와 노드	다양한 사물이 복잡하게 얽혀 있는 집합이다.

이러한 이미지들은 꽤 익숙하게 느껴질 것이다. 그리고 이 이미지들이 어떻게 형성되었는지는 언론에서 경제를 설명하는 다양한 방식을 살펴보면 짐작할 수 있다. 1년간 저녁 뉴스를 보는 습관을 들이면, 다음과 같은 문장으로 된 경제 뉴스가 들린다는 것을 깨달을 것이다.

— 무언가가 상승하거나 하락한다(항상 둘 중 하나다).

— 시장이 폭락, 붕괴하거나 호황 상태다(기왕이면 전자보다 후자가 더 자주 들리면 좋겠다).

— 증권이나 유동 자산(및 그 외 차트에 딸린 많은 항목) 등으로 구성된 대차대조표가 등장한다.

— 자본시장과(그게 무슨 뜻이든 간에) 관련이 있다.

— 시의회가 재정 삭감을 이유로, 고령층에게 버스 무료 승차 혜택을 제공하기가 곤란해졌다(아니, 이유가 뭐라고?).

— GDP에서 X조 파운드 상당의 가치가 증발했다(이런……).

— 수백만, 수억, 수조 파운드, 혹은 그 이상의 돈이 오간다(우리가 보기엔 백만 단위나 조 단위나, 가늠이 안 되기로는 거기서 거기지만 말이다).

상상이 가는가.

경제와 연관된 이미지가 이토록 다양하다보니, 경제가 무엇인지 머릿속에 그리는 그림이 사람마다 각양각색이고 다소 헷갈리기도 한다. 사람들은 이 모든 것을 이해하기 위해 씨름하느라 경제에 관해 대화할 때면 대화수준이 한계에 이른다. 게다가 경제에 관해 이야기하기를 흔히들 두려워하므로 경제가 여전히 경이의 대상으로 남아 있는 것도 놀랄 일이 아니다.

언론에서 보도되는 사실과 실제 사람들의 체감이 다르기 때문에(예컨대 주식시장이 급락했다는 소식은 언론에서 헤드라인을 장식하지만 모든 사람이 일상에서 마주하는 소식은 아니다), 사람들은 경제가 중요하다는 것을 알면서도 자기 삶과 어떤 관련이 있고 자신이 어떻게 경제에 영향을 미칠 수 있는지 잘 모른다. 요약하면 경제는 다음과 같이 알려져 있다.

> 너무 방대하고 딱딱해서 이해하거나 친해지기 어려운 동질적 완전체다.

더 세부적, 일상적 예로는 지역 도서관을 위한 자금 기부 등이 있다. 하지만 이런 경우에는 '경제'라는 단어를 언급하지 않는 경우가 많아, 사람들이 경제와 연관 짓거나 경제적 측면에서 이해하지 못한다.

사전적 의미, 그런데 가만⋯⋯

부연하자면 경제의 정의가 특히 명확하지도 않을뿐더러, 사전적 의미조차도 책마다 어느 정도 차이가 있다.

- "국부를 창출하고 이용함으로써 구축한 거래 및 산업체계"(케임브리지)
- "한 국가나 지역에서 재화와 서비스가 생산, 소비되고 통화가 공급되는 상태"(구글, 옥스퍼드)
- "각 국가, 지역, 시대에 따른 경제생활의 구조나 조건"(메리엄 웹스터)

하지만 이러한 정의 중 어느 것도 경제학이 대부분 사람들에게 진정 시사하는 의미의 범위를 완전히 담고 있지 못하다. 동시에 언론에서 '특정 경제'와 관련해 보도하는 내용을 상당히 반영하는 것도 아니다. 또한 경제가 우리와 어떤 관계가 있는지 명확하게 밝히지도 않는다.

동질성

우리는 숲을 볼 수 있지만 나무는 볼 수 없다. 우리가 경제에 관한 대화와 쉽게 친숙해지기 힘든 이유 중 하나는 아마도 경제가 그 자체로 마치 살아 숨쉬는 짐승처럼 하나의 동질적 완전체로 제시되기 때문일 것이다. 뉴스에서 사용되는 표현을 보면 경제는 '지지부진' '붕괴' '실패' '폭락'하는 경향이 있으며, 자연 현상에 빗대어 '악천후' '폭풍' '만개' 양상을 띠기도 한다.

경제를 설명할 때 흔히 동원되는 비유법은 자칫 따분할 수 있는 경제 데이터를 쉽게 전달하기에 도움이 되겠지만, 경제를 단지 '타인'들로 구성된 동질적 완전체로 묘사하는 대실수를 초래할 수도 있다. 그러면 결국 우리 각자의 고유한 경험과 행위 가능성이 배제되므로, 수십억 인구의 실제 생활방식을 오해할 수 있다는 문제가 생긴다. 재치 있는 비유법은 흥미를 자아낼 수 있지만, 자칫 우리의 인식과 현실 사이에 벽을 쌓을 수도 있다.

경제를 사람과 분리된 '객체'로 간주한다면, 사람들은 경제가 자신들과 무슨 관련이 있는지 보고 느끼지 못하기 때문에 '경제를 위해' 어떤 조치가 필요하다는 주장에 내 일처럼 공감하기 어려워진다. 동시에 어떤 정책이나 아이디어가 "경제에 좋다 나쁘다" 하는 것은 지나치게 단순한 접근이어서, 경제가 수십억 인구, 역할, 선택, 지표로 구성된 결과라는 사실을 간과한다. 어떤 사람에게는 좋은 정책이 다른 사람들에게는 안 좋은 정책이 될 수 있고, 그 반대의 경우도 마찬가지다.

일반화가 경제를 이해할 때 도움이 되지 않는다는 뜻은 아니다. 단지 부분이 전체가 아닐뿐더러 그렇게 믿어서도 안 된다는 얘기다. 예를 들어, 한 국가의 경제가 "견실하다strong"라는 가설을 살펴보자. 이 문장에는 우리가 얻을 수 있는 유용한 정보가 많이 담겨 있다. 가령 이 국가는 고용률이 높고, 재화와 서비스의 생산량도 많을 가능성이 높다. 그러나 불공정이 만연해 있을지도 모른다는 가능성은 드러나지 않는다. 그리고 이 국가에 사는 빈곤층은 자신들이 '견실한' 경제 속에서 살고 있다는 말이 딴 세상 이야기처럼 들리거나 심지어 귀에 거슬릴 수도 있다.

경제를 잘못 정의한 예

경제의 정의에 대한 오해가 워낙 다양해서, 역으로 경제에 해당하지 않는 몇 가지를 명확히 가려내는 것이 더 도움이 될 수도 있다. 다음의 예는 경제의 올바른 정의가 아니다.

수학	경제학에는 수학이 많이 등장한다. 실제로 수학이 워낙 광범위하게 사용되는 나머지, 사람들은 "경제학은 곧 수학"이라고 믿을 정도가 되었지만, 사실은 그렇지 않다. 수학을 별로 사용하지 않고도 경제'활동'은 얼마든지 가능하다. 결국 숫자는 실생활에서 일어나는 활동을 설명하기 위한 하나의 방법일 뿐이다.
화폐 및 금융	화폐와 금융은 경제의 '일부'이지, '전부'는 아니다. 금융 시스템은 식량이나 교육과 마찬가지로 단순히 한 부문이며, 화폐는 경제활동을 수행하기 위한 일반적인 수단일 뿐이다. 금융위기는 대개 경제위기로 이어지기 때문에 이 둘을 같다고 생각하는 경향이 있다. 그러나 자연재해, 전염병, 전쟁과 같은 비금융적 요인도 모두 경제위기를 일으킬 수 있다.
비정치적	경제정책은 항상 정책을 시행하는 사람들(대개 정부)의 세계관에 영향을 받기 마련이다. 이는 분명한 사실이지만, 정치적 의견에 경제 언어를 사용하여 경제적 사실(실증적 명제로 가장한 규범적 명제)로 프레임을 씌우는 사람들을 심심찮게 찾을 수 있다.
완전히 정치적	앞의 논점을 반대로 생각하면, 경제가 논의되는 주무대가 국회이기 때문에 경제학의 '모든' 부분이 정치적이라고 생각하기도 쉽다. 그러나 실제로 (실증적) 경제분석은 대부분 정치적 중립을 유지하기 위해 노력한다.
항상 국가적 차원	경제 규모는 지역, 국가, 세계에 이르기까지 어떤 범위든 될 수 있다.

| 우리 삶의 모든 것 | 경제는 의료 접근성에서 당근 가격에 이르기까지 우리 생활의 대부분에 영향을 미친다. 따라서 우리는 모두 경제활동을 한다. 그러나 경제가 '어디에나' 있다고 해서 우리에게 '전부'는 아니다 |

우리의 접근

이 장의 서두에서 우리 두 필자도 전에는 경제를 어려워했다고 고백했다. 그때 워낙 답답한 마음이었기 때문에 많은 시간을 할애해서라도 경제의 더 정확한 정의를 밝혀내고, 다른 사람들에게도 경제를 더 쉽게 설명할 방법을 찾기로 결심했다.

시중에도 경제 교과서 내용에 쉽게 다가갈 수 있도록 풀어쓴 입문서가 많이 나와 있다. 더 깊게 들어가면 그 교과서들에서 발견되는 주류 경제사상을 건전하게 비판하는 학술논문도 많다. 그러나 이 둘을 절충해 경제학과 일상생활을 연결 지을 만한 생활 밀착형 안내서는 찾아보기 힘들다.

2장에서 다룰 경제의 정의는 우리 둘이 고안한 개념으로, 경제학을 쉽게 알리고자 노력하는 많은 사람들과 5년에 걸쳐 협력한 끝에 정리한 결과물이다. 우리는 이 정의를 고안하기까지 다음과 같은 노력을 기울였다.

- 경제학자, 기자, 전문가, 시민이 경제를 표현하는 다양한 방식을 살펴보고 이들을 모두 관통하는 최대공약수를 찾았다.
- 사람들이 가장 쉽게 공감할 수 있는 단어와 문구를 찾았다.
- 그동안 사람들이 느끼면서도 볼 수 없었던 비가시적 요소를 포함했다.
- 민주주의 절차, 그리고 이것이 경제와 어떻게 상호작용하는지 탐구했다.
- 명료하면서도 참신하다는 피드백을 받을 때까지 정의를 다듬었다.

경제의 정의, 그리고 모든 사람이 경제를 이야기할 방법과 또 그래야 하는 이유에 대한 더 활발한 토론을 촉진할 수 있도록 이 책이 부족하게나마 보탬이 되길 바란다.

2장

'경제'란
무엇일까?

이제 우리는 경제가 무엇인지 감을 잡았다. 연구실에서 완성된 과학이든, 사람들이 어디서나 주고받는 대화든, 경제학은 '경제'에 관한 학문이다. 또한 우리는 사전과 미디어가 '경제'라는 것을 설명하는 방식 중 어느 것도 올바른 정의라는 생각이 들지 않는다. 그렇다면 경제의 진짜 의미는 무엇일까?

'경제'는 우리가 필요와 욕구를 충족하기 위해 가치 있는 것들을 가지고 하는 행동의 총합이다.

다시 말해, 우리를 둘러싼 세계에서 살아남고 자원을 최대한 활용하기 위해 우리가 매일 하는 모든 일을 가리킨다. 경제는 우리 자신을 조직하는 시스템이다. 주로 직업과 돈처럼 분명히 경제(학)적인 것을 의미하지만 그게 전부는 아니다. 우리가 모두 돈밖에 모르는 것도 아니고, 단순히 일만 하는 것도 아니기 때문이다.

우리의 시간부터 지구상의 천연자원에 이르기까지 우리가 소중히 여기는 것은 대부분 한정되어 있다(경제학에서는 '희소성'이라고 한다). 즉, 모든 사람이 항상 원하는 것을 다 가질 수는 없다. 인간은 희소한 자원을 어떻게 나눌 것인지 끊임없이 결정을 내려야 한다. 경제는 이 분배를 결정하는 과정이 진행되는 시스템이다. 따라서 경제는 권력과 공정성의 문제라고 볼 수 있다.

경제의 구성 요소: '가치에서 가치관'까지

경제의 형태와 규모는 다양하다. 소규모 가계경제에서 거대한 세계 경제에 이르기까지 모든 경제는 각기 다른 모습을 띤다. 그래도 모두 공통점이 있다.

그림 ❶ 그림으로 재구성한 '(일반적) 경제'

경제는 다음으로 구성된다.

우리가 가치 있게 여기는 것들	시간, 소유물, 자연, 돈 등
가치물을 가지고 하는 활동	교환, 생산, 보호, 판매, 소비 등
이러한 활동 및 사물과 관련하여 우리가 직면하거나 설정하는 한계	최저임금, 한정된 석유 공급 등
이러한 활동들을 뒷받침하는 체제	은행, 상점, 가족, 정부 등
이러한 활동들이 일어나는 장소와 지역	집, 마을, 국가, 회사, 지구 등
체제 내에서 구성원이 준수하는 규칙	재산권, 독점 규제법, 사회적 규범, 집안일 등
시간이 흘러 이러한 규칙과 체제를 변화하게 하는 힘	자연재해, 정치운동, 기후변화, 팬데믹 등
우리가 매기는 가치를 결정하는 필요와 욕구	굶주림, 사랑, 장애 유발 질병, 창작욕 등
필요와 욕구를 충족하기 위해 맡는 역할	직원, 기업가, 부모, 시민 등
그 결과 사회 구성원들이 공유하고 우선시하는 집단적 필요와 욕구	빈곤 퇴치, 깨끗한 물 공급, 장수 등
이 모든 것을 형성하는 우리의 가치관, 정체성, 신념, 상황	평등, 자유, 종교, 출신지 등

처음에는 이 모든 것이 다소 추상적으로 들릴 것이다. 그러나 이 책의 목적은 추상적 이론을 나열하려는 것이 아니다! 이 장 이후 각 장에서는 가정에서 직장, 쇼핑 거리, 정부에 이르기까지 실생활에서 가장 자주 접할 수 있는 경제 영역에 초점을 맞출 것이다. 그러나 이 장에서 익힌 기본 지식으로 무장하고 나면, 현재 자신이 속해 살아가는 경제(그리고 살면서 마주하게 될 다른 곳의 경제)를 새로운 관점과 비판적 시각으로 바라보게 해줄 정보를 얻을 수 있을 것이다.

이제 이러한 경제의 각 측면을 좀더 자세히 살펴보겠다. 본격적인 시작에 앞서 목록의 마지막 두 주제인 권력과 공정성부터 짚고 넘어가자.

이 책과 사전의 정의가 다른 이유

'경제'라는 단어를 사전에서 찾아보면 "희소한 자원을 할당하는 체계"라는 식으로 정의해놓았다. 그렇다면 이 책에서도 그 정의를 그대로 반복하면 되지 않을까? 하지만 이 책에서는 학자들의 최근 연구 동향을 따라, 한정된 자원의 분배라는 범위를 넘어 더 폭넓은 정의를 담고자 했다. 또한 이 책에서 정의한 경제는 더 폭넓게 해당 국가의 정치적 맥락까지 고려한다. 예를 들어, 경제는 여전히 희소성에 직면하여 내리는 의사 결정의 결과라는 점을 놓치지 않는 동시에, 소비와 생산 이외의 활동과 돈 이외의 부에 대해서도 생각할 기회를 마련하고자 했다.

'권력과 공정성'을 다루는 학문

우리가 살고 있는 경제의 한 가지 특징은 전 세계와 사회에서 권력을 나타내고 강화하며 재분배하는 능력이 있다는 점이다. 결국 경제체제마다 사람들 사이에서 부를 이전하는 방식이 다르고, 부는 대개 곧 권력으로 이어진다. 또다른 중요한 요소는 기업, 시민, 로비단체 등 다양한 경제주체가 경제가 돌아가는 방식에 영향을 미치거나 변화시키는 데 얼마나 강력한 힘을 행사하느냐다. 민주 정부가 엄격히 통제하는 경제는 대기업의 욕구에 휘둘리는 경제와는 우선순위가 다를 것이다. 규칙이 매우 다양한 만큼, 비슷한 환경에 사는 사람들이라도 시대와 지역에 따라 매우 다른 삶을 살 수 있다는 것은 놀랄 일이 아니다.

우리 모두는 세상이 불평등하다는 사실을 알지만, 지금과 같은 수준의 불평등에 얼마나 익숙해져 있는지는 거의 생각하지 않는다. 아마도 이 현실을 제대로 직시하기에는 너무 불편하거나 받아들이기 힘들

만큼 절망적일 것이다. 아니면 그저 관심이 없어서일지도 모른다. 세상이 불평등하다는 것은 사실의 진술이고, 세상이 불공정하다는 것은 개인의 의견 문제다. 결국 우리는 다양한 방식으로 권력이 분배되는 수많은 시스템과 끊임없이 마주하고, 대개 그 방식을 문제삼지 않는다. 상사의 힘이 부하 직원보다 강하고, 집주인이 세입자보다 강하며, 부유한 국가가 가난한 이웃 국가보다 강하다.

하지만 현재 우리는 평균 소득자가 퇴근길에 구걸하는 노숙자를 외면한 채 집으로 돌아와서는 자신보다 2000배 이상 부유한 연예인이 등장하는 텔레비전을 보며 즐거워하는 것이 일상인 세상에 살고 있다. 이 세 사람의 경제적 지위는 '공정'한가? 한편으로 경제적 지위는 노력과 야망과 같이 우리가 통제할 수 있는 것들에 영향을 받는다. 그러나 다른 한편으로는 운이나 가정환경과 같이 우리가 전혀 통제할 수 없는 것들의 영향을 받기도 한다. 그 외에 이 둘이 합쳐진 능력, 재능 같은 요소도 작용한다.

지금 하는 얘기는 권력과 공정성에 대한 질문에 사회가 어떤 대답을 내놓아야 하는지를 밝혀내려는 의도가 아니다. 그 대답은 각자 가치관에 따라 결정할 일이다. 그러나 이 질문들을 생각하고 토론하는 것이 중요한 이유는 우리 경제체제가 따라야 할 규칙의 밑바탕이 되기 때문이다. 이러한 규칙을 논의하고 변경하는 능력은 단순하고 인간적이며 구체적인 경제 언어의 유무에 달려 있다. 그렇다면 **우리가 던져야 할 질문은, 현재 통용되는 경제 언어가 각 사회에서 권력과 공정성의 패턴을 얼마나 잘 드러내는지, 혹은 은폐하는지다.**

힘

힘의 첫번째 사전적 정의는 어떤 일을 하거나 특정한 방식으로 행동하는 역량을 지칭한다. 다소 부정적 어감이 될 수 있는 두번째 정의는 다른 사람들에게 행동을 지시하거나 영향을 미치는 능력이다. 따라서 경제에서 힘, 즉 권력은 개인, 지역, 기업이 주변 환경을 각자의 편의에 맞게 조정할 수 있는 수단을 제공한다. 그러나 이 힘은 어디에서 비롯될까? 그리고 그 힘의 근원은 우리가 살아가게 될 경제체제를 어떻게 정의할까? 이 답을 찾으려면 과거로 돌아가, 현대 경제를 구성하는 뿌리깊은 규범과 구조의 역사를 살펴야 한다.

앞서 우리는 막강한 경제 권력이 부와 관계되어 있으며, 경제에서 부의 흐름이 곧 권력의 분배방식을 보여주는 좋은 지표라고 설명했다. 예를 들어, 가장 최근에 무언가를 돈 주고 구매한 경험을 떠올려보자. 그 돈은 어디로 갔을까? 경제 안에서 어디를 거치고, 최종 목적지는 어디이며, 그 후에는 어떻게 될까? 이 과정은 어떻게 일어나며, 보상은 누구에게 돌아갈까?

여러분이 물건을 구매할 때 돈을 건네받은 사업체는 그 돈을 직원이나 공급업체에 지급하든지, 사업 발전을 위해 투자하든지, 아니면 곧바로 사업주의 이윤으로 챙길 것이다. 처음 구매 금액 중 일부는 판매세sales tax의 형태로 곧바로 정부에 귀속되어, 나중에 도로 건설, 복지수당, 공무원 급여 등 다양한 용도로 쓰인다. 각 경로로 흘러가는 돈의 규모는 세금 액수, 공급망의 세계화, 최저임금 등을 좌우하는 온갖 종류의 경제적 의사 결정에 따라 달라진다. 거액의 자금이 거쳐가는 경로일수록 일반적으로 그 경로를 통제하는 사람들은 더 강력한 힘을 행사하게 된다.

이러한 경제 규칙의 대부분은 인간이 만들었다. 그러나 겉보기에 인간이 모든 힘을 지닌 것 같지만, 경제를 움직이는 힘이 인간에게만 있는 것은 아니다. 우리는 허리케인이나 코로나19 사태와 같은 자연적, 생물학적 사건을 통해 대자연이 경제의 양상을 변화시키는 힘이 얼마나 강력한지 두 눈으로 확인했다. 그래서 요즘 많은 경제학자들이 환경경제학, 생태경제학 분야에 관심을 돌리고 있다.

또한 이 사건들은 돈에 힘이 있더라도, 이 힘이 늘 건재하다고 장담할 수는 없다는 것을 일깨워주었다. 고소득층이 다른 모든 사람들에 비해 상당한 경제적 이점을 누린다는 점은 부인할 수 없다. 하지만 세계 역사의 중대한 전환점을 보면 아무리 돈이 많아도 상황을 누군가에게 유리한 방향으로 바꾸기에는 역부족이라는 것을 확실히 알 수 있다. 예컨대 프랑스혁명이나 20세기 러시아 등지에서 부상한 공산주의를 생각해보라.

돈, 자연 외에 경제에서 영향력을 행사하고 힘을 강화하는 또다른 요인은 '언어'다. 경제학이 난해한 전문 용어와 복잡한 수학으로 가득차 있는 한, 초심자들은 대화에 참여하려는 의지가 꺾이기 쉽다. 경제 정책 아이디어가 정치적 의견이 아니라 논쟁의 여지가 없는 '사실'로 취급되면, 사람들은 해당 정책이 자신과 같은 시민들을 위한 최선의 방법인지 의문을 품지 않게 된다. 그러면 정책을 입안하는 '내부자'들은 자신의 이익에 맞는 경제 규칙을 마음껏 정할 수 있다.

분명히 말하자면, 모든 경제학자가 우리 눈을 속이려고 작정한 일종의 비밀결사라는 말은 아니다. 요지는 하나의 학문으로서 경제학이 접근하기 어려울수록, 일부 정치인, 공직자, 심지어 소셜 미디어 분탕꾼들이 자기네의 의제를 추진하기 위한 무기로 경제학을 악용하고, 다른 사람들이 이의를 제기하면 그저 '멋모르는' 사람으로 치부하며 귀를 닫아버리기 쉬워진다는 것이다.

경제에서 분명 권력 자체가 나쁜 것은 아니라는 점을 기억할 필요가 있다. 권력을 행사하는 사람의 처지에 따라 각각 달라지겠지만, 권력은 선용되기도 하고 악용되기도 한다. 돈이 경제에서 권력의 균형을 재조정할 수 있는 몇 가지 경우를 생각해보자. 특정 후보에게 선거자금을 기부하고, 싫어하는 기업의 제품을 불매하고, 환경친화적이거나 혹인 기업가가 운영하는 등 특정 기준에 부합하는 기업 제품을 애용하는 등의 예가 있다. 이러한 활동에 대한 개인의 생각은 아마 다음과 같은 추가적 요인에 따라 달라질 것이다. 돈은 대다수 국민의 지갑에서 나올까, 소수 부유층의 지갑에서 나올까? 그들은 어떤 대의를 추구할까? 그리고 새로 창출된 권력은 공정하게 분산되었을까, 특정 집단에 집중되었을까?

공정성

경제가 사회 내에서 부와 권력의 분배를 결정하는 만큼, 경제학은 그 분배가 얼마나 공정한지를 논하기도 한다. 대부분 사람들은 정치인이 어떤 경제정책을 발표했을 때 '불공정하다'고 생각해본 적이 있을 것이다. 나아가 어떤 때는 "이 시스템 자체가 불공정하다"라고 화를 낸 적도 있을 것이다. 물론 누군가는 불공정하다고 느끼는 것이 다른 사람에게는 완전히 공정하게 느껴질 수 있다. 따라서 무엇이 '공정'한지 전체 사회에 결정을 맡기기는 쉽지 않은 일이다. 그러므로 서로 솔직한 대화를 자주 나눔으로써 자신의 욕구와 경험뿐 아니라 타인의 처지도 헤아리고 공감할 기회가 필요하다.

실업수당을 예로 들어보자. 대부분 사람들은 일종의 안전망을 갖춘 경제정책이 공정하다는 데 동의할 것이다. 물론 개중에는 더 극단적인 입장으로 모든 복지정책을 철폐하자고 주장하거나, 반대로 직업이 있든 없든 누구나 먹고살 수 있게 보편적 기본소득을 보장하자고 주장하는 사람도 있을 것이다. 그러나 대부분 사람들은 생계를 위해 일해야 하면서도 힘든 시기에는 국가의 도움을 받을 수 있는 현 체제에 만족한다.

그러면 만사형통일까? 아직 아니다. 광범위한 경제정책이 정해졌으면 그다음엔 그 안에서 많은 세부 사항을 결정해야 하는데, 사람들은 각자 그 결과를 공정하거나 불공정하게 받아들일 것이다. 과거에 일한 경력이 있는 사람만 실업수당을 받아야 할까? 만약 그렇다면 자국민만

받아야 할까? 액수는 얼마나 되어야 하며, 비용은 누가 부담해야 할까? 정부가 세금으로 실업수당을 충당한다면 그 세금은 어디에 매겨야 할까? 고소득층, 실적 좋은 기업, 아니면 모든 사람일까?

한 개인이나 기업으로부터 돈을 거둬 다른 사람에게 나눠주는 것을 재분배redistribution라고 한다. 어떤 경제체제와 정부가 부를 (시장에 흐름을 맡기는 대신) 강제로 재분배할 수 있는 권한이 어디까지냐는 문제는 공정성과 관련된 모든 논쟁의 중심에 있는 질문이다. 한쪽에는 개인의 노력과 성공을 자극하기 위해 그 노력과 성공의 결실에 보상해야 한다는 견해가 있다. 다른 한쪽에는 배경과 가정환경은 개인이 선택할 수 없으므로 경제적으로 어려운 사람들에게 보상해야 한다는 견해가 있다. 이 책 전체에서 쭉 언급하겠지만, 경제학자들이 직면한 문제는 흔히 "공정이란 무엇인가"라는 매우 단순하고도 복잡한 질문으로 귀결된다.

'경제'는 실재하지 않는다

경제의 정의를 더 깊이 파고들기 전에 마지막으로 약간의 현학적 지식을 더해 보겠다.

경제학을 이야기할 때 흔히 볼 수 있는 안 좋은 습관은 경제를 단 하나의 특정한 총체처럼 취급하는 것이다. 이미 이 책도 그 죄에서 벗어나지 못했다. 실제로 경제는 형태와 규모가 모두 다르며, 이러한 다양한 특징이 서로 중첩되는 경우도 많다.

(일반적) 경제 An economy	경제는 우리의 필요와 욕구를 충족하기 위해 우리가 가치 있게 여기는 자원들을 가지고 수행하는 활동의 집합체다.
(특정) 경제 The economy	공식적인 정의는 없지만, 대부분 사람들은 하나로 연결된 세계의 전체 경제나 더 흔하게는 **국가 경제**를 의미할 때 이 단어를 사용한다.
'~의' 경제 (예를 들어, 스페인 경제)	특정 국가 내에서 일어나는 모든 경제활동을 흔히 그 나라의 경제라고 한다. 주로 해당 국가 경제의 건전성과 규모를 나타낸다.
세계경제 global economy	이 용어는 경제의 국제적 측면(예를 들어, 국제무역, 길고 복잡한 공급망 등)만을 가리키기도 하고, 지구상의 모든 경제활동(글로벌 및 국가 측면을 모두 포괄)을 가리키기도 한다는 점에서 재미있는 표현이다.
지역경제 혹은 광역경제 local or regional economy	마을, 도시, 자치구와 같은 특정 지리적 영역 내에서의 경제활동이다. 때로 지역경제는 경계선이 명확하지 않아, 다른 경제와 연결되거나 다른 경제 안에 완전히 포함되는 경우도 많다. 아마 가장 유명한 예는 런던 브릭스턴의 지역 화폐인 브릭스턴 파운드 Brixton Pound일 것이다. 이 화폐는 경제활동을 해당 지역 내로 한정하도록 장려함으로써 지역경제를 활성화하려는 취지에서 탄생했다.
'우리' 경제 Our economy	개인이 속한 모든 경제를 일컬을 수 있으나 대개 자기 국가의 경제를 가리킨다.

경제	경제에 익숙하지 않은 사람들은 정관사가 붙은 '경제'와 안 붙은 '경제'를 흔히 혼용한다. 원칙적으로 관사가 안 붙은 '경제'는 효율적이거나 저렴한 것을 나타낸다. 예컨 대 경제형 브랜드 화장지를 생각하면 된다.
경제적 사용 To economize	경제적으로 사용한다는 것은 무언가를 최대한 활용하는 것이며, 대개 더 저렴한 것을 구입하는 것을 의미한다.
경제학/경기	경제학은 경제에 관한 학문의 연구, 토론, 응용을 의미한 다. 또한 '현재 국내 경기'라는 식으로 경제활동 상태를 의미하기 위해 사용할 수도 있다.
'~의' 경제 여건 The economics of~	누군가가 이 문구를 사용한다면, 아마도 특정 상황에서 의 경제정책과 의사 결정을 가리킬 가능성이 크다. 다만 상당히 애매한 용어다.

경제의 정의 해부하기

　마침내 진도가 여기까지 왔다. 이제 우리는 경제가 무엇인지 더 깊이 파고들 준비가 되었다! 그리고 이 책에서 설명하는 경제가 '특정' 경제가 아니라 '일반적' 경제라는 것을 다들 알게 되었을 것이다. 즉, 경제는 형태와 규모가 달라도 모두 몇 가지 공통된 특징을 공유한다.

이 책에서 정의한 경제의 의미에 대한 참고 사항

자, 본격적으로 시작하기 전에 '정말' 마지막으로 한마디 덧붙이겠다. 다음은 지금부터 설명할 내용에 대한 몇 가지 중요한 참고 사항이다.

경제에는 무형의 구성 요소도 많다: 경제에는 눈으로 볼 수 있는 부분도 많지만, 볼 수 없는 부분도 있다. 눈에 보이는 부분과 보이지 않는 부분을 잘 구별할수록 전체적으로 경제의 '참모습'을 더욱 잘 이해할 수 있다.

무수한 예: 경제의 각 부분마다 무수한 예가 있다. 그러므로 여러분이 예상했던 예가 여기에 빠져 있다면 그 예가 여러분이 속한 경제에 해당하지 않아서가 아니라, 단순히 이 책에 모든 예를 담을 수 없었기 때문이라 생각하면 된다. 이 책에서 설명한 예들이 여러분 주변에서도 쉽게 접할 수 있는 것들이기를 바란다.

자연 발생적 혹은 인위적: 경제에는 자연적으로 발생한 요소와 인간이 만든 요소가 혼재한다. 이 책에서 설명하는 경제의 대부분에서 두 가지 예를 모두 찾을 수 있다. 가장 명백한 예는 '한계'다. 지구상에 석유 매장량은 태생적으로 한계가 있지만, 또한 우리는 바다에서 석유를 시추하는 노동자의 주당 근로시간에 인위적 한계를 설정하기도 한다(영국에서는 '근로시간지침 working time directive'이라고 한다).

순서는 자유롭게: 다음에 나올 목록은 앞 단락과 다음 단락이 논리상 연결되도록 구성되었지만, 그 순서는 여러 가지 방법으로 바뀔 수 있다. 예를 들어, 뒤의 단락부터 읽는 것이 더 도움이 되는 독자들도 있을 것이다.

사회의 구성 요소: 후술할 개념 중 특별히 복잡한 것은 없다. 사실 경제학

은 모든 사회에 공통된 아주 기본적인 요소로 구성된 집합이라는 것을 알 수 있다. 다만 경제학에서 매우 복잡한 점은 이 기본 요소들이 얽혀 있는 방식이다. 경제학이 매우 어렵게 느껴지는 이유 중 하나는 이렇게 통합된 집합이라는 관점에서 경제학을 설명하려는 시도가 그간 별로 없었기 때문이다. 경제학자들은 중요하지만 필요 이상으로 난해한 세부 사항에 집중하거나, 반대로 우리가 일상과 전혀 연계할 수 없을 정도로 방대하고 광범위한 것을 다룰 때가 많다.

어떻게 생각하는가? 이 책이 경제학을 명쾌하게 정의하고 여러분의 생각을 자극하기 바라지만, 여러분이 이 책에서 무엇을 얻든 간에 그 지식은 경제를 이해하기 위한 여러 방편 중 하나일 뿐이다. 여러분이 자신만의 생각을 정리하기까지 이 책의 설명을 받아들이든, 다른 정보를 추가하든, 고개를 절레절레 젓든 아무래도 좋다. 아무쪼록 우리는 여러분이 경제와 경제학을 토론하는 자리에 적극 참여하기를 권한다.

"총합"

경제학은 각 경제주체의 개별 행동뿐 아니라 그 행동들이 전체적으로 합쳐졌을 때 어떤 일이 일어나는지에 관심을 둔다. 아주 소규모의 경제에서는 이 구별이 그다지 흥미롭지 않겠지만 수백만 명으로 구성된 복잡한 경제를 다룰 때는 좀더 중요해진다. 이를 거시경제학이라고 부르며, 4장에서 더 자세히 설명할 것이다.

우리가 가치를 매기는 것들

모든 경제의 중심에는 가치라는 개념이 있다. 돈에서 시간까지, 전체 경제의 기본은 다양한 것들의 가치를 다양한 방식으로 평가하는 데서 시작한다. 셰익스피어의 『리처드 3세Richard III』 중 "말을 다오, 말을 다오. 말을 가져오면 내 왕국을 주리라"라는 명대사를 들어본 적 있는가? 사람들이 가장 가치 있게 여기는 것이 현재 상황에 따라 완전히 달라질 수 있음을, 그리고 그것을 얻기 위해 자신이 가진 전부를 기꺼이 내줄 만큼 절실해질 수 있음을 여실히 보여주는 한마디다.

이러한 가치물을 경제 용어로 자본capital 또는 자산asset이라고 부른다. 경제학이 나날이 발전할수록 무엇을 가치물로 간주할 것인지 경제학자들이 해석하는 범위는 돈, 경제활동 등 명백한 것들에서 자연환경, 개인의 사회적 지위에 이르기까지 확장되었다.

모든 사람이 가치 있다고 인식하는 것을 밝혀내기보다 그것들이 왜 가치 있는지 이해하는 일이 좀더 복잡하다. 수 세기 동안 철학자들과 경제학자들은 가치설value theory 내지는 가치이론theory of value이라는 학설을 통해 이 점을 곰곰이 궁리했다. 이 사상을 언어로 정리하려 시도한 최초의 인물 중 한 명이 고대 그리스 철학자 아리스토텔레스다. 그는 "우리의 모든 소유물에는 두 가지 용도가 있다. 예를 들어, 신발의 용도 중 하나는 발에 신는 것이고, 또 하나는 다른 물건과 교환하는 것이다"라고 지적했다.

아리스토텔레스의 주장은 어떤 사물이 당장의 필요를 충족하든지

'또는' 필요를 충족하는 과정에 사용될 수 있다면 우리에게 가치가 있다는 뜻이다. 훗날 경제학자들은 이 이론을 확장하여 물건의 가치는 사람들이 얼마나 원하는지뿐(수요demand) 아니라 얼마만큼 존재하는지에(공급supply) 따라 결정된다는 이론을 제시했다. 그리고 희소성scarcity이 가치를 구성하는 핵심 요소라고 결론지었다. 이는 물이 다이아몬드보다 확연히 더 유용하지만 가격은 더 저렴한 이유다.

또한 경제학자들은 물건의 가치가 생산이나 획득에 소요되는 비용으로 결정된다는 생각에 관심을 두기 시작했다. 특히 데이비드 리카도David Ricardo, 칼 마르크스Karl Marx, 존 스튜어트 밀John Stuart Mill 등 세 명의 경제학자는 모든 가치는 그 가치를 창출한 '사람들이 투입한 노동'의 산물로 평가되어야 한다고 주장해, 노동가치설labour theory of value의 정립에 기여했다. 이 이론은 보편적으로 받아들여지지는 않았지만, 노동자가 경제에서 가치를 창출하는 중심이기에 그에 따라 보상받아야 한다고 주장하는 사람들 사이에서 지지를 얻고 있다.

가치이론은 우리가 가치 있게 여기는 대상과 가치를 매기는 방식에 대한 공유된 정의가 경제, 즉 우리 생활의 모습을 근본적으로 결정한다는 점에서 중요하다. 예를 들어, 한 경제가 자연과 부의 가치를 평가하는 방식에 따라 아름다운 숲을 보호할지, 벌채해서 목재로 쓸지가 결정된다. 그리고 경제 가치를 정의할 때 사용하는 개념이 우리가 실제로 가치 있게 여기는 것과 항상 일치하지는 않다보니 사람들은 무언가가 왜 가치 있는지를 명확히 설명하지 못할 때가 많다. 그 결과 (숲의 보호 사례처럼) 진정 소중한 것을 제대로 지키지 못하기에 이르렀다.

토지, 노동, 자본

다들 한 번쯤 '토지, 노동, 자본'이라는 말을 들어본 적이 있을 것이다. 경제학에서는 재화가 생산되기까지 이 세 가지가 필요하다고 보는데, 이들을 생산 요소factors of production라고 한다. 이 개념들은 가치가 도출되는 원리를 흥미롭게 제시한다. 또한 자원resources이 재화goods가 되는 과정을 주류 경제학자들이 어떻게 바라보는지도 알려준다.

토지는 경제학에서 정의하는 토지는 우리에게 친숙한 의미보다 약간 더 넓은 개념이다. 들판을 비롯해 그 위에서 자라는 나무, 땅 아래 깊숙이 매장된 석탄에 이르기까지 지구상에서 발견된 모든 천연자원을 가리킨다. 세 가지 생산 요소 중 가장 근본적인 것이 토지다. 돌, 물고기, 물 등은 가장 기본적인 형태의 초기 경제에서 인류의 생존에 중요한 역할을 했다.

토지자원은 재생 가능renewable(항상 생겨나므로 더 늘어남)과 재생 불가능non-renewable(공급이 제한되어 언젠가 고갈됨)으로 분류된다. 자원의 재생 불가능성과 희소성 사이에는 연결고리가 있지만 두 용어를 같은 의미로 사용할 수는 없다. 예를 들어, 물은 어떤 지역에서는 매우 희소하면서도 재생 가능한 자원이다. 통상 토지의 가치는 용도와 희소성에 따라 결정된다.

노동은 재화 생산에 필요한 가치 있는 작업활동을 말하며, 우리가 기술과 시간을 투입해 생성한다. 현대 사회에서는 통상 급여salary가 노동의 가치를 반영한다. 그러나 급여는 완벽한 가치평가 방법이 아니다. 이 책의 뒷부분에서 살펴보겠지만 무급 노동unpaid labour도 많은데다가,

보수가 지급되더라도 많은 사람들이 그 보상방식을 꼭 공정하게 여기는 것도 아니다.

헷갈리게도 경제학자들은 '자본'이라는 단어를 다양한 방식으로 사용한다. 경제학적 의미에서 자본은 토지와 노동을 결합하여 재화를 생산하는 모든 종류의 기계나 그 외 자산을 의미한다. 옛날에는 공장, 농기구, 풍차 등과 같이 자본의 형체가 비교적 분명했다. 여기에 원자재와 노동력이 추가되면서, 경제학에서 재화 생산에 필수적이라고 부르는 3대 생산 요소 중 하나가 되었다. 오늘날에는 소프트웨어와 지식 등도 자본에 해당하는지 논란이 있다.

모든 가격은 알아도 가치는 알 수 없어

전통적으로 경제학에서는 중요한 가치측정수단의 하나인 가격price을 통해 가치를 매겼다. 문제는 우리가 인간의 관점에서 가치 있게 여기는 모든 것을 가격이 정확하게 반영한다고만은 볼 수 없다는 것이다. 결국 세상에는 값을 매길 수 없다고priceless 누구나 확실히 동의할 수 있는 몇 가지가 존재하게 마련이다. 그래서 이제 일부 경제학자들은 (이 책에서처럼!) 가치를 더 광범위한 관점에서 이해하려 노력하고 있다.

가치를 더 명확히 이해하기 위해 다음과 같이 여러 범주로 나눠보았다. 경제학에서는 이러한 다양한 범주에 따라 자본의 유형types of capital을 다르게 부른다. 그러나 여기서 자본은 생산 요소로서의 자본과는 다르다. 물론 헷갈리는 것은 사실이다! 그래도 이해해주시길 바란다.

금융자본	화폐	우리가 알고 있는 가장 보편적인 자본 형태로, 전 세계에서 통용되는 가치의 상징이다. 다른 물건을 구매할 때 사용하거나 단순히 그 자체의 가치를 지키기 위해 보유하기도 한다.
자연자본	지구	지구의 모든 자연은 천연자원으로서도, 그 자체의 아름다움이나 우리가 숨쉬는 공기를 정화하는 능력 때문에도 가치가 있다.
상품자본	생산물	세상에는 많은 물건이 있다. 일부는 원래 모습대로, 일부는 여러 개로 나뉘고 변형된 형태로 존재한다. 대개 이 물건들은 가치가 있고, 가치를 잃으면 폐기된다.
인적 자본	기술, 지식, 시간	인적자본은 사람들이 어떤 작업을 완료하는 능력을 가리킨다. 교육과 혁신을 통해 구축되고 한 세대에서 다음 세대로 전달된다.
사회적 자본	우리의 관계와 경험	사회적 자본은 신뢰와 사회적 유대를 통해 어떤 일을 하는 능력에 자주 영향을 미친다. 세계화는 한때 지역공동체에 풍부했던 사회적 자본을 잠식했다는 비판을 흔히 받는다.

자본의 유형을 설명하자면 누구에게 질문하느냐에 따라 이 다섯 가지 유형을 넘어설 수도 있다. 가령 영적spiritual, 문화적cultural, 경험적 자본experimental capital은 모두 일부 경제학자들 사이에서 주목을 받고 있다. 여기에서 제시한 예에 포함되지 않은 다른 가치 있는 자본도 생각해볼 만하다.

그러나 자본을 어떻게 분류하든, 개인, 기업, 정부 누구나 이러한 가치 있는 자본들을 더 잘 이해할수록 이 자본들을 가능한 한 적게 고갈시키면서 모두를 풍요롭게 할 방법을 강구할 수 있다는 것은 틀림없다. 예를 들어, 최근 '자연자본'의 중요성을 인식한 영국 정부는 비용 부담을 무릅쓰고 자연환경을 보호하기 위해 노력했다. 비금전적 가치는 경제성장뿐 아니라 지속 가능성, 장기적인 삶의 질과 같은 아이디어의 핵심 개념이기도 하다.

그러나 가치의 범위를 가격을 매길 수 있는 것 이외의 영역까지 확장하려면 한 가지 중요한 문제가 생긴다. 가격을 매길 수 없는 것들은 가치를 계량화하기 더 어렵기 때문이다. 경제학자들이 제한된 자원으로 편익을 극대화할 방법을 찾으려면 값을 매기기 어려울 만큼 가장 귀중한 것도 가치를 측정해야 한다. 종종 논란의 여지가 있지만 한 가지 예로는 생명의 가치value of life가 있다. 도로안전개선사업을 계획하려면 사업에 드는 비용과 도로에서의 사고사 위험을 줄이는 편익을 계산해 저울질해야 한다.

이는 매정하게 들리지만 피할 수 없는 현실이다. 도로안전개선사업의 담당자는 자금이 한정되어 있으므로 가장 효율적인 지출 방법을 선택해야 한다. 이럴 때 경제학이 종종 도움이 된다. 의학계에서 사용하는 비슷한 아이디어로 질 보정 수명Quality-Adjusted Life Years: QALY이라는 개념이 있다. 여기에도 1년의 추가 수명이 연령과 전반적인 건강상태 등을 기반으로 당사자에게 어느 정도의 가치를 지니는지 결정함으로써 의료 개입의 정당성을 가치로 평가하는 경제 계산이 필요하다. 분명이 결정은 복잡하고 누군가에게는 마음 아픈 일이므로, 경제학이 윤리적 고려 사항의 지뢰밭이 될 수 있는 이유 중 하나다.

측정할 수 없는 것을 계량화하는 다른 방법으로는 지불 의사 원칙willingness to pay principle이 있다. 여기서 경제학자들은 예컨대 깨끗한 공기와 환경 같은 비금전적 자산을 보호하기 위해 얼마를 지불할 의향이 있는지 사회 구성원들을 상대로 조사한다. 그러나 특히 환경 문제의 영향을 가장 적게 받는 사람들은 대개 부유층이기 때문에 이 방법은 문제가 많다. 이처럼 가격을 매기기 곤란한 것에 가격을 매기는, 일관되고 믿음직한 방법을 찾기 어려우므로 경제학자와 통계학자들은 여전히 명쾌한 해답을 내놓지 못하고 있다.

그러나 우리가 가치를 정확히 정의하기 어렵다면 그 가치물을 어떻게 사용할지 결정하기가 더 쉬워질지도 모른다.

경제활동: "가치 있는 것들을 가지고 하는 행동"

다음으로 모든 경제의 핵심 구성 요소는 가치물들을 가지고 우리가 취하는 행동, 즉 경제 용어로 경제활동이라는 것이다. 인간이 발견한 모든 것을 그대로 두었다면 실제로 경제를 논할 일도 없을 테고, 아마 다른 일도 별로 하지 않았을 것이다. 예컨대 나무를 의자로 만들지 않았다면 지금쯤 우리는 모두 바닥에 앉아 생활할 테고, 생명 연장을 위한 연구에 시간을 쏟고 그 지식을 활용하지 않았다면 지금처럼 수명을 늘리지 못했을 것이다. 최소한 인간은 식량을 구하고, 식수를 길어 오고, 얼어 죽지 않도록 피난처를 지어야 한다. 반면에 우리의 모든 행동은 부작용을 초래할 가능성이 있으므로, 경제활동이 더 활발해질수록 다른 쪽에서 무언가가 잘못될 가능성도 커진다.

우리가 가치물들로 '무엇을 하는지'에 따라 우리 경제의 기본적인 모습이 달라진다. 생산, 교환, 소유, 공유, 파괴, 재생에 이르기까지 거의 무한한 범위의 동사를 집어넣을 수 있다. 전 세계 수십억 인구가 매일 이러한 일들을 하고 있다고 생각하면 대번에 경제가 생생하게 와닿을 것이다. 벌목꾼은 나무를 베는 대가로 돈을 벌고, 공장은 그 나무로 벤치를 만들어 팔아 이윤을 남기며, 지역 주민들은 그 벤치에 앉아 경제를 이야기한다. 경제활동에서 흥미로운 점은 가치와 마찬가지로 경제활동의 구성 요소에 대한 경제학자의 견해가 시간이 흐를수록 확대되고 있다는 것이다.

경제에서 우리가 수행하는 몇 가지 활동은 다음과 같다.

- 교환
- 구매
- 판매
- 임대
- 생산
- 보호
- 소유

경제학은 전통적으로 생산, 구매, 판매 행위에 중점을 둔다. 이러한 행위는 (대부분의 경제 거래가 그렇듯) 교환 행위다. 교환은 대개 돈으로 주도되지만 항상 그런 것은 아니다. 때로 사람들은 상품을 직접 물물교환barter하기도 한다. 예컨대 놀이터에서 아이들이 포켓몬 카드를 교환한다고 생각해보자. 또 가정 내에서 부부 중 한 명은 저녁 식사를 준비하고 또 한 명은 설거지하기로 분담할 수 있다. 취업은 개인의 기술과 시간을 돈과 교환하는 행위이며, 대출은 이자 지불을 조건으로 돈을 차츰 갚아나갈 기회를 구매하는 것이다. 이 모든 행동이 일종의 교환이다.

두 명 이상이 상호작용하는 경제활동에는 교환만 있는 게 아니라, 공유도 있다. 공유는 과거에도 가족, 친구, 공동체 구성원들 사이에서는 흔한 경제활동방식이었지만, 요즘은 서로 잘 모르는 사람끼리 가치물을 완전한 소유권 없이 공유하는 공유경제sharing economy라는 것이 부상하면서 경제학자들의 관심이 높아졌다. 공공정원이 그 예다.

에어비앤비 같은 인터넷 플랫폼은 종종 공유경제의 핵심으로 간주된다. 그러나 비판론자들은 이들 기업이 추구하는 경제활동을 교환이 아닌 공유라고 지칭하는 것은 옳지 않다고 지적한다. 침대 두 칸 딸린 소형 아파트와 같은 자원이 에어비앤비에서 '공유'된다는 것은 실제로 아파트 소유자가 공간을 돈과 교환하는 것이라는 얘기다. 아파트는 전적으로 소유자가 독점하는 자산으로 남아 있다.

교환, 공유와 더불어 우리는 경제의 일부를 보호하기도 한다. 자연자본이 주로 이에 해당한다. 예를 들어, 국립공원은 인간, 동물, 기타 생물종의 건강한 환경을 위해 전통적인 경제방식으로 이용하는 대신 보호되고 자연 그대로 유지되는 토지다. 경제의 자연적 부분을 보호하는 것은 환경경제학, 생태경제학에서 특히 중점적으로 다루는 주제로, 11장에서 다시 논할 것이다.

행동은 (한정된) 선택의 결과

경제학은 보통 선택의 학문이라 불린다. 경제는 우리의 행위와 무위를 아우른다. 경제학자들은 이러한 선택을 소비자선택이론consumer choice theory과 행동경제학behavioural economics의 심리학적 측면을 통해 연구한다. 주류경제학의 핵심 이념은 모든 결정에 비용이 따른다는 것이다. 우리가 한 길을 선택하려면 다른 길을 포기해야 하듯이 말이다 (나중에 더 자세히 설명할 것이다).

그러나 우리의 행위와 무위가 대개 우리가 무엇을 '할 수 있고 없는지'에 따라 결정된다는 점은 경제학에서 자주 거론되지 않는다. 우리의 선택은 개인적인 상황과 우리가 따르거나 따라야 하는 규칙 등 많은 요인에 의해 제한된다. 특히 장기적으로 보면 우리의 선택은 개인의 힘으로 바꾸기 어려운 권력이나 시스템에 의해 제한되곤 한다.

따라서 경제학을 선택의 학문이라 부른다면 인간이 실제보다 더 폭넓은 자유의사를 행사하는 듯한 어감을 풍길 수 있다.

가치를 창출하는 교환

자신이 쓸 물건을 소량으로 만들던 인간이 다른 사람과 교환을 통해 필요한 물건의 대부분을 얻는 데 익숙해지게 된 이유는 무엇일까? 흔히 "경제학의 아버지"로 불리는 경제학자 애덤 스미스Adam Smith는 이 질문의 답을 이론화한 것으로 유명하고, 오늘날에도 대부분 사람들이 그의 이론을 진리로 믿고 있다.

애덤 스미스는 다른 사람들과 거래하면서 자신의 이익을 추구하는 인간의 자연스러운 성향이 직접적 통제 없이도 작동하는 시장시스템을 저절로 형성해 사회를 이롭게 한다고 믿었다. 그는 이 현상을 '보이지 않는 손the invisible hand'이라고 불렀다. 자발적 거래는 단순히 과정의 부수적 작용으로 가치를 '창출'한다. 목마른 사람에게는 음식의 가치가 낮고, 배고픈 사람에게는 물의 가치가 낮다. 그러나 두 사람이 음식과 물을 서로 교환하면 그들은 각자 가치가 높은 물건을 얻게 되므로, 여기서 교환 행위는 가치를 창출한 셈이다.

물론 실생활에서는 이보다 훨씬 더 복잡해진다. 실제로 개인의 가치판단은 그 사람이 가지고 있는 정보(예를 들어, 조금만 기다리면 푸드 트럭이 도착한다)와 미래에 가치가 어떻게 변할 것인지에 대한 정보(예를 들어, 곧 몹시 더워질 테니 물도 필요할 것이다) 같은 요소도 고려한다.

누가 무엇을 얻는지 결정하는 경제활동

경제활동은 가치물을 사람들에게 '배분'하는 한 방법이라 볼 수도 있다. 실제로 경제학자들은 자원배분allocation of resources을 자주 이야기한다. 이 배분이 정확히 어떻게 이루어지는지는 한 경제가 선택한 경제체제의 유형에 따른 직접적인 결과로 나타난다. 어떤 배분방식은 사람들의 선택이 합쳐진 결과로 '저절로' 일어나는가 하면(예를 들어, 스미스의 보이지 않는 손), 또 어떤 방식은 정부에 의해 결정되기도 한다.

자원이 어떻게 배분되는지는 경제학에서 중요한 연구 주제다. 자원배분방식은 경제체제에 따라 달라질 뿐 아니라, 그 사회에서 공정과 불공정을 논할 때 쟁점의 커다란 부분을 차지한다. 이 배분 결과를 경제학에서는 소득분배income distribution라고 하며, 그 후 특정 지점으로 돈이 쏠리는 결과를 부의 축적accumulation of wealth이라고 한다.

가치는 돌고 돈다

가치와 경제활동의 개념을 알고 나면 경제의 기초가 잡힌 셈이다. 이러한 모든 활동이 시작되면서 경제 전체에 가치가 흘러간다는 것을 알 수 있다. 경제가 어떻게 작동하는지 더 명확히 이해할 한 가지 방법은 이러한 가치가 정확히 어디를 거쳐 흘러가는지 머릿속에 그려보는 것이다.

물론 말이야 쉽지만 가치의 흐름, 즉 경제활동의 연결고리는 정말 복잡하다. 요점을 설명하기 위해 시시한 듯하지만 여기에 딱 맞는 예를 들어보겠다. 언젠가 살면서 1파운드 동전을 주고 감자칩 한 봉지와 교환한 경험이 다들 있을 것이다. 그러나 감자칩과 교환된 1파운드는 거기서 멈추지 않는다. 가게 주인은 그 돈으로 직원에게 급여를 지급하거나 공과금을 납부한다. 그다음 직원이 급여를 받아 세금을 내고 나면, 결과적으로 그 돈은 감자칩 가게가 위치한 도로를 보수하거나 세계은행 회원국의 회비를 내는 데 약간 보탬이 될 수 있다. 그러면 세계은행은 훨씬 큰돈이 들어가는 다른 국가의 농업용수 정수 사업비의 일부로 이를 대출해줄 것이다. 그 농업용수는 감자 농가들에 공급되고, 그들이 재배한 감자는 세계 최대의 감자칩 제조업체에 팔려 다시 감자칩으로 재탄생할 것이다. 그리고 이 과정이 계속 반복된다. 자, 이제 여러분도 이해했으리라 믿는다.

경제를 '이해'하기가 꽤 어려운 이유는 이처럼 복잡한 과정 때문이다. 그러나 기억해야 할 중요한 점은 우리가 취하는 모든 행동에는 원인이 있고 또 결과가 따른다는 것이다. 이 행동이 모두 합쳐지면 경제를 계속 돌아가게 하는 원동력이 된다.

경제활동이 가능한 것은 정보 덕분

경제학에서 정보는 말 그대로 정말 간단하다(정보의 정의에는 헷갈리는 요소가 없다!). 정보는 의사 결정에 도움이 되므로 중요하다. 우리가 어떤 의사 결정을 내릴 수 있거나 내려야 하는지 전부 알고 있는 상황을 경제 용어로 "완전한 정보perfect information를 가지고 있다"고 말한다.

가격을 예로 들어보겠다. 아마도 가격은 경제에서 찾을 수 있는 가장 대표적인 정보일 것이다. 어디에나 붙어 있는 가격은 우리가 무엇을 살 여유가 있는지, 그 물건의 생산비용이 얼마인지, 수요가 많거나 공급이 부족한지 알려주는 신호 역할을 한다. 이처럼 가격 하나에 대체로 많은 정보가 포함되어 있다. 그리고 그 가격이 변하면 어떻게 될까? 어떻게 보면 가격변동 자체도 정보 중 하나다. 가격이 오르면 해당 재화가 생산하기 어려워져 점점 더 귀해졌다는, 즉 공급이 부족하다는 표시일 가능성이 크다. 소비자는 가격변동에 따라 구매량을 늘리거나 줄일 것이다. 그렇다면 전체 가격이 한꺼번에 바뀌는 경우도 있을까? 이런 수준의 정보는 주식시장에서 매일 확인 가능하며, 이 가격정보를 토대로 막대한 액수의 돈이 바로바로 거래된다.

따라서 정보는 경제 안에 존재하는 데 그치지 않고, 많은 경제활동을 주도하기도 한다. 이런 이유로 경제학자들은 정보를 자주 언급한다. 이와 관련해서는 5장에서 더 자세히 살펴볼 것이다.

모든 경제활동을 거래로 뭉뚱그릴 수 있을까?

경제학은 인간의 삶을 주로 사람들끼리 상호작용하면서 일어나는 일련의 행동으로 취급한다. 즉, 삶은 '거래의 연속'이다. 많은 비주류 학파가 이러한 세계관을 폭넓게 채택하고 있다(페미니즘 경제학은 가정에서 일어나는 보이지 않는 거래에, 환경경제학은 환경과 관련된 거래에 중점을 둔다). 그러나 우정과 같은 무형물에 거래적 성질이 있음을 인정한다고 해서(예를 들어, 호의를 돈으로 갚을 때), 이러한 것들을 오직 거래적 성질만 있는 것으로 치부해야 한다는 의미는 아니다. 대신 거래적 요소도 포함한다고 볼 뿐이다.

요점은 우리가 하는 일의 대부분이 경제라는 패러다임 밖에 속하더라도, 그중에는 경제적 관점에서 볼 수 있는 게 많다는 것이다. 따라서 경제학은 말 그대로 '어디에나' 있지만 그것이 '전부'는 아니다.

우리가 직면하거나 설정하는 '한계'

우리는 계속 일상을 살아가는 한낱 인간으로서 끊임없이 한계에 직면한다. 이러한 한계 중 일부는 대자연이나 물리법칙처럼 인간의 힘이 미치지 않는 실체에 의해 생성된다. 예를 들어, 세계의 석유 매장량이나 하루 일조량 등이 그러하다. 또다른 한계로는 법정 근로시간이나 시간당 최저임금과 같이 우리 인간이 설정한 것이 있다. 한정된 자원은 재생 가능 자원과 재생 불가능 자원으로 분류할 수도 있다. **재생 가능한 자원에 한계가 있다고 표현한다면 직관에 반하는 것처럼 들리겠지만, 재생 가능한 자원의 생산량은 결국 생산능력, 시간, 에너지 같은 요인에 의해 제한된다.**

경제학에서 말하는 희소성의 원인은 자원의 한계다. 경제학에서 다루는 핵심 질문 중 하나는 제한된 자원 공급으로 잠재적으로 무한한 욕구를 어떻게 충족하느냐다. 전통적으로 희소성 개념은 주로 추출 경제extractive economy(한정된 천연자원을 계속 추출해 소모하는 경제)라는 것에 초점을 두었다. 이러한 종류의 한계도 여전히 의미 있지만, 오늘날 많은 경제학자들은 관심을 돌려 현존하는 자원량보다 지구상의 한계(예를 들어, 생태계가 돌이킬 수 없이 파괴되기 직전까지 방출 가능한 최대한의 탄소 배출량)와 인간 잠재력의 한계를 눈여겨보고 있다.

경제학에서는 인간이 설정하지 않은 한계를 극복의 대상으로 보는 경향이 있었다. 특히 신기술개발을 통한 인류의 진보는 대개 그 한계를 극복하거나(예를 들어, 인간의 기대수명 연장) 주어진 한계 내에서 더 많은 가치를 창출하려 노력한다(예를 들어, 영양분 함량을 높인 유전자변형작물Genetically Modified Organism: GMO). 그러나 우리가 늘 생각해야 할 질문은 이 노력이 어디까지 갈 수 있느냐는 것이다. 인간은 주어진 자원에서 계속 더 많은 가치를 창출할 수 있을까, 아니면 인간의 가능성이 최고조에 달하는 한계가 존재할까? 만약 후자가 사실이라면 우리는 지금 한계에 가까워졌을까?

인간이 설정한 한계에 관해서라면 이야기가 다소 달라진다. 이러한 한계는 예를 들어, 특정 재화의 가격이 너무 높다거나 특정 기준이 너무 느슨하다는 등 사회의 가치 기준에 경제를 맞추기 위해 의도적으로 정한 것이다. 이러한 한계가 가해지면 당연히 논란, 논쟁, 변화의 불씨가 된다. 오늘날 우리 사회에서 인간이 설정한 한계는 100년 전과 매우 다르며, 100년 후에 또 상당히 달라질 것으로 예상된다.

경제를 포함한 모든 영역에서 누구나 성문법과 불문법의 지배를 받는다. 재산소유권을 보장하는 공식 법률부터 연대책임 같은 암묵적 합의에 이르기까지, 규칙은 경제를 구성하는 우리의 모든 활동방식을 제시한다.

대체로 규칙은 바람직하다! 규칙 없이 게임을 하면 게임 참여자들은 게임을 이해하지 못하고 목표도 없으므로 금세 혼란에 빠질 것이다. 법률, 합의, 사회구조, 권력관계는 사회적으로 용인되거나 공정한 행동을 유도하는 길잡이 역할을 함으로써 이러한 혼란을 방지하고 상황을 원활하게 정리한다. 이들이 없다면 인간은 고의로든 아니든 서로를 이용하거나 제멋대로 행동하며 의도하지 않은 결과를 초래할 것이다(경제 용어로 외부효과externality라고 하며, 나중에 자세히 살펴보겠다). 하지만 규칙이 무조건 이롭다거나, 불변이라거나, 논쟁의 여지가 없다는 의미는 아니다.

법률

법률은 경제에 영향을 미칠 수 있는 가장 공식적이고 엄격한 유형의 규칙이다. 법을 어기면 감옥에 들어갈 수도 있다. 경제법의 예로는 재산을 소유할 권리와 최저임금을 받을 권리 등을 규정한 법이 있다. 일부 법률은 경제와 더 간접적으로 연결되어 있다. 예컨대 도시에 필요한 공원 수나 침실의 최소 크기에 관한 법률은 언뜻 '경제적'이라는 인상을 주지 않겠지만, 물가와 조세수준에 큰 영향을 미친다. 따라서 법률은 사람들의 형편과 삶의 질을 결정하며, 그만큼 경제적으로 중요한 의미가 있다.

정책

경제정책은 법률보다 유연한 규칙으로 정부, 그리고 정부가 권한을 위임한 중앙은행 같은 기관이 결정한다.

경제정책은 세금, 정부예산, 금리, 통화량 등을 다룬다. 크게 통화정책monetary policy(통화조절)과 재정정책fiscal policy(세금 부과와 재정지출 방식 결정)의 두 가지로 나뉜다. 이들이 법률이 아닌 정책에 들어가는 이유는 정부가 현재 국가나 전 세계에서 일어나는 대소사에 재빨리 대응하여 수정할 수 있어야 하기 때문이다. 그래서 정책'도구'라는 말을 자주 쓴다. 마치 스패너로 엔진의 가동부를 수리하는 것과 비슷하다.

넛지

넛지nudge는 일부 경제학자와 정치인이 열렬히 채택한 심리학적 개념으로, 개인이 심리적 성향에 따라 특정 행동을 취하도록 자극한다.

예를 들어, 대부분 사람들은 할인을 좋아한다. 따라서 벌금을 일찍 내는 사람에게는 액수를 감면해주기로 하면, 범법자들이 얼른 벌금을 낼 가능성이 분명 높아진다(사실 영국 정부가 코로나19 방역 수칙을 어긴 사람들에게 벌금을 물릴 때 사용한 방법이 바로 이 전략이다). 다른 넛지로는 가장 바람직한 결과를 기본값으로 정하는 것(예를 들어, 장기기증에 있어서 불참 의사를 명시적으로 밝히지 않으면 참여로 간주하는 것)이 포함된다. 아니면 건강 간식을 상점진열대에 놓고 담배는 카운터 밑에 두는 등 바람직한 선택을 더 돋보이게 만드는 방법도 있다.

넛지는 강제하거나 강압적이라는 인상을 주지 않고도 바람직한 결과를 얻을 수 있는 방법으로 높이 평가되기도 한다. 그러나 일각에서는 가부장적이고 조작적이라고 간주하거나, 사람들의 태도를 실질적으로 변화시키거나 장기적으로 '옳은good' 행동을 유도하지는 못할 것이라는 주장도 나오고 있다.

불문법

우리 경제에는 넛지 외에 진정한 불문법이 있다. 바로 문화적 규범으로, 이를 어겼을 때의 '처벌'은 대개 일종의 사회적 비난이나 따돌림의 형태로 나타난다. 이는 공식적 규칙은 아니지만 사람들의 행동을 매우 효과적으로 변화시키는 도구가 될 수 있다.

불문법은 돈이 포함되지 않는 경제 교환을 지배할 때도 많다. 대개 부모는 자녀가 성인이 되었을 때 그동안의 양육비를 청구하지 않지만, 나중에 자녀가 자신들을 돌봐줄 것으로 기대할 것이다(이러한 종류의 합의는 때로 '돌봄 경제'의 일부로 간주된다). 마찬가지로 이웃에게서 설탕 한 컵을 빌렸다면, 현금으로 갚기보다 저녁 식사에 초대하여 보답하는 것이 더 '일반적'이라고 간주된다. 따지고 보면 저녁 식사 초대가 시간과 비용이 더 많이 들어 경제적으로 '비효율적'인데도 말이다.

이러한 규칙은 얼마나 자주 바뀔까?

분명히 경제를 지배하는 모든 유형의 규칙은 변경될 수 있고 실제로 변경된다. 오늘날 직장 내규나 사회적 관습은 고조부모 세대와 비교해 완전히 달라졌다. 동시에 우리가 살면서 따르는 규칙이 그 사회의 문화와 정서에 워낙 깊이 스며들어 행동을 바꾸기가 상상조차 안 될 때도 있다. 물론 규칙에 불응하려면 개인의 힘으로는 역부족이고, 주변 사람들도 대거 동참해야 한다. 그러므로 우리 삶을 지배하는 규칙을 늘 인식하고, 규칙에 관한 이야기를 멈추지 말아야 하며, 규칙이 우리가 원하는 경제를 구축하려는 노력에 도움이 되는지 아닌지 계속 토론하는 것이 중요하다.

체제

지금까지 논의한 우리의 일상적인 경제활동과 이를 규율하는 규칙이 전부 합쳐지면 경제체제economic system가 된다. 경제체제는 방대하고 상호연결되어 있거나(예를 들어, 국가 경제) 작고 제한적일 수도 있다(예를 들어, 고대 마을의 물물교환). 체제가 다르면 그 안의 규칙도 다르고 구성원들의 경제활동도 달라진다. 게다가 기술 발전, 인구 증가, 세계화로 인해 상호연결된 거대한 체제가 탄생했다. 그 안에서 움직이는 모든 요소를 이해하려면 벅차게 느껴지기도 한다.

경제체제의 설계는 우리가 결국 마주하게 될 결과를 결정하는 데 그치는 게 아니라, 그 결과에 이르는 '과정'도 좌우한다. 경제체제의 양태는 다음과 같은 기준에 따라 상당히 다르게 나타난다.

자원배분방식	자유시장경제, 계획경제, 혼합경제, 참여경제, 선물경제
생산수단의 소유자	자본주의, 사회주의
정치적, 종교적 신념	좌파, 우파, 환경주의, 불교, 이슬람교

다양한 체제 간의 주된 차이점은 부와 권력을 분배하는 방식이다. 따라서 모든 사람에게 적합한 경제를 만들려면 경제체제를 어떻게 설계할 것인지를 염두에 두는 것이 중요하다.

알맞은 체제의 설계

무엇이 옳고 그른 경제체제를 구성하는지에 대한 보편적인 합의는 없지만, 적어도 한 경제체제에서 어떤 '성과'를 내야 하는지 합의하기는 사실 그다지 어렵지 않다. 예를 들어, 빈곤 감축, 보건환경 개선, 수명 연장은 대부분 사람들이 찬성한다. 반면에 그러한 결과를 달성하기 위해 해당 체제에서 채택해야 하는 방법은 훨씬 논란을 불러일으킨다. 구성원들은 특정 체제가 어떤 비용과 편익을 발생시킬 것인지에 대해 의견이 완전히 갈리기도 한다.

현재 경제체제가 얼마나 잘 작동하는지 테스트하는 한 가지 방법은 위기 상황에 어떻게 대응하는지 확인하는 것이다. 위기 시에는 해당 체제의 강점과 약점이 명확히 드러나고 정부, 공동체, 개인이 열심히 개선책을 찾으려는 경향이 있다. 그러므로 국가비상사태는 경제체제의 커다란 변화를 일으키는 요인이라 볼 수 있다. 영국에서 의료보험과 복지국가는 제2차세계대전 이후 성립되었다. 그리고 금융시스템은 2008년 금융위기 이후 전면 개편되었다. 이제 코로나19 팬데믹은 우리가 일하고 휴가를 보내는 방식까지 모든 일상을 되돌아보게끔 이끌고 있다.

경제체제의 또다른 특징(때로는 허점)은 경제적 의사 결정이 어떻게 내려지는지, 그리고 그 결과 경제가 돌아가는 방식에 누가 목소리를 내게 되는지를 좌우한다는 것이다.

경제체제는 대개 혼합형

경제체제는 대개 특정 유형으로 분류되고(앞서 나열한 유형처럼) 서로 직접적으로 비교된다. 예를 들어, 자유시장경제free market economy와 계획경제planned economy 중 어느 쪽이 최선인지 많은 논쟁이 벌어지곤 한다(이 용어의 정확한 의미는 5장에서 논의하겠다). 그러나 현실에서는 대개 여러 체제의 유형이 한데 뒤섞여 있다. 영국은 무역, 주택, 고용을 포함한 많은 분야에서 대체로 자유시장 접근방식을 취하고 있다. 그러나 의료와 교육시스템은 중앙정부에서 계획한다.

경제체제에는 도구가 필요해

정책 도구는 경제체제를 조정하거나 통제하기 위해 사용하는 수단이다. 예를 들어, 금리 변동이나 양적 완화 등을 통해 통화량을 증감하는 것이 이에 해당한다. 이 도구들은 일반적으로 경제학자와 징치인이 인플레이션이나 경제성장 수준을 사전에 정한 목표에 맞추기 위해 이용한다.

경제 도구는 사람들의 많은 관심과 언론보도의 대상이 된다. 그래서 경제를 바꾸기 위해 사용하는 수단이기보다 그 자체로 경제라는 커다란 총체처럼 보일 때도 있다. 이 도구를 집에 있는 온도조절장치와 비슷하다고 생각해보라. 집의 쾌적함을 극대화한다는 중요한 쓰임새가 있지만 집을 '편안하게' 하는 요소를 생각할 때 제일 먼저 떠올릴 법한 물건은 아닐 것이다.

현상

언론이 경제체제를 그 자체로 생명력을 지니고 길들이기 힘든 짐승처럼 묘사하는 관행에 비판하는 목소리도 높지만, 경제체제가 뜻밖의 특이한(비록 대개 인간이 초래하고, 잘하면 통제하기도 하지만) 현상을 초래한다는 점은 어느 정도 사실이다. 우리가 목격하는 가장 명백한 예는 인플레이션(물가 상승)이다. 그 밖에 폭락, 부진, 침체, 불황 등이 있는데, 이들은 모두 경제가 심각하게 위축되는 시기에 나타나 경제학자들의 우려를 불러일으킨다.

이러한 현상들은 인간이 (성공적이든 아니든) 일상을 영위할 때 관찰되는 일들에 불과할지 몰라도, 그런 현상이 일어난다는 것 자체가 어떻게 보면 경제가 부분의 합보다 더 클 수 있다는 징후일 것이다.

경제는 어디에 있을까?

경제활동은 어디서나 일어날 수 있으므로 경제는 다양한 장소에 존재하며, 모두 양태와 규모가 다르고 종종 겹치거나 상호연결된다.

가정	가족과 살림 요령이나 음식을 공유한다.
집단 및 공동체	친구끼리 옷을 교환하거나, 룸메이트로 지내며 공간과 자원을 공유한다.
지역경제	지역경제는 지역자원, 농업, 문화유산 등을 활용한다.
광역경제	일부 광역권은 특정 강점이 있거나, 열악한 교통망 같은 구조적 약점으로 어려움을 겪기도 한다.
국가	국가경제는 아마 우리가 가장 흔히 언급하는 규모의 경제일 것이다.
경제 권역	EU처럼 국가들이 모여 무역연합을 형성할 수 있다.
세계	전 세계가 글로벌 경제를 구성한다.

우주	우리는 최근에야 우주로 진출하기 시작했지만, 지구 이외의 행성에서 새로운 식민지를 건설하거나 광물을 채굴하는 등 이미 다양한 경제활동의 가능성을 탐색하는 중이다.
가상공간	가상 네트워크를 통해 원거리로 수행되기도 한다.

이 책의 나머지 장도 가장 친숙한 유형의 경제가 존재하는 주요 장소로 구성되어 있다.

여러분 자신	어디를 가도 경제를 벗어날 수 없다
쇼핑 거리	상점, 그 외 사업체들
가정	생활방식, 집세 지불, 혹은 내 집 마련
직장 및 학교	생계를 위해 일하거나, 생계를 가능하게 하는 교육을 받는 장소
돈	은행, 정부, 침대 밑 등
사회	그 안에 속한 공동체, 문화, 제도 등 포함
정부	의회, 정부 부처, 중앙정부

여기서 알 수 있는 한 가지 요점은 경제 규모가 갈수록 확장되고 있다는 점이다. 한 사람의 개인적인 경제활동에서 출발해, 바로 이 순간 전 세계에서 동시다발적으로 일어나는 수십억 인구의 경제활동까지 확대된다.

일부 경제학자들은 규모의 경제와 세계화의 이점을 달성하는 동시에 지역사회를 지탱하고 사회적 결속을 유지하는 지역경제를 보호할 방법을 두루 모색하고 있다.

영국의 많은 지역은 현지 제조업의 쇠퇴, '획일적인' 변화가, 지역 이윤을 잠식하는 온라인쇼핑 등으로 지역경제의 쇠퇴를 경험중이다. 이런 가운데 프레스턴 모델preston model은 이러한 시련을 반등으로 전환해 현지 물자 공급을 촉진하려는 프로젝트의 한 예다. 이 모델의 기본 발상은 현지에서 자생할 수 있는 기업들이 필요하다는 것이다.

퍼머컬처permaculture(자급자족형 지속 가능 농업)는 산지에서 가까운 자원을 사용하는 것이 바람직하다는 생각에 뿌리를 둔 또 하나의 오래된 운동이다. 자원의 이동 거리를 환경에 가장 적게 영향을 미치고 바람직한 순서에 따라 나열하면, 부엌 창가에서 시작해 뒷마당, 지역 농장을 거쳐 저 멀리 제조 공장이 위치하는 순이 된다. 전체적으로 어떤 산업은 다른 산업보다 태생적으로 현지 공급망을 이용하는 편이 특히 적합하다. 예컨대 현지 작물로 만든 샐러드는 글로벌 공급망의 이점을 더 많이 누리는 스마트폰에 비해 신선도의 측면에서 더 이점이 있다.

시장과 산업

시장은 구매자와 판매자가 만나 재화와 서비스를 거래하는 장소다. 시장의 유형은 다양하며, 그중에는 물리적으로 존재하는 시장도 있고(예를 들어, 농산물시장, 상점, 경매장) 가상공간으로 된 시장도 있다(예를 들어, 스트리밍서비스, 온라인쇼핑, 탄소배출권 거래). 구매자와 판매자는 모두 개인, 기업, 정부의 세 가지 유형으로 크게 나눌 수 있다.

산업은 유사한 유형의 재화나 서비스 생산을 기반으로 하는 특정 기업과 개인을 한데 묶은 것이다. 예를 들어, 자동차 정비, 아우디 같은 제조업, 세차서비스는 모두 자동차 산업에 포함된다.

경제학은 다양한 장소에 있다

경제에 관한 대화는 여러 장소에서 할 수 있다. 가정에서의 밥상머리 교육부터 세계 지도자들의 정상회담에 이르기까지 경제에 대한 논의는 어디서나 가능하다. 이는 다음 주제인 '변화'와 자연스럽게 이어진다.

"장기적으로 우리는 모두 죽는다"

영원히 변치 않는 것은 없듯, 경제도 예외가 아니다. 결국 경제는 역사와 정치와 밀접하게 연관되어 있다. 여성참정권 운동에서 이민자 추방 사태까지, 그리고 신대륙 발견에서 대공황에 이르기까지, 세상이 바뀔 때마다 경제도 함께 바뀌었다.

경제를 변화시키는 요인은 전대미문의 큰 사건만 있는 게 아니다. 경제는 매일 매 순간 끊임없이 변한다. 유난히 더운 주말이면 아이스크림과 바닷가 여행 수요가 급증할 것이다. 대규모 유전이 때마침 새로 발견되면 정부는 새로운 정책이나 국책 사업에 사용할 추가 재원을 확보할 수 있다.

따라서 경제학자들은 경제의 변화를 논의할 때 단기short run와 장기long run를 언급한다. 그러나 경제 변화를 주도하는 주요 요인으로는 어떤 것이 있을까?

정치와 민주주의

정당이 시행하는 정책은 모두 경제에 어느 정도 영향을 미친다. 정당마다 이념이 다른 만큼, 경제 형태는 정권이 교체될 때마다 각 정당의 목표와 신념에 따라 바뀐다.

어떤 정책은 효과가 아주 미묘하거나 제한적이어서 우리가 일상에서 별 차이를 느끼지 못할 수도 있다. 또 어떤 정책은 대대적 파장을 일으키기도 한다. 예를 들어, 2020년 3월 영국 정부는 자가 격리 명령을 발동하고 경제 대부분을 철저히 봉쇄함으로써 코로나19를 퇴치하려고 노력했다.

물론 민주주의에서 이러한 정당과 정책은 선거와 시민의 뜻에 따라 결정된다. 우리 대부분은 투표로써 우리 경제의 모습을 형성하는 데 기여한다. 어떤 사람들은 특정 이익을 옹호하기 위해 압력을 가하거나 로비단체를 결성하기도 한다.

풀뿌리 조직, 시민운동, 폭동, 혁명

역사를 통틀어 현상 유지에 순응하기를 거부한 일부 사람들은 힘을 모아 변화를 꾀했다. 그 과정에서 그들은 경제에도 여러 업적을 남겼다. 이를테면 여성이 참정권을 획득한 이래 어느 정당이 집권해야 할지, 그 결과 어떤 경제정책이 채택되어야 하는지를 좌우할 수 있는 유권자 수가 두 배로 늘어났다. 노동조합을 포함해 노동운동은 우리의 근로방식과 근무 환경을 근본적으로 변화시켰다. 이제 그레타 툰베리 같은 활동가는 기후 정의를 외치는 행진을 통해 현대생활에 필요한 에너지 공급방식의 재편을 꾀하고 있다.

갈등과 전쟁

전쟁이 발발하면 팬데믹 때처럼 대개 일상생활에 겪어보지 못한 제한이 생기고 정부의 중앙 계획central planning이 강화된다. 전쟁중이나 직후에 정부는 자연재해 때와 마찬가지로 분쟁의 고통과 파괴의 흔적을 수습하기 위해 다양한 경제 계획을 수립하곤 한다.

자연재해

자연재해는 극적으로(그리고 대개 끔찍하게) 경제를 변화시킨다. 사람들의 가정을 파괴하고, 생계의 근원인 기업들을 도산하게 하며, 정부에 막대한 부담을 안긴다. 따라서 자연재해가 휩쓸고 나면 대부분 사람들은 단기적으로나마 경제적 후생이 떨어지는 경험을 하기 쉽다.

일부 지역, 특히 빈곤국에서는 경제적 후유증이 오래갈 것이다. 정부는 파괴된 경제를 재건할 자원이 모자랄 것이다. 게다가 워낙 많은 사람들이 한꺼번에 재정적 타격을 입었기 때문에 개인과 기업은 돈줄이 마르고 경제에 재시동을 걸기 어려울 것이다. 관광객이나 외국 기업과 같은 외국 자금원은 그 국가가 너무 위험하다고 판단해 멀리할 것이다.

그러나 마냥 부정적인 것만은 아니다. 사실 자연재해는 경제적으로 긍정적인 면도 없지 않다. 위기를 극복하기 위해 지역사회와 기업들이 창의적인 대응책을 내놓으므로 혁신과 기업가정신에 박차를 가할 수 있다. 현재 정부와 시민들이 변화의 필요성을 인식하여, 훗날 유사한 충격에 더 탄력적인 방식으로 대응하고 더 유익한 방향으로 경제를 재설계할 기회가 될 수 있다. 재건에 필요한 돈과 자원이 있다면, 재건과 관련된 새로운 일자리와 사업 기회가 많이 있을 것이다. 그러므로 재해가 발생한 지역에서는 흔히 경제성장을 위한 부양책이 뒤따르게 마련이다.

기술

기술은 물건을 더 빠르고, 쉽고, 품질 좋게 생산하기 위한 모든 수단을 일컫는다(자세한 내용은 5장을 참고하라). 그만큼 기술은 우리가 일하고, 살아가고, 물건을 사고, 돈을 다루는 방식과 일상적인 경제생활의 많은 부분을 끊임없이 변화시킨다고 해도 과언이 아니다.

팬데믹

자연재해와 마찬가지로 전염병은 경제를 갑자기 극적으로 변화시키고, 그 여파는 체감상 오래갈 수 있다. 근본적으로 전염병의 확산을 막으려면 공동체 차원의 대응이 필요하지, 개인의 선호에 맡길 수 없다. 따라서 팬데믹 시국에서는 정부가 전보다 경제에 훨씬 더 많이 관여하는 모습이 흔히 보인다. 가령 코로나19 팬데믹 동안 영국 정부는 명목상 보수주의 정권임에도 중앙에서 셧다운을 지시하고 수많은 국민의 임금을 보전해주는 등 팔을 걷어붙이고 나섰다.

추세

추세는 앞서 언급한 변화의 원동력만큼 극적이거나 눈에 띄지 않지만, 자생적으로 형성되어 경제의 방향을 이끈다. 예를 들어, 자동화 추세는 인간이 전통적인 작업방식에서 점차 탈피하고, 기계가 우리 경제의 더 큰 몫을 담당하게 할 것이다. 추세는 항상 변하거나 방향을 틀기도 하지만, 일반적으로 추세를 관찰하면 경제가 어디로 향할지 합리적 예측에 도움이 된다.

개인

바로 여러분을 포함한 개인도 변화의 원동력이다. 우리는 아이디어를 내고 정책에 참여함으로써 자신이 속한 경제를 어떤 모습으로 형성할지 영향력을 행사할 수 있다. 투표에 참여하고, 스스로 공부하고, 토론 그룹에 가입하는 등 개개인의 생각과 목소리는 변화를 일으킬 힘이 있다. 그리고 다른 사람들의 생각과 목소리가 합쳐진다면 우리는 앞서 언급한 다른 어떤 힘 못지않게 커다란 변화를 일으킬 힘을 얻게 된다.

현상 유지: 변화에 대한 균형추

경제는 끊임없이 불가피하게 변화하지만, 때로는 저항에 부딪히기도 한다. 하나의 생물종으로서 우리 인간은 놀라우리만치 창의적이고 혁신적이지만, 동시에 익숙한 것을 선호해서 별다른 이유 없이 과거의 방식을 유지하며 만족해하는 경향이 있다. 따라서 현상 유지에 대한 애착은 어떻게 보면 타성이고 어떻게 보면 미지에 대한 두려움을 반영한다. 고의로든 아니든 이는 경제적 변화를 가로막거나 최소한 속도를 늦추는 걸림돌이 되기 쉽다.

공정전환

인간이 인위적으로 경제 규칙과 체제를 크게 바꿔놓았을 때, 때로 경제학자들은 이 변화가 공정전환just transition이었는지 질문을 던진다. 모든 경제활동과 정책 뒤에는 수혜자와 피해자가 생기는 만큼, 경제의 커다란 변화는 누군가에게 도움이 되더라도 또 누군가에게는 결국 피해를 준다. 이 점을 인정하되 피해자의 규모와 그들이 입는 타격을 최소화하려 노력한다면 공정한 전환이 될 것이다.

예를 들어, 한 국가 전체가 갑자기 채식주의로 전환하기로 결정했다고 상상해보자. 이 전환이 공정하지 않으면 낙농업과 목축업 등 모든 관련 업종이 갑자기 사라지고 많은 사람들이 생활고에 처할 것이다. 대신 공정한 전환은 이러한 사람들에게 금전적으로 보상하거나, 사업을 재정비하고 직원을 재교육하여 채식 먹거리 산업으로 전환할 기회를 제공할 것이다.

개인의 필요와 욕구

우리는 앞서 동기가 행동을 유발한다고 설명했다. 개인의 기본적인 필요와 욕구는 모든 경제활동의 원동력이다.

집단의 필요와 욕구

인간은 외딴섬에서 사는 존재가 아니다. 우리가 자신의 필요와 욕구에 이끌려 무언가를 선택하듯, 다른 사람들도 모두 '그들' 나름의 필요와 욕구로 선택을 내린다. 그리고 이 모든 선택은 상호작용하고 서로 영향을 주고받는다. 따라서 우리는 가족, 지역사회, 사회의 일원으로서 집단적 필요와 욕구에 대해서도 이야기를 나눌 필요가 있다. 또한 공동의 의사 결정도 내릴 줄 알아야 한다.

민주주의는 이러한 집단적 의사 결정에 필요한 중요한 공론의 장이다. 우리는 다 함께 투표, 토론, 로비활동을 통해 경제의 우선순위를 제시함으로써 자기 지역에서 공급되는 공공서비스부터 세금 납부에 이르기까지 모든 것을 결정짓는다.

역할, 가치, 상황

한 개인이 누구인지를 설명하자면 부모인 동시에 정책입안자이거나, 투자자, 이민자, 소비자, 저축자, 가게 주인, 만물박사 등으로 표현될 수 있다. 이처럼 우리는 경제 내에서 다양한 역할을 맡는다. 이러한 역할은 각자 처한 상황에 따라 정해지며, 그 안에서 행동하는 방식은 자신의 가치관에 의해 결정된다.

필요, 욕구, 역할, 가치, 상황에 대해 더 설명할 내용이 많지만 4장에서 훨씬 자세히 다룰 것이므로 지금은 이 정도로 마무리하겠다.

기초 수업은 여기까지

우리는 이제 경제학의 기초를 다졌다. 이 기초들의 속성을 하나씩 깊게 탐구하기 전에, 여기서 잠시 멈추고 독자 여러분의 생각이 달라졌는지 생각해보면 좋겠다. 이전에는 보이지 않던 주변의 경제적 부분이 이제 눈에 들어오지 않는가? 가치, 권력, 체제, 도구, 가치관, 공정과 불공정 개념에 감이 잡히기 시작하는가?

경제는 단순하기도 하지만 지나치게 단순화할 수는 없어

경제의 기본 구성 요소는 실제로 꽤 단순하나, 이러한 구성 요소가 상호작용하면서 경제가 금세 복잡해질 수 있음을 이 장 전체에 걸쳐 설명했다.

경제에 대해 이야기할 때 중요한 게 무엇일까? 눈에 보이는 모든 현상의 이면에 보이지 않는 무언가가 있다는 걸 아는 것이다. 세상 모든 일은 우리가 흔히 인식하는 것보다 더 다양한 방식으로 연결되어 있으며, 사람들의 행동에는 명백히 드러나지 않는 여러 동기가 겹겹이 쌓여 있다. 이 이유로 정부와 경제학자들은 대개 대대적인 변화를 추진하기에 앞서 신중하게 검토하며, 우리도 경제정책을 제안하기 전에 항상 자기비판적인 자세가 필요하다.

경제를 더 수준 있게 논하기 위한 요령

경제는 모든 사람에게 깊숙이 영향을 미치기에 대화를 나누기 껄끄러운 주제다. 우리가 실생활에서 경험하는 경제란 오늘날에도 후대까지 대물림되는 불공정의 상징, 아니면 생각만 해도 치가 떨리거나 불공평하다는 감정을 유발하는 상황을 떠올리기 일쑤다.

그러므로 사람들이 경제를 이야기하도록 독려하는 것은 물론, 경제를 이야기하는 '방법'을 고민하는 것도 중요하다고 생각한다. 가족끼리 다투거나 인터넷에서 진흙탕 싸움하는 대신, 논란의 여지가 있는 문제를 더 건전하게 논의할 좋은 방법은 없을까? 신뢰와 존중심은 어떻게 쌓아야 할까?

— 자신의 관점부터 정리하고 다른 사람들의 의견도 들어본 후, 각자의 관점이 "어떻게 도출되었는지"를 이해하는 것을 목표로 삼아라.

— 약간의 의견 차를 허용하되 흑백논리는 피하라(트위터 같은 인터넷 공간에서는 특히 극단적으로 되기 쉬우므로 주의해야 한다).

— 다른 사람들의 의견에만 책임을 요구할 게 아니라, 자신의 의견에도 책임을 져라.

— 적절한 질문을 하고, 질문을 받으면 성의껏 답하라.

— 신뢰할 만한 출처에서 정보를 찾고, 다른 사람에게도 그렇게 하도록 요구하라.

— 감정적으로 되어도 괜찮지만, 공감을 사지 못하더라도 실망하지 마라.

— 자신의 의견에 의문을 제기하는 사람이 있어도 비난으로 받아들이지 마라.

— 한 가지 주장의 옳고 그름을 증명하는 대신 중도에서 합의점을 찾는 방법을 모색하라.

— 대화 상대방에게 다정하게 대하라.

건전한 대화를 위한 방법

건전한 대화는 건전한 경제학에 매우 중요하다. 경제 문제는 절대 모든 사람의 생각이 같을 수 없으므로, 대신 우리는 모두 다름을 인정하는 연습을 해야 한다. 다름을 인정하면 서로 의견이 일치하지 않는 부분을 명확히 하는 한편, 그 외에 동의할 수 있는 교집합을 계속 찾으려 노력하게 된다. 앞에서 나열한 요령이 대부분 이 원칙을 기반으로 했으며, 이를 실천하는 방법은 다음 도표에 정리되어 있다.

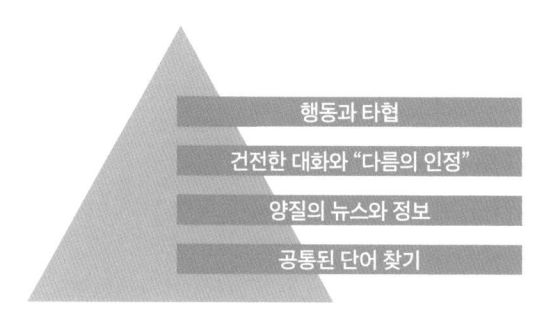

그림 ❷ 좋은 대화를 구축하는 단계별 방법

가짜 뉴스 가려내기

다른 여러 분야에서도 그렇듯, 가짜 뉴스는 경제에서도 문젯거리다. 언론매체, 정부, 소셜 미디어 플랫폼도 이제는 문제의 심각성을 인식하고 이를 해결하려 노력하는 듯하다. 그러나 우리가 소비하는 대부분 정보가 사실에 근거한 것인지 확인하기 위해 아직 스스로 해야 할 일이 있다.

경제학을 포함해 사람들이 스스로 전문 지식이 부족하다고 여기는 주제일수록, 가짜 뉴스에 훨씬 속기 쉽다는 것을 기억할 필요가 있다. 가짜 뉴스에 속지 않으려면 우리가 마주하는 모든 정보에 적정한 선에서 의문을 제기하고, 다른 출처에서 나온 정보의 요점을 확인하고, 믿을 만한 저술과 언론사를 탐색해야 한다.

일단 대화가 출발점

경제에 관해 수준 높은 대화를 하려면 가장 중요한 단계는 대화를 시작하는 것이다. 친구와 한잔하거나, 가족과 함께 산책하거나, 동료와 점심을 먹을 때도 좋다. 어디가 됐든 서로 질문하고, 자기 생각을 꺼내고, 경제와 그 의미에 대한 관점을 공유하기에 손색없는 장소다.

3장

경제가
존재하는 목적

경제의 '목적'이 무엇인지에 대한 논의는 사실 그다지 흔하지 않다. 경제학자에게 경제의 존재 '목적'이 무엇인지 물어보면, 그들은 멍한 표정을 지을 것이다. 대개 그들은 경제의 '의미'에만 익숙하기 때문이다.

철학에는 자유의지와 결정론이라는 개념이 있다. 자유의지는 인간의 선택이 진정한 선택이라는 의미로, 이에 따르면 인간은 항상 다른 길을 택할 가능성이 열려 있다. 반면에 결정론은 인간의 선택이 이미 신이나 운명과 같은 어떤 외부의 힘에 의해 정해졌기에, 앞으로의 인생도 지금까지 흘러온 방향에서 벗어날 수 없다는 의미다.

이 주제를 꺼내는 이유는 전통적으로 많은 경제학자들이 개인에게는 자유의지가 존재하지만 집단의 차원에서는 존재하지 않는 것처럼 여겨왔기 때문이다. 그들의 논리는 한 개인에게는 어떤 물건을 살지, 또 어디에 취업할지 선택할 자유가 있지만, 수십억 개인의 선택이 합쳐진 경제에는 한 개인이나 집단이 사실상 방향을 정하기에 유동적 변수가 너무 많다는 것이다. 따라서 경제적 결과는 보이지 않는 불가항력에 의해 결정된다. 결국 인위적으로 특정한 경제적 결과를 내는 것은 불가능까지는 아니더라도 매우 어렵다고 한다.

따라서 경제학자들은 경제 내 모든 구성원의 성과보다는 하나의 완전체로서 경제 전체의 성과에 일차적으로 초점을 맞추는 경우가 많다. 그래서 그들은 주로 경제의 규모를 강조하고 대개 경제성장에 주력해야 한다고 생각한다. 이러한 관점이 얼핏 무정해 보일지 몰라도 꼭 그렇지만은 않다. 많은 경제학자들은 인간의 손이 닿지 않는 어떤 불가항력이 결국 경제 전체를 좋은 방향으로 이끌어가므로, 이 흐름에 맡겨야 실업

률이 낮아지고 생활수준이 높아지는 등 여러 긍정적 결과가 나타난다
고 생각한다.

그러나 이것이 옳은 길이라거나, 나아가 경제란 통제 불가의 영역이라
는 가설에 모두가 동의하는 것은 아니다. 요즘 들어서는 인간의 힘으로
경제에 특정한 결과를 산출하지 못한다고 믿어온 이유가 한발 물러나
진지하게 고민한 적이 없었기 때문은 아닌지 의구심을 품는 경제학자
들이 하나둘 늘고 있다. 그들은 우리가 진정 원하는 경제적 결과가 무엇
인지, 그리고 현재 경제체제가 그러한 결과를 얻기에 적합한지 아닌지
다시금 고민해야 한다고 생각한다.

현재의 척도

경제를 측정하는 것은 경제학 중에서도 거시경제학 영역에 속한다
(이에 대해서는 곧 설명하겠다). 다양한 척도가 사용되며 그중에서도 특
히 널리 쓰이는 척도가 몇 가지 있다.

경제가 탄탄하다는 말의 의미

일반적으로 경제학자들은 현 경제체제에서 얼마나 많은 사람들의

필요와 욕구가 충족되고 있는지 살펴보려 한다. 더 많은 사람의 필요와 욕구를 충족하는 경제일수록 더 건실한 경제로 간주된다. 중요한 점은 여기서 필요와 욕구가 거의 충족되지 못하는 사람들이 일부 있더라도 그들이 전체 인구 중 소수에 불과하다면, 경제가 나름 탄탄하게 돌아간다고 볼 수 있다는 것이다.

좋은 경제의 구성조건은 또다른 문제

경제학자들이 한 경제에서 "경기가 좋다 나쁘다"라고 말할 때 그들은 경제의 결과적 측면을 이야기하는 것이다. 예컨대 실업률은 증가했는지 감소했는지, 또는 사람들의 평균 재산은 10년 전보다 더 늘었는지 줄었는지 등을 함축한다. 그러나 한 국가의 경제 자체를 두고 "경제가 좋다 나쁘다"라고 표현할 때는 전체 경제'체제'를 가리키는 것이다. 즉, 경제적 충격에 탄력적으로 대응할 수 있는 체제인지 아닌지, 외부 세계에 개방적인지 폐쇄적인지 등의 의미가 담겨 있다.

따라서 '좋은' 경제체제에서도 특정 시점에는 경기가 '나빠질' 수 있으며, 그 반대의 경우도 마찬가지다.

한 국가의 경제나 경기를 두고 좋다·나쁘다 판단할 때 문제점은 이 말이 매우 광범위하고 주관적이라는 점이다. 따라서 경제 성과를 다루는 보도 자료에서는 현재 상황을 더 구체적으로 나타내기 위해 대개 몇 가지 특정 수치를 덧붙인다.

이론적으로 수치는 객관적이고 논박의 여지가 없으므로 경제를 논할 때 도움이 된다. 그러나 해당 측정치에 긍정적 또는 부정적 수식어가 붙는 경우가 많고, 이러한 수식어는 수치를 사실이 아닌 개인의 의견으로 탈바꿈할 소지가 있다.

그렇다면 경제에 수치상으로 이상적인 결과, 즉 달성하기는 어렵지만 우리가 추구해야 할 목표라는 게 있을까? 있다면 무엇일까? 다음은 뉴스에서 흔히 들리는 경제 수치와 그 수치의 척도를 보여주는 몇 가지 사례다. 여기서 어떤 단서를 찾을 수 있는지 살펴보자.

보도 내용	뉴스의 의미	우리에게 중요한 이유
"경제성장률 전망치 1.3%로 하향 조정"	경제가 얼마나 성장할지에 대한 경제 전문가들의 전망치가 내려갔다.	경제 규모는 취업자 수에 영향을 미칠 수 있다. 그러나 경제성장이 항상 실생활 경험에 반영되는 것은 아니다. 특히 가사노동이나 불법활동과 같이 경제지표 계산에 포함되지 않는 활동이 많기 때문이다.●
"현재 영국 경제에서 제조업 비중이 약 1/4"	영국 경제에서 창출되는 소득의 4분의 1이 자동차 생산 라인, 벽돌 공장, 표백제 제조회사와 같은 제조업에서 비롯된다.	사람들은 고용시장의 현 상태와 미래 전망을 토대로 자신의 교육, 훈련, 직업 등을 선택할 수 있다.
"2008년 금융위기"	경제 총생산량이 예상치를 밑돌았으며, 이는 일반적으로 대부분 사람들에게 생계 부담이 커졌다는 의미다.	이와 같은 변화는 일상생활에 실질적인 영향을 미치고 일부 사람들을 빈곤으로 몰아넣기도 한다.

● 흥미롭게도 불법 마약 매매는 경제에서 비중이 상당한 만큼, 정부가 경제 규모를 측정할 때 포함되는 경우가 많다.

"시가총액 30억 파운드 증발, 주식시장에 불안감 확산"	트레이더들이 세계에 곧 악재가 터질 것으로 예상하고 이에 대응해 주식을 팔고 있다.	이러한 머리기사 제목에 별 관심 없는 사람도 있겠지만, 트레이더들의 증권 거래가 때로는 결국 우리의 일자리와 물가에 실질적인 영향을 미치기도 한다.
"정부차입, 국민소득 대비 8% 넘어"	정부가 세금 등을 통해 얻는 수입과 비교해 짊어지고 있는 부채 규모를 가리킨다.	이러한 유형은 인간이 가늠할 수 있는 범위를 벗어나기 때문에 측정하기 어려운 편이다. 그러나 부채가 많을수록 정부는 다른 부문에서 지출을 줄이거나 부채를 갖기 위해 세금을 인상할 가능성이 있다는 점에서 그 의미는 중요하다.
"영란은행, 양적 완화 1조 파운드까지 확대"	영국 중앙은행이 아마 '충분한' 경제활동이 일어나지 않는다고 판단해, 돈을 찍어서 통화량을 늘릴 것으로 보인다.	이 같은 조치는 장기적으로 인플레이션율과 물가를 안정되게 유지하는 것이 관건이다. 물가안정이 곧 국가의 안정으로 이어지기 때문이다.
"2년 연속 세수 확보 부진"	이런저런 이유로 정부가 세금을 많이 거두지 못하고 있다.	이는 정부가 재정지출을 계획대로 이행하기 위해 세금을 인상하거나 더 많은 돈을 차입해야 한다는 것을 의미한다.

"영국 경제 3% 위축"	영국에서 생산되는 재화의 총가치가 전기 대비 낮아졌는데, 아마 수요 감소가 원인으로 보인다.	경제 규모가 위축되었다는 것은 대개 소비가 줄었다는 의미이며, 이는 때로 일자리 축소로 이어져 실업률을 높일 수 있다.
"정부지출 3억 파운드 삭감"	정부가 학교, 치안, 도로 등에 지출하는 돈을 줄이고 있다.	재정지출은 일반적으로 국민의 생활을 개선하는 것이 목적이다. 그만큼 정부가 재정지출을 삭감하면 국민의 생활에 직접적인 영향을 미칠 것이다.
"유가 배럴당 30달러로 떨어져"	배럴당 평균 유가가 평소보다 더 빠른 속도로 하락하고 있다.	사람들이 석유를 너무 많이 사용해서 석유 등 핵심 원자재 가격에 큰 변동이 예상된다. 다른 부문의 가격에도 더 큰 영향을 미칠 수 있다.
"FTSE 지수 3포인트 하락"	이는 대기업들이 전체적으로 주식시장에서 얼마나 좋은 실적을 거두고 있는지를 나타낸다.	주식시장은 외부인들이 실제로 알아차리지 못하는 사이에 끊임없이 움직인다. 그러나 주가지수가 매우 큰 폭으로 급락하면 곧 사람들의 실직으로 이어질 수도 있다.
"매장 15곳 폐쇄로 직원 3000명 감축"	한 기업의 결단으로 많은 사람들의 일자리가 영향을 받았다.	어떤 사람들은 주요 수입원을 잃을 것이다. 게다가 다른 직장이나 직업을 찾기도 녹록지 않다.

"봉쇄 조치로 하루 80억 파운드 경제적 손실 예상"	소비자 지출이 평상시보다 평균 80억 파운드가량 줄었다.	소비가 줄면 기업에 필요한 직원 수도 줄어, 실업률 증가로 이어질 수 있다.
"GDP 7% 증가, 예상치 하회"	경제활동이 경제학자들의 예측보다 저조해, 가치 있는 재화와 서비스들이 비교적 적게 생산되었다.	사람들은 경제전망에 따라 결정을 내린다. 따라서 이러한 전망이 틀리면 사람들도 그 여파를 받는다.
"경제성장 속도 매년 15%"	한 국가가 과거 어느 때보다 더 많은 금전적 가치를 창출하고 있다.	사람들은 성장률을 예의주시한다. 경제가 성장하면 일자리 증가, 공공재 확충 등 긍정적 요소뿐 아니라 오염, 화석연료 고갈 등 부정적 요소도 생기기 때문이다.
"노동자 평균 임금 2만 7500파운드로 하락, 생계 부담 가중"	전반적으로 기본 생활비 부담이 커지고 있다.	어떤 사람들은 생계를 꾸리기가 더 팍팍해지거나 심지어 기본적인 삶의 질도 유지할 수 없다고 느낄 것이다.

위의 예에서 몇 가지 공통된 주제를 발견했을 것이다.

- 경제 규모는 어느 정도인가
- 일자리 수가 구직자 수에 비해 얼마나 되는가
- 경제에서 특정 부문의 가치, 특히 기업과 주식의 가치가 얼마인가

그러나 다음과 같은 사항은 (중요한데도!) 훨씬 덜 언급된다.

- 경제성장의 결과물이 어떻게 분배되는가(누가 혜택을 받고 누가 혜택에서 배제되는가)
- 일자리의 질과 안정성이 어느 정도인가
- 기업과 주식시장의 상황이 우리의 일상이나 생활비에 어떤 영향을 미칠 것인가

왜 그럴까? 음, 이러한 것들은 측정하기 어려워서일 수 있다. 아니면 측정할 수 있어도 이들을 포함하면 세부 사항이 너무 많이 추가되어 장황하고 난해해지기 때문일 것이다.

수치가 모든 것을 말해주지는 않는다

수치는 중요하고 앞서 표에 나온 척도도 경제를 이해하기에 도움을 주지만, 이들이 모든 것을 말해주지는 않는다. 교육을 예로 들면 정부는 대개 시험 점수를 주된 잣대로 삼는다. 학생들의 시험 점수가 오르면 교육수준이 향상하고 있다는 결론을 내린다. 그러나 이러한 평가 방식에 동의하지 않는 교사들도 있다. 시험 점수에 따라 학생들의 통과 여부를 판별할 수는 있어도 해당 과목을 얼마나 깊고 제대로 이해했는지는 알 수 없기 때문이다. 따라서 시험 점수라는 수치는 교사 평가와

같은 비수치적 요소로 보완되어야 한다는 주장도 제기되고 있다.

　다만 이런 식으로 접근하면 모든 것이 다소 난해해질 수 있다는 문제가 생긴다. 수치는 경제정책을 구체적이고 명확히 보여주므로 정책의 진행 상황과 그 성과를 파악하고, 다른 대안과 비교하기에 특히 도움이 된다. 그러므로 정부와 그 외 책임자들에게 책임을 묻기에도 비교적 용이하다. 그러나 동시에 혼란을 초래할 수 있어, 많은 사람들이 경제와 친해지기 어려운 이유로 작용하기도 한다. **경제 수치는 중립적이고 객관적이기도 하지만, 현실 속 데이터가 아닌 가설을 기반으로 하거나 인용하는 사람에 따라 취사선택되기도 한다. 그 결과 사람들이 경제 문제를 바라보는 관점을 편향되게 할 가능성이 있다.** 더욱이 일각에서는 경제학을 온갖 수치로 덧씌우면 과학적이고 확고한 사실처럼 포장할 수 있으므로, 특정 경제정책을 지지하는 진영이 상대 진영의 반론을 차단하거나 더 많은 사람들에게 이로운 경제를 만들기 위한 공론의 장을 막아버릴 소지가 있다는 주장도 있다.

　물론 이 모든 경제적 수치를 완전히 버리자고 한다면 여러분은 기뻐하겠지만(물론 별 감흥이 없을 수도 있겠다), 그렇게 제안할 사람은 아무도 없다. 그래도 수학을 신중하게 사용하고, 때로는 수치를 동원하지 않고도 경제를 이해하기 쉽게 전달할 방법으로 바꾸려는 노력이 어쩌면 필요해 보인다. 그러면 측정하기는 어려워도 절대 경시할 수 없는 가치들을 배제한 채, 그저 쉽게 측정할 수 있는 경제재(경제적 가치를 가지며 점유나 매매 같은 경제 행위의 대상이 되는 재화―편집자)에만 지나친 초점을 맞추는 관습을 없앨 수 있을 것이다. 이에 해당하는 대표적 예가 경제적 가치로, 대개 (수치화하기에 아주 적합한) 금전적 측면 또는 (수치화하기 곤란한) 후생적 측면에서 평가된다.

어떤 통계가 좋을까?

TV를 켜니 여러분 국가의 지도자가 어떤 통계에서 역사상 가장 큰 폭의 상승을 기록했다고 발표한다고 치자. 그는 이 수치가 안정적으로 유지되기를 희망하고, 또 지난 몇 년간의 경제정책 덕분에 그렇게 될 것이라고 믿는다. 그 통계가 무슨 통계라면 가장 좋겠는가? 아마도 일자리 수나 평균 임금일 것이다. 아니면 학교, 경찰 인력, 채식주의로 전환한 사람들의 수일지도 모른다. 무엇을 떠올렸든 간에, 여러분이 바라는 기준에서 그것을 근본적으로 성공이라고 볼 만한 현실적인 측정치를 생각해보자. 이러한 목표치를 정하기가 쉽더라도 그다음에 목표를 달성하기 위해 어떤 정책이 필요한지, 그리고 처음부터 다른 사람들이 이를 지지하게끔 어떻게 설득할 것인지 등 더 어려운 과제가 기다릴 것이다.

GDP는 (경제학자에게) 마법의 숫자

경제와 관련된 수치와 측정치 중 언론에 가장 많이 등장하는 것은 국내총생산Gross Domestic Product: GDP이다.

GDP는 일정 기간(보통 1년) 동안 한 경제에서 생산된 모든 재화와 서비스의 금전적 가치를 측정한 값이다. 가령 한 국가에 도넛이든 병원이든 그 수가 많으면 많을수록 GDP도 올라간다.

경제학자들은 유용한 정보가 많이 들어 있는 GDP를 애용한다. GDP는 한 경제 규모가 얼마나 큰지, 그리고 그 안에서 경제활동이 얼마나 활발히 일어나고 있는지 알려준다. 또한 우리가 물건을 얼마나 많이 생산하는지, 노동시간이 지나치게 길지는 않은지, 소비를 활발히 하는지 아닌지 등도 담겨 있다.

1인당

GDP 수치 앞에는 흔히 '1인당'이라는 단어가 붙는다. 1인당은 한 사람의 몫을 의미하므로 1인당 GDP는 모든 재화와 서비스의 가치를 인구수로 나눈 값이 된다. 즉, 국내총소득Gross Domestic Income: GDI을 인구수로 똑같이 나누면 각 개인의 부가 얼마나 되는지를 나타낸다. 물론 이렇게 하면 실제 우리의 경제활동을 반영하지 못하므로 1인당 GDP는 한 국가에서 무작위로 선별한 사람의 재산이 얼마나 될지를 보여주는 훌륭한 지표는 못 된다.

대신 다른 지역과 비교할 용도로는 요긴하다. 분명 어떤 국가는 다른 국가보다 GDP 수치가 월등히 높으며, 대국일수록 GDP 수치가 높게 나오기 쉽다. 이러한 국가는 예비 인력, 공장과 상점을 지을 부지, 제품 생산에 투입될 자원 등이 더 많다. 따라서 GDP를 비교하는 것만으로는 흥미로운 패턴을 발견하지 못할 수 있다.

예를 들어, 미국은 수년 동안 세계 최대의 GDP를 자랑해왔다. 2018년에는 20조 달러를 기록해, 전 세계 GDP의 거의 4분의 1에 해당했다. 그러나 1인당 GDP에 관해서는 아일랜드, 스위스, 싱가포르와 같이 경제 규모가 훨씬 작은 10여 개국보다 순위에서 밀렸다. 그렇다면 어느 쪽이 더 부유한 국가일까?

GDP는 언제부터 사용되었을까?

GDP는 1930년대에 미국 경제학자 사이먼 쿠즈네츠Simon Kuznets가 개발했다. 당시 미국은 대공황(극심한 경기 침체)을 겪고 있었고, 정책입안자들은 대공황을 해결하려면 먼저 현재 경제 상황이 어떠한지, 즉 어떤 재화와 서비스를 얼마나 생산했는지를 알아야 한다고 판단했다.

경제를 대규모로 측정하는 것이 새로운 개념은 아니었다. 과거에도 통치자들은 세금을 계산하기 위해 인구조사 등을 시행했기 때문이다. 그러나 쿠즈네츠는 처음으로 국가의 총지출을 조사했고 이 데이터가 경제회복에 활용되기를 바랐다. 그러나 자신이 개발한 결과물이 이토록 세계에서 지배적으로 쓰일 줄은 예상하지 못했다.

또한 짐작건대 쿠즈네츠는 오늘날 GDP 증가가 주요 경제 목표가 되었다는 사실을 알면 기뻐하지 않을 것이다. 그는 GDP 개념을 소개한 자신의 저서에서 "한 국가의 복지는 GDP로 정의되는 국민소득만으로는 유추하기 어렵다…… 더 '높은' 성장률을 추구하려면 성장의 '대상'과 '목적'이 뒷받침되어야 한다"라고 썼다.

GDP가 높으면 탄탄한 경제일까?

GDP는 경제가 얼마나 잘 돌아가고 있는지 측정할 유일한 방법은 아니지만, 가장 일반적이며 다른 어떤 지표보다 더 중요하게 취급될 것이다. 왜일까? 재무부의 수석경제고문(아마도 정부 내에서 가장 중요한 지위의 경제학자)은 GDP가 단지 우리가 바라는 결과와 매우 강한 상관관계에 있다는 이유 때문이라고 말한다.

GDP는 환경적 측면도 반영할까? GDP가 높은 국가는 환경도 더 깨끗하다. 교육은 어떨까? GDP가 높은 국가는 교육수준도 더 높다. 의료복지에 대한 관심도 마찬가지다. 결국 GDP 증가는 국가가 더 부유해지고 있다는 의미이며, 이는 사람들이 필요와 욕구를 충족하는 데 쓸 수 있는 돈이 비교적 풍부하다는 뜻이기도 하다.

그러나 그것이 전부는 아닐 것이다. 이스털린의 역설Easterlin Paradox에 따르면 개발도상국의 초기 GDP 성장세는 복지 개선과 상관관계가 있다고 자체적으로 보고하지만, 특정 지점을 넘어서고 나면 이 상관관계가 더이상 유효하지 않게 된다고 한다. 왜 그럴까?

GDP로 알 수 없는 많은 것들

GDP에 대한 가장 일반적인 비판은 첫째, GDP가 경제 성과를 압축해서 보여주는 지표로 자주 사용되지만, 그 성과의 내실을 판단하는 데 필요한 정보를 놓치고 있다는 것이다. 예를 들자면 다음과 같다.

— GDP는 경제적 불평등을 포함하지 않는다.

— GDP는 돈으로 환산할 수 없는 경제활동을 포함하지 않는다.

— GDP는 바람직한 경제활동과 바람직하지 않은 경제활동을 구별하지 않는다.

GDP는 부의 증가를 추적하지만 증가한 부가 어디로 흘러가는지는 추적하지 않는다. 대부분 인구가 헤어날 수 없는 빈곤 속에서 살아가는 가운데 소수의 부유층에 부가 쏠리는 경제보다 부가 잘 분배된 경제가 더 바람직하다는 의견에 공감하는 사람들이 많을 것이다. 그러나 GDP 수치만 보면 그 국가가 얼마나 경제적으로 평등한지 알 수 없다. 따라서 GDP가 경제 상황을 나타내는 지표로 얼마나 실용적인지 의문을 불러일으키기도 한다.

둘째, GDP는 재화와 서비스의 금전적 가치를 집계하므로, 경제성장을 유지하거나 나아가 촉진하는 데 필수적인 많은 무급 경제활동을 포착하지 못한다. 자원봉사와 가사노동이 대표적 예다.

셋째, GDP는 우리가 촉진하고자 하는 경제활동과 억제하고자 하는 경제활동을 구별하지 않는다. 두 국가가 서로 전쟁을 준비하느라 폭탄, 총기, 화학무기 생산을 늘리면 GDP는 큰 폭으로 성장하겠지만, 이 두 국가에서 살고 싶은 사람은 아마 없을 것이다.

문제는 현실에서 인간은 금전적 가치 이상의 것을 고려함에도 GDP는 가치의 한 가지 측면, 즉 금전적 비용만 고려한다는 점이다. 이 예를 쉽게 찾아볼 수 있는 영역 중 하나가 환경이다. 예를 들어, 집 근처에 공장을 신축할 때 장단점을 생각해보자. 아마 금전적 가치와 관련된 장점(우리가 갖고 싶은 물건이나 일자리를 더 많이 생산하고 창출하는 것)과 비금전적 가치와 관련된 단점(혼탁한 공기, 소음, 온실가스)을 떠올릴 것이다. 그러나 GDP 측면에서 보면 장점만 있다. 저널리스트 데이비드 필링David Pilling은 「파이낸셜타임스Financial Times」에 "GDP는 오염을 좋아하고, 특히 오염을 줄이기 위해 돈을 지출해야 한다면 더욱 그렇다"라고 썼다.

GDP의 대안

GDP의 한계가 수년간 제기되면서 몇 가지 대안이 고안되었다. 그러나 그중 어느 것도 GDP만큼 자리잡지 못했다.

그러한 대안 중 하나가 1990년대에 국제연합United Nations: UN에서 개발한 인간개발지수Human Development Index: HDI다. 경제학자들은 영유아 사망률, 평균 수명, 교육 접근성과 같은 다양한 기본적 '삶의 질' 지표를 오랫동안 측정해왔다. HDI는 이러한 지표들을 모아서 표준화한 것이다.

또다른 대안은 세계경제포럼World Economic Forum: WEF에서 측정하는 포용개발지수Inclusive Development Index: IDI다. 현재 세대가 미래 세대를 위해 충분한 자원을 남겨두고 있는지를 포함해 세대 간 형평성을 중요시하는 경제적 측정치 중 하나다.

다음은 일반진보지수General Progress Indicator: GPI가 있다. GDP처럼 성장을 측정하지만, GDP의 한계를 보완할 목적으로 고안되었다. 가령 소득수준에 따라 사람들의 지출에 가중치를 둔다든지, 가격을 매길수 없지만 복지에 기여하고 천연자원을 고갈시키는 모든 요소를 합산한다.

1972년 부탄은 GDP를 국민총행복Gross National Happiness: GNH으로 대체해서 화제가 됐다. 당시에는 이것이 약간 특이한 아웃라이어로 여겨졌다. 행복은 결국 주관적이므로 측정하기 어렵기 때문이다. 그러나 최근에는 삶의 질에 초점을 맞춰야 한다는 생각이 널리 자리잡았다. 조지프 스티글리츠Joseph Stiglitz와 아마르티아 센Amartya Sen 같은 유수의 경제학자들은 삶의 질을 측정하는 방법의 개발에 관심을 두기 시작했다. 영국 정부도 이제 다른 많은 국가들처럼 정기적으로 국민 복지 대시보드 측정Measures of National Wellbeing Dashboard을 통해 풍부한 데이터를 모으고 있다. 이러한 다양한 모델을 보면 복지에 영향을 미치는 항목의 유형에 몇 가지 흥미로운 차이가 있다. 예를 들어, 부탄은 전통문화 활동에 대한 참여도를 포함한다. 영국도 예술에 대한 참여도를 고려하지만, 예술의 범위를 특별히 국내 전통문화로 국한하지는 않는다(아마 국민이 모리스 댄스를 열심히 춘다고 해서 민족정신이 고취되지는 않는다고 생각해서일 것이다).

반대쪽 관점에서 경제학자 아서 오쿤Arthur Okun은 실업률과 물가상승률에 초점을 맞춘 고통지수The Misery Index를 만들었다. 그러나 그의 결과물은 이 두 척도에 동등한 가중치를 두었다는 비판을 받았다. 실제로 대부분 사람들은 상점에서 물건을 약간 더 비싸게 사는 것보다 실직을 훨씬 고통스럽게 받아들인다.

그러나 GDP의 대안으로 등장한 이러한 모든 척도는 공통의 문제점이 있다. 결과를 조종하는 요인이 훨씬 불명확하므로 정부가 높은 '점수'를 따기 위한 정책을 세우기가 훨씬 어렵다. 부분적 이유는 행복과 같이 정의하고 측정하기 어려운 것들이 많이 포함되어 있기 때문이다. **경제학자들은 GDP를 조정할 도구를 잘 구비하고 있지만, 사람들의 행복을 조정하는 데는 능숙하지 못하다.**

그러나 앞으로는 달라질지도 모른다. 오늘날은 빅데이터의 세계이기에 우리가 주변 세계를 측정하고 이해하는 새로운 방법이 등장할 가능성이 열려 있다. 경제학자들은 기술의 발전 덕에 휴대전화 사용량, 야간의 조명 사용량, 대중교통 이동량, 위성 이미지 등을 추적하고 이 모든 정보를 컴퓨터로 한데 처리하여 경제활동을 훨씬 자세히 살펴보고 풍성한 데이터를 얻을 수 있다. 이 모든 데이터가 앞으로 경제측정 방식을 어떻게 바꾸게 될지는 두고 봐야 할 것이다.

물론 경제학자들이 창의적인 경제측정방식을 찾는다고 해도 이는 절반의 노력에 불과하다. 경제적 성공의 주요 척도로 GDP가 아닌 다른 지표를 도입하려면 정치인, 언론, 나아가 일반인들도 합세하여 다양한 유형의 측정법에 대해 더 많은 이야기를 나누어야 한다.

그 외에 중요시해야 할 것들

한 가지 분명히 해야 할 것은 우리가 경제를 측정할 때 사용하는 수치와 지표가 무엇이 됐든, 이를 신중하게 선택해야 측정값이 우리가 정한 경제적 우선순위에 부합할 수 있다는 것이다. 우리의 우선순위에 따라 측정수단이 결정되는 것이지, 그 반대가 되어서는 안 된다.

그렇다면 우리는 어떤 목표를 우선시하고, 측정에 어떤 수치를 사용해야 할까? 무엇이 경제의 목표가 되어야 하는지는 의견이 분분하지만, 다양한 아이디어가 나올 수 있음은 확실하다.

생존과 번영

기본적으로 경제는 우리의 필요를 충족하고, 그다음에 시간, 자원, 힘이 허락한다면 욕구를 채우는 과정이다. 다시 말해 경제는 인간이 생존하고 기왕이면 더 잘살 수 있게 설계되어야 한다.

우리 스스로 "경제의 목적은 무엇이냐"라는 질문에서 갈팡질팡할 때, 생존과 번영이라는 개념은 다소 광범위하긴 해도 믿음직한 잣대가 될 수 있다.

경제의 기본 목표 중 하나는 일하고자 하는 모든 사람이 직업을 갖도록 하는 것이다(사실은 거의 모든 사람이라고 보는 게 더 맞을 것이다. 완전고용은 마찰적 실업 frictional unemployment 때문에 거의 불가능에 가깝다. 이 개념은 7장에서 후술할 것이다). 보통 실업률이 높으면 경제가 그다지 건전하지 않다고 생각하는 게 일반적이다.

그렇게 보는 몇 가지 이유가 있다. 노동은 사람들이 필요와 후생을 계속 충족하기 위해 지출할 소득의 원천일 뿐 아니라, 이러한 충족 과정에 필요한 산출물(식량, 의료서비스, 거리의 경찰)을 생산하기도 한다. 즉 노동 인구수가 적으면 경제에서 생산되는 산출물도 더 적어지는 만큼, 생산은 경제성장 및 생활수준 향상과 상관관계에 있다. 그 외에 문화적 기대도 있다. 많은 사람들은 노동이 가족을 부양하고 사회에 공헌한다는 점에서 그 자체만으로도 의미 있는 일이라고 생각한다.

다시 말하지만 경제 목표 중 고용에 초점을 맞추는 것이 특히 가치 있다는 생각에 모든 사람이 동의하는 것은 아니다. 현대 기술의 발전과 자동화 덕분에, 인간의 생존을 위한 필수재는 물론 엑스박스, 아이폰, 지미추 제품 등 사치재 생산까지 합쳐도 더이상 많은 인력이 필요하지 않다. 또한 사람들이 필요를 충족할 방법으로 노동만 있는 게 아니다. 한 가지 대안으로 정부가 조건 없이 제공하는 현금인 보편적 기본소득 universal basic income이 있다.

필요와 욕구가 아쉽지 않은 사람에게는 실업이 여러 장점을 주기도 한다. 예를 들어, 개인이 여가를 즐기거나 공동체 활동에 참여할 시간이 더 여유로워진다. 이외에도 실업이 증가할 때 사람들에게 긍정적 효과로 작용할 수 있는 온갖 종류의 다른 이유들도 있다. 일부 환경운동가들은 지구를 살리려면 지금보다 생산량을 훨씬 대대적으로 줄여야 한다고 생각한다. 또 일부 경제학자들은 실업을 개인이 변화하는 산업에 맞춰 열심히 일하거나 신기술을 배우게 하는 중요한 경제적 동기부여의 기회로 본다. 다른 한편에서는 우리가 일자리의 양보다 질로 관심을 전환해야 한다는 주장도 있다. 그들은 우리의 경제적 목표가 얼마나 많은 사람들이 일자리를 가지느냐보다 노동자의 만족도와 사회에 집중된 일자리의 '종류'에 중점을 두어야 한다고 생각한다.

성장 일변도의 한계

흔히들 경제 규모는 클수록 좋다고 간주한다. 대개 경제 규모에 따라 주민이 누리는 식생활, 교육, 안전수준도 크게 달라진다. 그래서 많은 경제학자들이 경제성장을 최우선 과제로 꼽는다. 성장률은 GDP의 변동으로 측정할 수 있다.

앞서 살펴봤듯이 국가 전체가 성장한다고 해서 모든 개인의 삶이 무조건 동등하게 개선되는 것은 아니다. 또한 경제성장은 특히 환경에 커다란 악영향을 미치기도 한다. 그래서 최근 특히 젊은층을 중심으로 경제성장을 성공의 척도로 삼아서는 안 된다는 목소리가 커지고 있다.

이를 과잉 반응이라 생각하는 사람들도 있다. 대신 그들은 우리가 측정하고 증가시키고자 하는 성장 유형을 더 구체적으로 정하는 것이 관건이라고 생각한다.

성장의 의미가 항상 물질적 제품을 새로 생산하는 일에 국한되는 것이 아니라, 돈으로 매길 수 있는 가치가 핵심이라는 점을 중요하게 기억해야 한다. 재활용품이나 업사이클링 제품도 있고, 서비스도 성장에 기여할 수 있다. 현재 우리의 소비 습관으로 보건대 성장을 위해서는 지구에서 더 많은 자원을 추출하는 일이 불가피하지만, 엄밀히 말해 성장과 자원추출이 꼭 연결될 필요는 없다.

지구 지키기

보존단체인 세계자연보호기금World Wild Fund for Nature: WWF에 따르면, 인간은 현재 지구의 자원 부존량 대비 1.5배로 자원을 소모하고 있다고 한다(이 추세는 지속 불가능하기에 우리는 경각심이 필요하다). 현재의 경제성장률을 고수한다면 '생태 용량 초과ecological overshoot' 현상은 더 악화할 것이다. 그렇다면 우리에게는 두 가지 선택이 있다. 성장을 멈추거나, 성장 방법을 근본적으로 바꾸는 것이다.

이 이유로 일각에서는 지속 가능한sustainable 세상을 의미하는 '포스트 성장post-growth' 시대가 논의되기 시작했다. 준비가 아주 잘된 포스트 성장 시대라면 그동안 지속 불가능한 모델로 훼손된 환경을 재생 가능성을 통해 되살릴 수 있다.

오늘날 지속 가능성 개념은 어디서나 찾을 수 있다. 지속 가능한 생활방식을 채택하는 사람들이 점점 많아지고 있으며, 정책을 수립할 때 지속 가능성을 고려하는 정부들도 늘어나고 있다. 또 지속 가능성을 추구하는 단체들은 현대 경제에 구석구석 스며든 '생산주의productivism(대량생산 문화)'에 반대 운동을 펼치기도 한다.

지속 가능한 경제를 위해서는 사람들이 다 같이 물건 수요를 줄여야 한다. 이를 달성할 한 가지 방법은 효율성을 높이는(투입은 줄이고 산출은 늘리는) 것이다. 예를 들어, 효율적인 공장일수록 제품을 빠르게 만들 수 있으므로 생산 과정에서 더 적은 CO_2를 방출할 수 있다. 그러나 여전히 성장을 우선시하는 현재 분위기에서는 대개 효율성이 향상된 만큼 더 많은 소비를 유도하는 방향으로 재투자된다. 제품의 생산 속도가 빨라지면 공장에서 더 많은 제품을 만들도록 촉진할 수 있다. 그 결과 전체 탄소 배출량은 감소하지 않을 것이다.

따라서 지속 가능한 경제에서는 사람들이 일하는 '방식'뿐 아니라, 일하는 '총량'도 바뀌어야 할지 모른다. 여기서 탈성장degrowth(의도적인 생산량 감축)이라는 개념이 등장했다. 상당히 급진적인 접근법 중 하나로 점점 더 논의가 거세지고 있는 탈성장은 주당 '정상normal' 근무시간을 줄이자는 주장이다. 또다른 예는 '수리할 권리right to repair' 법의 도입으로, 제품이 고장나도 쉽게 수리할 수 있는 제품을 생산하자는 것이다.

탈성장 운동은 지속 가능성을 지지하는 사람들까지 포함해 많은 비판을 받고 있다. 비판의 근거는 지속 가능성이 성장의 축소와 동의어가 될 필요는 없으며, 경제성장이 위축되면 대량 실업으로 이어진다는 것이다.

그림 ❸ 지속 가능성에만 머무를 필요가 있을까?

사람들의 복지 유지

복지는 중요하고, 구성원의 복지는 경제가 건실해야 향상한다는 사실에 대부분 사람들이 동의한다. 문제는 복지가 측정하기 매우 까다롭고 주관적이라는 점이다. 이 이유로 영국 재무부 수석경제고문을 비롯한 많은 경제학자들이 GDP와 경제성장이 대략적으로나마 복지수준과 상관관계가 있다는 전제하에, 여전히 이 두 개념을 기본 지표로 사용한다.

그러나 이 장 전체에서 언급했듯이 그 상관관계는 그다지 긴밀하지 않기 때문에 경제학자들은 복지를 직접 측정하는 방법에 점점 더 관심을 두게 되었다. 그렇게 해서 생겨난 아이디어에는 기대수명 측정, 행복도 조사, 교육 접근성, 절대빈곤, 노숙자 규모 등이 있다. 이러한 통계

를 합치면 전반적인 복지수준의 큰 그림을 얻을 수 있다. 정치인들은
이 데이터를 살펴보고 수치를 개선하도록 노력할 것이다.

모든 사람이 인생에 평등한 기회를 보장

경제에서 모든 사람을 똑같이 대우한다는 개념을 평등equality**, 필요
에 따라 다르게 대우한다는 개념을 형평**equity**이라고 한다. 두 개념 모
두 더욱 공정한 경제를 지향한다는 공통점이 있다.**

공정성을 염두에 두고 설계된 경제체제는 흔히 부와 기회라는 두
가지 핵심 가치를 구성원에게 골고루 나누고자 노력한다. 부와 기회 중
어느 것이 우선인지에 대해서는 확실한 합의가 이뤄지지 않았다. 평등
이라는 것은 모든 사람이 동등한 부를 소유한다는 의미일까, 아니면 단
지 동등한 기회가 주어진다는 의미일까?

정부가 형평성을 달성하기 위해 흔히 사용하는 한 가지 도구는 부
유한 개인과 기업에 더 높은 세율을 매기는 것이다. 이는 어느 한 곳에
부가 집중적으로 쌓이는 것을 억제하려는 의도다. 혹은 더 광범위한 평
등을 달성하기 위한 또다른 방법으로, 직장이나 정부기관의 대표성을
조정할 수도 있다. 즉, 구성원의 성별, 인종, 사회적 배경 등을 살펴본
후, 대표성이 낮은 그룹이 이들 조직에 더 많이 유입될 수 있도록 정책
을 시행하는 것이다.

모든 것을 균형 상태로 유지

이상적인 경제의 요건 중 하나로 균형을 꼽는 목소리도 종종 들린다. 여기에는 균형예산, 부채 축소, '적정' 수준의 정부지출, 그리고 자연스럽게 균형을 이루는 경향이 있다는 시장의 자동 조절 장치에 대한 믿음이 포함된다. 균형 중심의 경제는 공공서비스를 축소하고, 소유권과 강력한 시장의 힘을 중시하는 작은 정부를 지향한다.

그러나 경제에 '자연스러운' 방법이란 없다는 점을 중요하게 기억해야 한다. 따라서 균형도 다른 경제 목표와 마찬가지로 주관적인 목표 중 하나일 뿐이다.

미래의 재난으로부터 우리 자신을 보호

현대 세계는 갈수록 자연재해, 팬데믹, 기술의 파괴적 혁신에 직면하고 있으며, 이에 따라 경제의 회복탄력성resilience이 필요하다. 회복탄력성이 있는 경제는 거대한 경제적 충격에도 흔들리지 않는다. 사람들은 수입과 생계를 유지할 수 있으며, 교육, 연구, 의료활동 등도 대규모 혼란에 빠지지 않는다.

회복탄력성은 보통 예상치 못한 사건에 대비해 계획을 잘 세워야 가능하다. 경제학자, 공직자, 지역공동체가 함께 협력하여 재난을 감지하고 피해를 완화해야 한다. 안타깝게도 한 경제의 취약점은 최악의 상황이 이미 일어나고 나서야 발견되는 경우가 많다(2008년 금융위기와 2020년 코로나19 팬데믹 경험이 그 예다).

개중에는 경제 규모가 작을수록 더 회복탄력성이 좋다고 생각하는 사람들도 있다. 따라서 그들은 글로벌 시스템에 의존하기보다 지역경제에 관심을 집중해야 한다고 믿는다. 반대로 경제가 고립되면 그 자체로 위험을 수반한다고 지적하는 사람들도 있다. 공동체 외부에 이해관계를 함께하는 우방이 아무도 없다면 재난이 발생해 도움을 구할 때 애를 먹을지도 모르기 때문이다.

가장 중요한 것?

이러한 경제적 목표 중 상당수는 서로 공존할 수 있다. 실제로 여러분은 아마 이들 목표 중 몇 가지가 여러분이 속한 경제에 적합한 목표일 것이라고 생각할 것이다. 따라서 시민, 경제학자, 정부가 이 모든 아이디어를 합쳐 경제 성공을 달성하기 위해 노력하는 것이 중요하다. 동시에 꼭 선택이 필요하다면 어떤 목표를 특히 우선시할 것인지 생각해 볼 가치도 있다.

경제체제가 어떤 결과를 산출해야 바람직한지(즉, 어느 정도의 공정성이나 형평성을 달성해야 함), 그리고 그 결과에 도달하기 위해 어떤 시스템을 채택해야 하는지(예를 들어, 보수주의나 사회주의, 혹은 그 외에 완전히 다른 사상)에는 사람마다 견해차가 있다.

두 가지 측면 모두 우리 각자의 가치관과 경험의 영향을 받는다. 따라서 안타깝게도 몇몇 사람들 간 의견 충돌은 언제나 불가피하다. 그러나 대화가 단절되는 주된 이유 중 하나는 '방법'의 공정성에 대한 의견이 일치하지 않기 때문이다. 그러다보니 사람들이 원하는 '결과'의 공정성에는 실제로 의견 불일치가 별로 없음에도 결과의 공정성에 서로 의견이 맞지 않는다고 잘못 아는 경우가 많다.

예를 들어, 대부분 사람들은 모든 아이들이 굶주리지 않는 세상을 원한다. 그러나 이 목표를 달성할 최선의 방법에 관해서는 사람마다 의견이 다르다. 다시 말해 정치인도 경제학자도 '목표'보다 그 목표를 이룰 '방법'에 더 많은 논쟁을 쏟는다. 그러므로 우리 모두가 자신의 견해를 공유하고 다른 사람들의 의견을 경청할 수 있도록 정확한 경제 언어를 구사하는 것이 매우 중요하다. 사람들의 의견이 항상 충돌하는 것 자체가 문제가 아니라, 알고 보면 저마다의 의견에 실제로 공통분모가 많다는 점, 그리고 그로 인해 공통의 출발점을 구축할 수 있다는 점을 깨닫지 못하는 게 문제이기 때문이다.

지표가 중요한 이유

경제체계가 작동하는 방식을 더 자세히 들여다보면 좋은 측정 지표를 사용하는 것이 현재 상황을 관찰하기에는 도움이 되더라도, 변화를 꾀하기에 가장 효과적인 방법은 아니라는 것을 알 수 있다. 목표를 구체적으로 정하고 그 목표를 향해 나아갈 계획을 세우지 않는 한, 측정만으로는 현재 상황이 좋고 나쁨을 드러내는 것 외에는 아무런 의미가 없다.

핵심은 모든 단계에서 내려진 결정이 원하는 결과에 기여할 수 있도록 구조와 체계를 효과적으로 바꾸는 것이다. 영국 재무부가 발간하는 그린북Green Book은 이것이 (적어도 짐작건대) 현실에서 어떻게 구현되는지 보여주는 좋은 예다. 그린북은 각계각층의 지도자가 모든 의사 결정 시에 참고해야 하는 공식 문서로, 기본적으로 모든 정책의 비용과 편익을 계산하는 방법을 제시한다. 의사 결정자는 이를 토대로 계획한 정책의 예상효과를 평가해야 한다. 아마 이 문서가 영국에서 경제적 목표를 체계화하는 역할에 가장 가까울 것이다.

4장

여러분
(그리고 그 밖의 모든 사람들)

앞서 말했듯이 여러분도 곧 경제다. 정확히 말하면 그 밖의 모든 사람들도 포함해서다. 우리가 내리는 선택으로부터 태어나는 장소, 성장하면서 형성하는 가치관, 충족하고자 하는 필요에 이르기까지, 우리 자신과 우리의 행동이 바로 경제의 뼈대를 이룬다. 우리는 경제의 영향을 받는 동시에 경제에 영향을 미친다. 그렇다면 우리는 경제 안에서 자신의 역할을 어떻게 수행하며, 경제학자들은 우리를 얼마나 잘 알고 있을까?

미시경제학과 거시경제학

경제학자들은 연구를 시작하기 전에 경제를 멀리서 관찰할지 가까이서 관찰할지 선택한다. 경제학이 미시경제학(개인의 경제활동)과 거시경제학(모든 경제주체의 경제활동)의 두 분야로 갈라지는 것은 이러한 관점에서 비롯된다.

미시와 거시는 똑떨어지게 구분하기 쉽지 않은데다가 많은 부분이 서로 겹치기도 한다. 그러나 이 큼지막한 구분은 중요하다. 개인을 관찰한다고 해도 경제 전체는 어떻게 돌아가는지 잘 알 수 없으며, 경제 전체를 관찰한다고 개인이나 시장에 대한 정보를 완전히 알 수 있는 건 아니기 때문이다.

미시경제학

미시경제학microeconomics은 개인의 결정과 행동을 연구함으로써 경제를 이해하는 상향식 접근법이다. 미시경제학자는 개인이 어떤 선택을 하는 방법과 이유부터 다양한 시장에서 일어나는 온갖 구매와 판매 활동에 이르기까지 모든 것을 관찰한다.

거시경제학

거시경제학macroeconomics은 국가와 정부의 결정과 행동을 연구하여 경제를 이해하는 하향식 접근법이다. 거시경제학자는 낱낱의 부분을 단순히 합치기보다 전체의 큰 그림을 우선시한다. 예를 들어, 개별 세금 계산서만 봐서는 세금체계를 이해할 수 없다. 대신 총세수입과 다양한 세율이 국가 전체에 미치는 영향을 살펴봐야 한다.

개인의 다양한 역할

어떤 경제에서든 가장 큰 부분을 차지하는 것은 우리 자신이다. 그런데 인간으로서 우리는 경제에서 한 가지 역할만 하지 않는다. 대신 우리는 일생 동안 여러 역할을, 그것도 때로는 동시에 수행한다! 치즈 소비자에서 치즈 제조자, 치즈 업계 투자자, 치즈 규제자도 될 수 있다. 이러한 역할을 맡는 특정 시기, 시간, 심지어 순간 등 시점의 상황에 따라 우리가 가치 있게 여기는 것(맛있는 치즈, 안정적인 치즈 공급, 치즈의 수익성, 치즈의 안전성), 취하려는 조치(치즈 소비량, 치즈 생산량, 치즈회사에 대한 투자액, 치즈 관련 정책 결정), 특정 정책(치즈 비과세, 무관세 수출, 정부의 치즈 섭취 권장 지침)에 대한 지지 의사가 달라진다.

우리가 인식하든 인식하지 못하든, 이러한 다양한 경제적 역할에는 저마다 다른 행동의 추진력과 책임이 따른다. 예를 들어, 중소기업 창업자와 대기업 직원의 행동은 서로 상당히 다를 것이다. 금리interest rate를 예로 들어보자. 딱딱하게 들릴지 모르지만, 금리는 우리가 얼마나 많은 돈을 소유하고 지출하느냐에 따라 큰 차이로 다가온다. 즉, 우리는 돈을 저축할 때와 대출받을 때에 따라 금리가 높기를 바라기도 하고 낮기를 바라기도 한다. 따라서 우리가 경제에서 수행하는 다양한 역할은 무엇이 됐든 결국 경제 안에서 우리가 내리는 선택을 좌우한다.

인생의 모든 단계와 경제

사람들은 해마다 경제와 관련된 새로운 일이 닥친다. 생애 첫 저축, 독립, 취업, 대출(잘하면 완납까지), 그리고 조세정책을 고려한 투표권 행사 등 여러분은 경제를 통해 자신만의 인생 여정을 형성할 것이다.

특정 시점에 자신이 경제와 어떻게 연결되어 있는지 상상이 잘 안 가겠지만 그 답을 찾을 간단한 방법이 있다. '모든 사람이 나와 똑같이 행동한다면?'이라고 스스로 질문해보면 된다. 모든 사람이 지금의 나와 같은 결정을 내리고, 같은 일을 하고, 같은 돈을 지출한다고 상상하면 세상이 완전히 다르게 보일 것이다. 여러분이 인생의 어느 단계에 있든, 문득 자신이 세상과 어떤 영향을 주고받는지 절로 와닿을 것이다.

'다중 역할' 문제

경제적 지위가 다르면 당연히 경제적 선호도가 달라진다. 사업을 성장시키려는 공항 CEO와 정신없는 공항 인근에 사는 주민은 새로운 활주로를 건설을 놓고 서로 입장이 다를 것이다. 이 문제를 풀기 쉽지 않은 이유는 사람들이 대개 여러 경제적 역할을 동시에 담당하고, 또 이러한 역할마다 선호가 상충하기 때문이다. 공항 CEO도 공항 인근에 거주한다면 추가된 활주로가 아무리 사업에 도움이 되더라도 과도한 물동량과 소음에 짜증이 날 것이다.

이러한 유형의 갈등은 경제학에서 다중 역할 문제multiple self problem라는 개념으로 이어진다. 이 문제는 자주 발생한다. 우리는 직장인으로서 가능한 한 소득세를 덜 내고 싶겠지만, 또 한편으로는 시민으로서 세금으로 조달되는 여러 공공서비스를 기대하기도 한다. 또 노동자로서 우리 일자리가 해외 인력으로 대체되는 것은 원치 않는 반면, 동시에 소비자로서 제품 가격을 낮추는 아웃소싱의 이점을 누리고 싶어할 것이다. 자녀의 미래를 위해 소득의 일부를 저축하는 부모는 가장 높은 이자 수익을 보장하는 저축 상품에 예금하기를 원한다. 동시에 그 부모가 환경운동가라면 예금이 지속 가능성에 어긋나는 기업에 투자된다고 비판할 것이다.

다중 역할 문제는 사람들이 어떤 결정을 내리거나 어떤 정책을 선호하는지 예측하기를 무척 어렵게 한다. 인간이 복잡한 존재인 만큼, 인간의 경제적 선택도 복잡하고 다양한 가치와 선호가 뒤섞여 있다.

경제학에서 사람들을 가리키는 용어, '경제주체'

경제학자는 경제에서 사람들이 수행하는 다양한 역할을 생각할 때, 복잡한 연결관계를 단순화하기 위해 사람들을 경제주체economic agent라고 부른다. 오늘날 우리에게 친숙한 혼합경제체제(민간활동과 정부활동이 혼합된 경제)에서 경제주체는 다음 세 그룹으로 나뉜다.

— 가계(한 명, 혹은 여러 명의 개인으로 구성)
— 기업
— 정부

개인이든 집단이든 사람에게 특정 명칭을 붙이고 분류하는 이 방법은 다소 냉정해 보이기도 한다. 인간을 '가계'라는 식으로 지칭하는 것은, 일부 경제 용어가 경제에서 실제로 일어나는 사람 사는 이야기를 제대로 반영하지 못한다는 사실을 보여주는 좋은 예다. 대신 이렇게 사람들을 그룹으로 묶으면, 헤아릴 수 없이 많은 경제활동을 단순화하므로 모델을 개발하고 연구하기가 한결 수월해진다.

경제주체는 모두 상호작용한다. 가계 구성원은 회사에 고용되어 회사의 수익(이윤)으로 급여를 받고, 그 돈으로 생활비를 지출(소비)한다. 가계와 기업은 모두 벌어들인 수입의 일부를 정부에 세금으로 납부하고, 정부는 이 세금을 다시 다른 가계와 기업 등에 재분배한다. 이러한 돈의 흐름은 소득의 순환흐름circular flow of income이라는 도표로 설명된다. 오랫동안 경제학자들은 이 단순한 모델을 사용하여 경제주체 간에 자금이 일반적으로 흘러가는 과정을 관찰했다.

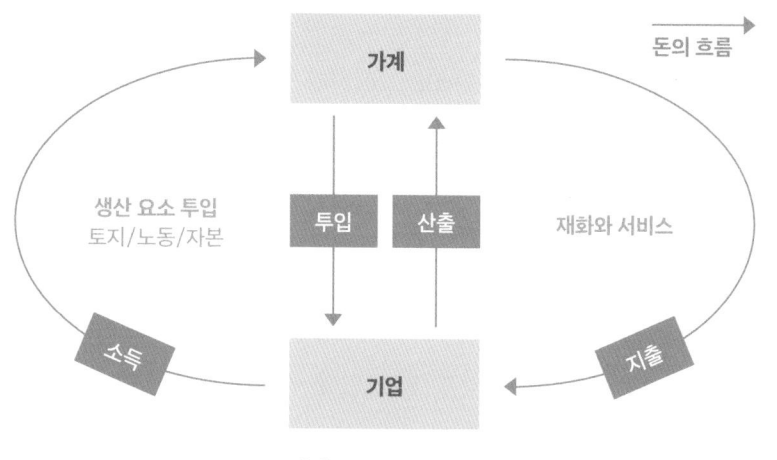

그림 ❹ 소득의 순환흐름

이 경제활동 모델에 대한 가장 큰 비판 중 하나는 너무 많은 것을 빠뜨리고 있다는 점이다. 가계의 주된 역할을 소비자로 본다면 무급 돌봄 노동과 지역사회 참여 등 가계가 수행하는 가장 중요한 역할을 일부 놓치게 된다. 또한 이 도표를 통해서는 경제체제에서 돈과 경제활동의 흐름에 영향을 미치는 종교나 결혼 같은 거대한 문화제도가 드러나지 않는다. 예를 들어, 영국이 시빌 파트너십civil partnership(나중에는 동성결혼까지)을 도입하기 전까지는 이성애자 커플 가구라면 누릴 수 있는 형태의 세금 감면을 동성애자 커플 가구는 받을 수 없었다.

이러한 모델을 옹호하는 경제학자들은 대체로 단순화가 복잡한 시스템을 이해하는 데 도움이 되는 중요한 출발점으로 본다. 하지만 동시에 모델은 실제 경제의 작동방식을 추론하기 위한 용도로서, 어디까지나 현실화보다 단순화가 더 큰 특징인 것을 잊지 말아야 한다고 덧붙인다.

이 정도면 경제학자들이 대부분 경제활동의 흐름을 관찰하는 전통적 방식이 여러분의 머릿속에도 그려지기 시작했으리라 믿는다(또한 이러한 모든 흐름이 균형에 이르는 방법을 보여주고, 기업과 정부가 세금수준이나 제품 가격 등을 결정하는 원리를 설명하는 근사한 수학 공식이 있지만 여기서는 다루지 않겠다).

우리가 경제와 연결되는 방식

우리가 수행하는 모든 역할이 경제에 영향을 미칠 테지만, 분명 개중에는 유독 커다란 영향력을 발휘하는 역할이 있게 마련이다. 여기에 중요한 일부 역할을 나열했으며, 그중 상당수가 여러분에게 해당할 것이라고 확신한다. 여러분이 스스로 아무리 경제와 단절되어 있다고 느끼더라도, 이 목록을 보면 경제의 상당한 부분을 차지한다는 점을 새삼 깨닫게 될 것이다.

역할	경제와 연결되는 방식
활동가	경제 작동방식의 변화를 촉구한다. 재활용에 관한 새로운 사회적 규범이나 회사 이사회에서 여성의 비중을 규율하는 새로운 법 제정 등을 요구할 수 있다.
차용인	대출받은 돈을 지출하여 경제를 부양한다.
간병인	도움이 필요한 사람들에게 커다란 가치의 서비스를 제공한다. 또한 자기 가족을 무급으로 돌보는 활동은 공공서비스(및 그에 따른 세금)의 부담을 줄이기도 한다.
시민	투표권을 행사하고 일상에서 다양한 선택을 함으로써 경제의 양태를 결정짓는다.
공무원	정부정책을 실행에 옮긴다.

지역공동체 일원	지역사회에 가치 있는 서비스를 제공하지만, 그들의 활동은 경제 가치로 환산되지 않는 경우가 많다.
소비자	기업에 돈을 지출하므로 기업이 생산하는 제품과 제품 생산비에 영향을 미친다. 또한 중고품을 교환하거나 식재료를 손수 재배하는 등 다른 방식으로 재화와 서비스를 소비하며 경제에 영향을 미치기도 한다.
문화 및 정치지도자	수많은 인구의 생활을 바꿀 중대한 결정으로 경제에 영향을 미친다.
고용주	인력을 고용하고 회사 이익을 어디에 쓸지 결정한다(예를 들어, 신제품개발에 투자하거나 직원 급여 인상).
기업가	향후 몇 년간의 경제 판도를 바꿀 수 있는 혁신적인 아이디어를 개발한다.
가족/친구	이사 때 일손을 돕는 친구나 막대한 유산을 남겨주는 가족은 상대방에게 경제적 가치를 무료로 제공한다.
이민자/이주자	기술과 문화를 전 세계로 이동한다.
투자자	유망한 사업 분야나 회사를 선택해 자금이나 기타 지원을 제공함으로써 결국 경제의 방향에도 영향을 미칠 수 있다.
대출자	위험을 감수하는 성향이 어느 정도냐에 따라 다양한 상황에서의 투자 규모를 좌우한다.

소유자	자신의 소유물을 어떻게 사용할지 결정할 권한이 있다. 이러한 결정은 경제에 크고 작은 영향을 미칠 수 있다. 가령 억만장자는 자신이 소유한 자산으로 새 병원이나 학교를 짓기로 결정할 수 있다.
생산자	어떤 재화나 서비스를 생산하기로 결정함으로써 사람들이 그 재화와 서비스를 이용할 수 있게 한다.
예금자	당장은 경제에서 순환되는 돈을 줄이지만, 나중에 그 돈을 꺼내어 쓸 수 있다.
주주	회사 지분을 약간이라도 보유했다면 회사경영방식에 영향을 미칠 수 있다. 가계는 대개 연기금의 형태로 주주가 된다.
관광객	한 지역에서 다른 지역으로 돈을 이동케 하는 역할을 한다. 또 그들에게 서비스를 제공하는 기업과 일자리가 새로 생겨난다.
노동자	기업이 판매하는 재화와 서비스를 생산한다. 노동조합을 결성해 고용법과 근로조건에도 영향을 미칠 수 있다.
인간	이러한 역할 중 어느 것도 여러분과 관련이 없더라도, 인간 사회에 존재함으로써 그 자체로 여러분은 경제의 일부가 된다.

또한 같은 역할을 수행하는 두 사람끼리도 서로 얼마나 다른 대우를 받는지 살펴볼 수 있다. 직장에서 일하는 사람을 예로 들어보자. 광부, 요리사, CEO 모두 직장에 출근하고 일해서 먹고산다는 공통점이

있지만, 경제 내에서 그들의 역할이 평가되고 보상되는 방식은 매우 큰 차이가 있다.

이처럼 역할에 부여되는 경제 가치는 고정되어 있지 않고, 오히려 실제로는 계속 변한다. 브렉시트 이후 영국 정부는 영국에서 일하고자 하는 이주 노동자 대부분에게 먼저 연봉 3만 파운드 이상의 일자리를 확보할 것을 요구하는 이민정책을 도입했다. 3만 파운드는 영국 국민의 평균 연봉이다. 즉, 정부는 고연봉 노동자가 경제에 더 큰 기여를 한다는 신호를 확실히 보낸 셈이었다. 그러나 2020년 코로나19 팬데믹 동안 영국에서는 경제가 돌아가기 위해 없어서는 안 될 인력을 가리키는 '필수 노동자key worker' 범주가 생겨났다. 간호사, 슈퍼마켓 계산원, 간병인 등 이러한 역할 중 상당수는 대개 연봉이 3만 파운드에 미치지 못한다.

개인의 가치관

우리가 경제를 바라보는 방식의 중심에는 곧 세계를 바라보는 방식이 담겨 있다. "생산성을 최고로 끌어올리려면 최적의 주당 근무시간은 얼마인가?" 같은 질문은 성과를 가치 있게 여기는 세계에서만 의미가 있다. 근본적으로 우선순위를 다르게 매기는 사람들은 이 질문 자체가 잘못되었다고 느낄 것이다.

경제의 모든 것을 바라보는 우리의 관점은 각자 개인, 그리고 문화와 사회의 일원으로서 지니는 가치관에 따라 결정된다. 사람은 주관적이고 저마다 도덕성의 기준이 다른 만큼, 구성원의 가치관은 각 경제체제가 시간과 장소에 따라 달라지는 이유 중 하나다. 지구의 한편에서는 뿌리 깊은 공유 문화로 자유시장과 거리를 두는 반면, 다른 한편에서는 개인의 자유를 강하게 강조하는 문화로 소유권 보장이 경제체제를 뒷받침하기도 한다.

2003년 퓨Pew 여론조사에 따르면 미국인들은 다른 어떤 국가보다 개인의 노력과 의지가 성공(또는 실패)의 열쇠라고 믿는 것으로 나타났다. 거의 65%가 여기에 동의했고, 캐나다 국민도 64%로 크게 다르지 않았다. 그러나 설문조사에 참여한 다른 모든 국가는 일본을 제외하고는 미국인의 생각과 달랐다. 대신 대부분 시민들은 "인생의 성공은 우리가 통제할 수 없는 힘에 의해 결정된다"라고 믿었다. 실제로 성취하는 사람은 거의 없음에도 누구나 명성과 부를 얻을 수 있다는 그 유명한 '아메리칸 드림'의 탄생을 이 데이터로 설명할 수 있을까? 개인의 성공을 핵심 가치로 여기는 세계는 높은 위험을 감수하고 낮은 확률에 운을 거는 모험이 일리 있다고 여긴다.

가치관은 경제체제나 개인의 핵심 신념을 형성할 뿐 아니라 개인이 내리는 선택도 좌우한다. 공정무역제품 구매에서 국산품 구매에 이르기까지, 가치관은 우리가 살고 있는 경제체제만큼 일상적인 거래도 형성한다. 그러므로 **어떤 경제든 지금의 모습에 이르게 된 이유를 완전히 이해하려면 구성원들이 특정 가치관을 고수하게 된 이유부터 알아야**

한다.

여러분이 아마존에서 엑스박스를 주문했는데 판매자 측의 실수로 두 개를 받았다고 가정해보자. 고객서비스센터에 전화하여 나머지 한 개를 어떻게 처리할지 문의하겠는가? 만약 그냥 두겠다면 그것을 어떻게 처리할 것인가? 여분으로 보관하거나, 판매할 것인가? 아니면 다른 사람과 같이 쓰거나, 기부할 것인가? 이러한 질문들의 답은 여러분이 (특정한) 규칙을 얼마나 존중하는지부터 부가 어떻게 분배되어야 한다고 생각하는지에 이르기까지, 다양한 주제에 대한 자신의 견해를 드러낸다. 아마존, 제프 베조스, 아마존 직원, 여러분 자신 중 누가 가장 신경쓰이는가? 덤으로 생긴 엑스박스를 놓고 여러분이 내리는 단 한 번의 결정이 다른 사람들에게 얼마나 크고 작은 영향을 미치게 될까?

이 예에서 볼 수 있듯 가치관은 우리가 매일 마주하는 무수한 선택과 얽혀 있다. 덤으로 얻은 게임기를 어떻게 처리할지 결정하는 것 외에도 우리가 어떤 정당에 투표하고 어떤 경제정책을 지지할지를 규정한다.

그러나 이러한 가치관이란 정확히 무엇일까? 정치학에서는 그 중요도에 따라 크게 두 가지 가치관을 꼽는다.

| 자유 | 모든 사람은 다 다르기에, 각자 가장 원하는 것을 선택할 자유가 있어야 한다. |

평등	권력과 재산에 상관없이, 모든 사람이 같은 혜택에 접근할 수 있어야 한다.

현실에서 이 두 개념은 어느 수준에서도 완전히 실현하기 어려운 이상이다. 그래도 최대한 이상에 가깝게 노력할 수는 있다. 하지만 이 두 가치관은 근본적으로 양립할 수 없는 것처럼 보일 때가 많다. 사람들이 더 많은 자유를 향유할수록 사회는 더 불평등해질 것이다. 더 엄격하게 평등한 사회를 추구할수록 사람들이 느끼는 자유는 줄어들 것이다. 따라서 경제학과 정치학은 이 상충하는 두 가치관 사이에서 끊임없는 논쟁을 일으킨다. **경제학은 평등보다는 형평의 관점에서 이 문제를 해결하려고 시도했다.** 형평은 모든 것을 엄격히 분배하는 것이 아니라 개인의 필요에 맞게 정책을 조정하여 공정성을 추구하는 것이다. 그러나 물론 여기에도 특유의 문제점들이 뒤따른다.

다음은 심리학자들이 즐겨 사용하는 표로, 우리가 각자 다양한 정도로 지니고 있는 일련의 가치관을 나열한 것이다. 각 가치관을 보고 경제에 어떤 의미가 있을지 생각해보자. 여러분 생각과 가까운 세 가지를 선택하고, 이들이 사회에서 가장 지배적인 가치관으로 존속한다면 경제가 어떤 모습일지 상상하라. 여러분이 이 책을 읽어나갈수록 경제의 의미에 대한 관점이 새롭게 바뀌었다면, 이 작업의 결과도 다르게 느껴질 것이다. 주변의 경제에 더 익숙해질수록, 이러한 가치관이 경제를 별로 좌우하지 않는다고 생각하기는 어려울 것이다.

힘	자기 결정권	전통
사회적 권력	창의력	신앙심
권한	호기심	숙명
재산	자유	겸손
외적 평판	자주적 목표 설정	중용
사회적 인정	독립심	전통 존중
	사생활	

성취	보편성	순응
성공	환경보호	예의
유능	아름다운 세계	부모와 어른 공경
야망	자연과의 일체	절제
영향력	아량	순종
지성	사회정의	
자존심	지혜	
	평등	
	세계평화	
	내면의 조화	

쾌락주의	자비심	안전
기쁨	봉사	위생
즐거움	정직	국가안보
	용서	사회질서
	충성	가족 안전
자극	책임감	호의의 보답
모험성	진정한 우정	건강
다양한 삶	영적인 삶	소속감
흥미진진한 삶	성숙한 사랑	
	삶의 의미	

여러분의 가치관과 여러분을 둘러싼 사회의 가치관이 경제의 모든 영역에 스며들어 무엇이 가치 있게 평가되는지(여러분의 사회는 예술, 혹은 과학에 더 많이 투자하는가?), 어떤 규칙을 준수해야 하는지(이 사회는 공원을 사유지, 혹은 공유지로 취급하는가?) 어떤 체제가 이를 뒷받침하는지(경제체제가 분권화되고 비교적 유동적인가, 아니면 중앙집권화되고 더 광범위한 민주적 절차에 의해 제어되는가?)를 결정한다.

그러나 우리의 가치관이 전체 경제의 구석구석에 영향을 미친다는 사실은 쉽게 알 수 있지만, 경제학자들은 이를 별로 많은 시간을 할애해 논의하지 않는다. 가치관이 여러 주요 경제 주제에 대한 사람들의 견해를 형성하는 것이 사실임에도, 현재의 경제학 언어로는 인간의 가치관을 다룰 여지가 많지 않기 때문이다. 예를 들어, 이민에 대한 영국인의 가치관이 2016년 영국의 EU 탈퇴 결정에 영향을 미쳤고, 이는 앞으로 영국 경제의 판도를 완전히 바꿔놓을 사건이었다.

가치관은 사람들의 편을 갈라놓기도 하지만, 동시에 하나로 묶는 역할도 한다. 연구 결과에 따르면 정치 견해가 다른 사람들끼리도 같은 가치관을 공유한다는 사실을 알면 서로 동의할 가능성이 더 높다고 한다(반면에 사람들에게 어떤 문제와 관련한 팩트 체크를 더 제공한다고 해서 마음이 바뀌는 경우는 드물다). 우리가 경제에서 무엇을 원하는지 의논할 때는 각자 가치 있게 여기는 선호(예를 들어, 이민의 감소 또는 증가)뿐 아니라, 이러한 선호를 뒷받침하는 가치관(예를 들어, 안전성 또는 공정성)도 이야기해야 한다.

개인의 가치관은 더 폭넓은 사회적, 문화적, 정치적 가치관으로 이어지면서 결국 특정 집단과 사회운동을 형성한다. 진보주의liberalism, 보수주의conservatism, 집산주의collectivism, 개인주의individualism는 모두 주의 -ism가 붙은 단어이자, 서로 다른 경제사상을 추구하고 어떤 한 방식을 다른 방식보다 좋아하는 개인들의 선호를 기반으로 한다. 이처럼 많은 사람들은 가치관에 따라 자신을 어떤 범주로 분류함으로써 정체성을 부여받는다. 또한 이를 통해 선호가 모여 경제 형태를 좌우하는 개인의 힘이 그만큼 중요함을 알 수 있다.

개인의 경제적 가치관을 포괄하는 정치운동과 사상을 더 나열하자면 다음과 같다.

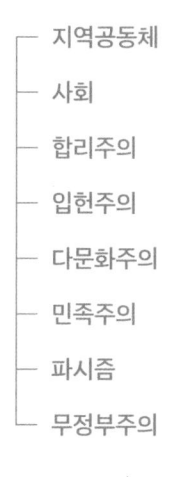

— 지역공동체
— 사회
— 합리주의
— 입헌주의
— 다문화주의
— 민족주의
— 파시즘
— 무정부주의

시장은 개인의 가치에 의해 형성되고 영향받는 경제의 또다른 중요한 부분이다. 소비자의 가치관은 기업이 무엇을 어떻게 판매하는지에 영향을 미친다. 예를 들어, 동물과 노동자 복지에 관심이 높아짐에 따라 '공정 무역' '자연 방목' 제품이 생겨났다. 마찬가지로 정부 규제는 사업적 측면 못지않게 도덕적 측면의 영향을 받기도 한다. GMO, 맞춤형 아기, 인간 장기 거래에 관한 규제는 이윤 극대화나 기존 수요의 충족보다는 안전, '신의 영역 침범'에 대한 경각심, 대중의 '불쾌감' 등 가치관을 중시하는 정신이 밑바탕이 되었다.

기업도 일련의 가치관에 종속되어 행동한다. 때로 이 가치관들은 의도적인 기업 브랜딩의 일환으로 채택되기도 한다. 아웃도어 의류업체 파타고니아가 그 대표적인 예다. 친환경을 매우 진지하게 추구하고, 이윤 극대화 대신 반소비 문화를 지향하며, 고객에게 재사용이나 중고 구매를 권장한다. 기업의 가치관이 의도하지 않게 드러나는 때도 있는데, 대개 회사정책의 부작용이 발생하거나 고위 임원의 개인적 신념이 경영방식에 확대 반영되는 경우가 이에 해당한다.

의도적이든 아니든 기업 가치관은 거의 주기적으로 헤드라인을 장식하기 때문에 분명 사회에 중요하다. 부당한 직원 대우, 자선활동, 탈세, 정부 계획에의 편승 등의 이야기는 대개 언론과 대중 사이에서 합법성보다 '올바름'의 측면에서 논의된다. 이처럼 사람들은 주관적이고도 명백히 가치 기반에 따라 기업을 평가함으로써 소비자 불매운동에서 직원 유지, 새로운 규제에 이르기까지 수많은 경제적 결과를 초래한다.

한 경제 내에서도 구성원들의 경제적 경험은 각양각색이다. 모든 사람이 처한 상황과 현실은 각자 다르다. 우리가 살고 있는 나라, 제공받는 교육, 상속받거나 받지 못하는 유산, 가지거나 가지지 못한 특권 등 온갖 요소가 작용한다. 인종, 성별, 종교, 기타 정체성도 모두 우리가 경제에 참여하는 방식에 큰 영향을 끼친다.

개인의 경제적 상황은 그 사람이 앞으로 갈 방향뿐 아니라 과거를 거쳐온 발자취도 포함한다. 태어난 장소는 지역 내에서의 경제적 결정(특히 예산)이 사람들의 실질적 기회에 큰 영향을 미친다는 점에서 중요하다. 이는 개인적 차원에서뿐 아니라 역사적 차원에서도 마찬가지다. 경제의 테두리 안에서 개인이 취하는 행동은 전년도뿐 아니라 지난 세기부터 쌓아온 경험의 결과물이기 때문이다.

또한 상황은 우리의 경제 경험을 가장 크게 바꾸는 요인, 즉 재산에 지대한 영향을 미친다. 개인의 급여수준은 과거 부모님의 태도(또는 우리에게 가르친 태도), 어릴 때 학업을 중단했거나 불경기로 학교를 그만두었는지 여부에 영향을 받는다. 또 소득과 저축수준은 부분적으로 학교에서 얼마나 많은 금융 지식을 배웠는지와 더불어, 성격상 돈을 아주 쉽게 쓰고 저축은 매우 어려워하는 습관에 얼마나 길들여져 있는지에 달려 있다. 부의 수준은 적어도 어떤 부동산 시황 속에서 20대를 보냈는지, 그리고 부유한 가족의 도움을 받을 수 있는 형편인지에 따라 달라질 것이다.

이러한 격차가 더욱 양극화하는 이유는 부자가 되기보다 가난에서 벗어나기가 더 어려운 현실 때문이다. 일정 간격을 두고 비교적 적은 양의 물건만 살 여유가 있는 사람들은 대량 구매를 통해 돈을 절약하고 저축할 수 없다. 게다가 고연봉 계층은 일반적으로 대출을 받을 때 더 낮은 금리가 적용된다. 개인이 처한 상황은 심지어 물건의 가치를 평가하는 방식을 규정하기도 한다. 소득수준의 차이에 따라 사람마다 같은 가격도 다르게 느껴지기 때문이다. 500파운드는 부유층인지 빈곤층인지에 따라 목돈이 될 수도, 푼돈이 될 수도 있다.

또한 각자 처한 상황에 따라 우리가 어떤 모습의 경제를 지향해야 할지 목소리를 내려는 동기가 적극적이거나 소극적으로 되기도 한다. 어떤 정책이 우리에게 미치는 영향을 인식하고 정책 토론에 참여하려는 능력과 욕구는 각자가 받은 교육과 양육에 따라 차이가 나기 때문이다. 이 책 전체에서 강조했듯이 이러한 토론이 모여 결국 경제를 형성하는 만큼, 특정 집단이 경제에서 훨씬 배제되기 쉽다는 사실은 우려스럽다.

간단히 말해서 개인이 처한 상황은 경제적 욕구와 필요를 충족하는 데 도움도 걸림돌도 될 수 있다. 이 효과의 강도는 여러 요인에 따라 달라지며, 이를 사회적 이동성이라고 한다. 이는 9장에서 더 자세히 설명하겠다.

필요와 욕구

아리스토텔레스는 가치가 필요need에서 비롯된다고 말했다. 따라서 필요는 욕구want와 더불어 여러 경제활동을 주도하는 쌍두마차라고 봐도 과언이 아니다. 우리는 아침에 배고프고 목이 마르며 약간 꾀죄죄한 상태로 일어난다. 그러므로 음식과 물을 섭취해야 하고, 기왕이면 샤워도 하는 편이 좋다. 운 좋은 사람이라면 외부로부터 자신을 안전하게 보호해주고 튼튼한 지붕이 갖춰진 따뜻한 집에서 잤을 것이다. 이 모든 의식주를 부족함 없이 누리고자 하는, 즉 필요와 욕구의 충족을 위해서는 분명 소득 일부의 지출이 선결 요건이 된다.

경제학에서는 개인의 필요와 욕구를 선호라고 한다. 그러나 필요와 욕구의 차이점은 무엇일까? 이 둘을 항상 명확하게 구분할 수 있는 건 아니다. 우리는 개인적으로 무엇이 필요하고 무엇을 원하는지 본능적으로 느낄 수 있지만 다른 사람들은 그 구분방식에 동의하지 않을 수 있다. 실제로 담배가 '필요'하지는 않지만 단지 담배를 '원하는' 사람에게 금연을 충고해본 적이 있다면, 그 사람과 어느 정도 거리를 확보한 후 말하는 편이 안전하다는 것을 알고 있을 것이다. 여기서 한층 문제가 복잡해지는 이유는 필요를 충족하는 방법이 여러 가지이기 때문이다. 배고픈 사람에게는 음식이 필요하지만, 그렇다고 빅맥이 필요하다고 말할 수 있을까?

전통 경제이론을 따르는 사람들을 포함해 일부 경제학자들은 필요와 욕구의 적절한 구분이 무의미하다고 말한다. 모든 경제활동은 단지 그 사람의 효용utility(만족)에 따라 이끌리기 때문이라는 것이다. 반면에 다른 학자들은 필요가 생존에 필수적인 것을 뜻한다면, 욕구는 단순히 원하는 것을 뜻한다고 주장하기도 한다. 필요는 하나라도 충족하지 못하면 결국 생계를 이을 수 없게 되지만, 욕구는 하나도 채우지 못해도 삶의 낙이 사라질 뿐 생계에는 지장이 없다는 얘기다.

이 논쟁에서 여러분이 어느 편에 있는지가 중요하다. 이러한 기본 관점에 따라 각자가 옳다고 생각하는 사회의 가치공유방식이 달라지기 때문이다. 이 책의 시작 부분에서 언급했듯이 희소한 자원의 배분은 경제학에서 항상 중요하게 다뤄왔던 주제 중 하나다.

밀을 수확하는 농부를 상상해보자. 이 밀을 가지고 빵을 만들어야 할까, 맥주를 만들어야 할까? 빵은 여전히 많은 사람들이 생존을 위해 의존하는 주식이지만, 맥주는 대개 쾌락의 목적으로 소비된다. 그렇다면 여전히 세계에서 굶주리는 인구를 생각해서라도 우리는 모두 맥주를 포기해야 할까? 아니면 때로는 다른 사람의 필요보다 일부의 욕구를 우선시해도 괜찮을까? 맥주 같은 욕구가 많이 채워질수록 추가되는 행복의 양에 유의미한 차이가 있을까? 쉽게 대답할 순 없지만 특히 경제와 관련하여 대화를 나눌 가치가 있는 질문들이다.

필요와 욕구를 구분하려는 시도 중 가장 유명한 것은 미국 심리학자 에이브러햄 매슬로Abraham Maslow의 연구였다. 그의 '욕구 5단계설hierarchy of needs'은 인간의 동기를 생존에 가장 필수적인 것부터 덜 필수적인 것까지 계층화해 피라미드로 표시한 것이다. 매슬로는 실제로 피라미드의 모든 단계를 필요(전술했듯이 경제학에서 need는 필요, want는 욕구를 가리키나 '욕구 5단계설'이라는 표현이 워낙 정착된 관계로 부득이 여기서만 need를 욕구로 옮긴다. ─옮긴이)로 명명했으며, 삶에 필요한 것이라는 필요의 본뜻과 달리 단계를 구분함으로써 일부 필요가 다른 필요보다 우선시될 수 있음을 밝혀냈다.

이것은 인간의 동기부여를 살펴보는 방법 중 하나일 뿐이지만(매슬로의 연구는 1940년대 발표된 이후 상당한 비판을 받았다), 그의 피라미드를 보면 일상 속 대부분의 경제활동이나 세금 인상 대상을 결정하는 정부의 정책 이면에 사람들의 어떤 동기가 숨어 있는지 이해할 수 있다. 또 한편으로는 우리가 경제에서 매기는 우선순위나 이 유명한 피라미드의 꼭대기에 도달하기 위해 각자에게 허용되는 자유의 정도 등 몇 가지 의문을 불러일으키기도 한다.

매슬로는 일부 욕구가 실제로 필요처럼 기능할 수 있다고 강조했지만, 이는 인간의 모든 경제적 욕구가 필요와 비슷하다는 의미는 아니다. 실제로 경제학자 소스타인 베블런Thorstein Veblen은 많은 사람들이 순전히 비싸다는 이유로 고가의 물건 소비를 즐기는 현상을 설명하기 위해 과시적 소비conspicuous consumption라는 용어를 생각해냈다. 디자이너 명품 브랜드는 과시적 소비를 보여주는 좋은 예다. 샤넬 핸드백을 구매하는 이유는 이 브랜드가 지위, 스타일, 고급스러움과 관련되어 있기 때문이지, 자신의 소지품을 들고 다닐 다른 수단이 없어서인 사람은 아무도 없다.

자신의 부를 공개적으로 과시하는 것은 새삼스러운 현상이 아니다.

고대 이집트 피라미드도 왕의 우월함을 과시하기 위한 무덤으로 축조되었으리라 추정된다. 그러나 과시적 소비는 생활수준이 올라가고 중산층의 가처분소득이 늘어나기 시작한 20세기 들어 훨씬 널리 퍼졌다. 베블런은 그들을 '유한계급leisure class'이라고 불렀다. 또한 다른 경제학자들과 마찬가지로 이들 계급의 소비와 행동을 연구하여, 사람들로 하여금 기본 욕구가 모두 충족된 후에도 경제활동에 계속 참여하도록 동기를 부여하는 요인이 무엇인지 밝혀냈다.

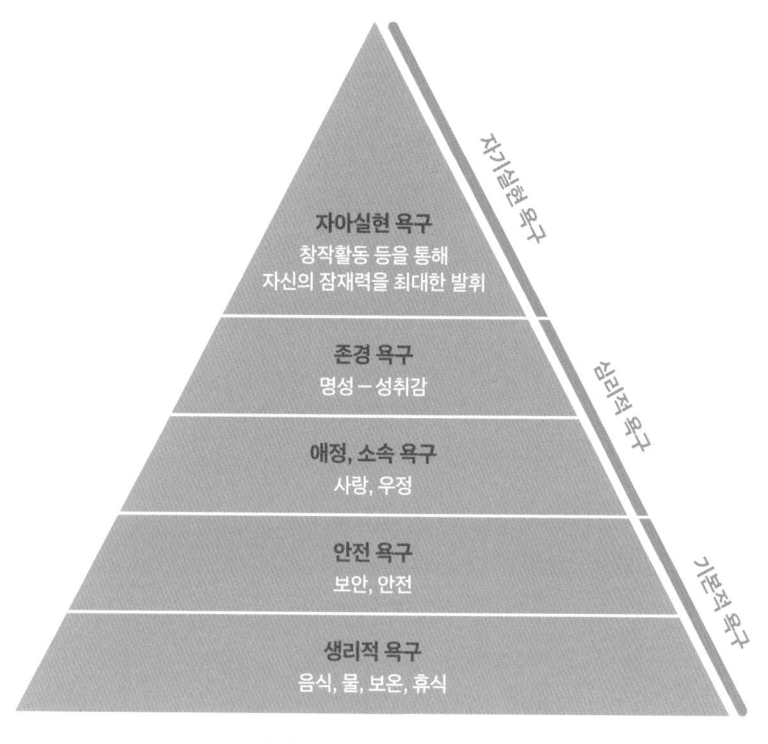

그림 ❺ 매슬로의 욕구 5단계설

후속 연구에 따르면 단순히 부유하다고 해서 과시적 소비가 유발되는 것은 아니었다. 한 사회계층에서 다른 계층으로 이동했음을 보여주고 싶은 욕망도 작용했다. 즉, 사람들은 사회적 지위의 상승을 과시하기 위해 고가의 장신구를 구입하기도 했다.

실제로 과시적 소비 또는 다른 유형의 경제적 욕구가 경제 내에서 개인이 합리적으로 추구할 목표가 될 수 있는지는 의견이 분분하다. 어떤 사람들은 만족감을 주는 것은 무엇이든 추구해도 괜찮다고 생각한다. 또다른 사람들은 지구의 자원을 고갈시키거나 세계 불평등을 심화하는 욕구는 억제되어야 한다고 생각한다. 또 어떤 욕구는 그 자체로 하찮을지라도 시스템의 일부로서 다른 사람들의 기본적 필요를 충족해주는 기능이 있다는 주장도 있다. 디자이너 명품 브랜드에 지출된 돈이 결국 디자인, 제조, 운송, 판매 등의 분야에 무수한 일자리를 창출하듯이 말이다. 한 가지 확실한 점은 필요와 욕구 사이의 경계가 모호하며, 경제에서 어떤 필요와 욕구에 우선순위를 두어야 하느냐를 둘러싼 논란은 항상 뜨겁다는 것이다.

선택

개인의 가치관, 상황, 필요, 욕구 등이 모두 합쳐지면 자신이 경제활동을 통해 내릴 수 있고 내리게 될 선택의 범위가 결정된다. 모든 경제활동이 이러한 선택의 결과이기 때문에 경제학자들은 인간이 내리는 선택의 결과와 방법을 이해하기 위해 오랜 시간 연구해왔다. 그러나 늘 그렇듯 이번에도 그들이 도달한 결론은 몇 가지로 갈렸다. 우리는 이성적 판단에 따라 행동할까, 아니면 일시적 충동에 더 이끌릴까? 우리는 스스로 무엇을 원하는지 항상 알고 있을까, 아니면 주변 사람들의 결정에 휩쓸리는 것은 아닐까?

인간의 경제적 행동을 이해하기 위해 경제학자들은 언제나 완벽한 선택을 할 수 있는 이상적인 인간형을 모형화했다. 이 개념을 경제적 인간, 즉 호모 이코노미쿠스라고 한다.

호모 이코노미쿠스

호모 이코노미쿠스는 경제학에서 인간을 묘사할 때 가장 널리 사용되는 용어다. 동시에 비판도 가장 널리 받고 있다. 호모 이코노미쿠스는 완벽한 정보를 바탕으로 최적의 결정을 내리도록 설계되어 항상 이성적 판단을 내리는 존재다. 이러한 판단은 사실상 이타적일지라도 원래는 이기적 의도에서 비롯되었을 것이다. 그들은 만족감에 기초해서, 혹은 장기적으로 자신에게 유익하리라는 계산에서 그러한 결정을 내렸기 때문이다.

호모 이코노미쿠스는 아침에 일어나 최적의 아침 식사 조합을 선택하기 전에 찬장에 있는 콘플레이크를 먹고 출근할지, 드라이브스루 매장에 들러 에그 맥머핀을 사먹을지, 곧장 사무실로 출근해서 간식 바구니의 바나나로 때울지 모든 선택지를 검토한다. 이처럼 호모 이코노미쿠스는 가능한 모든 선택을 계산해 어떤 결과가 자신의 효용(즉, 만족을 뜻하는 경제학 용어)을 극대화하는지 결정한다. 출근 후에는 원하는 소득과 원하는 여가의 균형을 맞출 수 있을 만큼의 정확한 시간 동안만 일한다. 대상이 무엇이든 그의 머릿속은 최적화가 멈출 새가 없다.

또한 호모 이코노미쿠스는 대체재, 현재 가격, 미래의 가격 상승 가능성까지 모든 범위에서 일련의 선택지에 대해 완벽한 정보를 갖고 있다. 이처럼 항상 완벽한 정보에 의거해 행동한다는 호모 이코노미쿠스의 행동을 경제학에서는 합리적이라고 일컫고, 이러한 모든 결정은 합리적 선택이론rational choice theory을 따른다고 한다.

합리성

합리성은 경제학자들에게 중요한 문제다. 경제학에서 합리성은 일상적인 용법과 같은 의미가 아니라는 것이 중요하다. 친구를 '합리적'이라고 표현하면 아마 분별 있고 실용적이며 제법 냉철한 성격을 가졌다는 의미로 해석할 것이다. 그러나 경제학에서 합리적이라는 말은 앞에서 설명한 호모 이코노미쿠스처럼 행동하는, 즉 완벽한 정보를 가지고 효용을 극대화하는 선택을 하는 사람들을 뜻한다. 효용은 개인의 선호(즉, 방금 살펴본 필요와 욕구)의 영향을 받으므로, 합리적 선택이론에서는 인간을 동질적으로 보지 않는다. 그러나 인간이 내리는 모든 결정의 장단점을 일관되고 뚜렷하게 관찰할 수 있다고 가정한다.

경제적 합리성 개념은 잠시 후 이유를 설명하겠지만 비평가들이 이 개념을 보완하거나 심지어 깨려고 시도했음에도, 등장 이래 거의 변함없이 명맥을 유지해왔다. 이 이론의 수명이 그토록 긴 이유 중 하나는 합리적 인간의 행동이 예측하고 이해하기 더 쉽기 때문이다. 경제학자들은 실제로 인간이 전지전능한 로봇, 아니 호모 이코노미쿠스가 아니라는 것을 아주 잘 알고 있다. 그러나 많은 학자들은 합리적 선택이론이 인간 행동을 뭉뚱그려 모형화하기에 유일하게 실용적인 방법으로, 경제를 좀더 쉽게 이해하기에 도움을 줄 수 있다고 여긴다.

제한된 합리성

우리는 앞서 이러한 완벽한 합리성 개념에 명백한 결함이 있다고 언급했다. 아마 여러분이나 주변 사람 중 누구도 이와 같은 인간형은 찾아보기 힘들 것이다.

비스킷 한 봉지를 다 먹고 곧바로 후회한 적이 있는가? 그랬다면 여러분은 비합리적인 결정을 내렸기 때문이다. 더 저렴하거나 더 나은 선택을 위해 다른 상점을 둘러보지 않고 무언가를 덜컥 구입한 적이 있는가? 그랬다면 불완전한 정보 속에서 결정을 내린 것이다. 인간이 '절대'

호모 이코노미쿠스처럼 행동할 수 없다는 뜻은 아니다. 자명종이 울리면 지체 없이 벌떡 일어나 운동하러 가거나 서점에서 책을 구매하기 전에 아마존에서 가격을 꼼꼼히 확인하는 사람도 있으니 말이다. 다만 현실의 인간은 전통적인 합리적 선택이론이 제시하는 인간형보다 좀더 복잡하다.

일부 경제학자들은 모형화하기 쉽다는 특징을 잃지 않으면서 약간 더 현실에 가까운 이론을 고안할 방법이 있다고 생각했다. 그 결과 호모 이코노미쿠스를 만족자satisficer로 대체하는 제한된 합리성 이론이 등장했다. 만족자는 완전무결한 최고의 선택보다, 당면한 상황에 적합한 '충분히 괜찮은' 방안을 선택한다. 예를 들어, 우유를 살 때보다 집을 살 때 더 다양한 대안을 꼼꼼히 살핀 후 구매를 결정하는 것이다. 또한 만족자의 의사 결정은 호모 이코노미쿠스라면 영향받지 않을 동료 압력, 사회적 규범, 윤리, 일시적 기분 등의 영향을 받는다.

결과적으로 만족자는 호모 이코노미쿠스보다 훨씬 복잡하고 예측하기 어렵다. 따라서 경제적 결정을 더욱 미묘하고 현실적인 방식으로 설명하기에 도움이 될 것이다. 아니면 반대로 모든 것을 너무 복잡하게 만든 나머지, 경제학자들은 좌절감에 두 손 들고 결국 인간 행동을 전혀 예측하지 못하게 될지도 모른다.

행동경제학은 인간의 심리를 접목한 경제학의 한 분야다. 호모 이코노미쿠스가 지나치게 완벽한 인간을 가정한다고 생각한 경제학자들이 좀더 복잡한 심리학 접근법을 도입해 인간의 선택을 설명하고자 개발한 이론이다.

행동경제학에서 제한된 합리성과 만족자 개념 외에 또 하나 빠뜨릴 수 없는 것이 넛지이론nudge theory이다. 이는 정책입안자가 약간의 심리적 조작을 통해 사람들에게 '더 나은' 선택을 하도록 유도할 수 있다는 발상과 밀접하게 관련되어 있다. 예를 들어, 현실의 보통 사람이라면 건강식품이 눈높이 위치에 진열되어 있을 때 더 구매 가능성이 높아진다. 따라서 학교 급식소에서도 이 원리를 적용해 학생들이 채소를 더 많이 먹게끔 점심 메뉴 위치를 재배치하곤 한다. 영국 정부에는 행동분석팀behavioural insights team이라는 넛지 전담 부처가 있다.

넛지가 유용한 수단인지 교활한 술책인지는 사람마다 의견이 다르다. 확실히 의견이 일치하는 한 가지는 넛지가 완전히 합리적인 세계에서라면 전혀 통하지 않으리라는 점이다. 호모 이코노미쿠스는 점심을 고를 때 메뉴가 어떻게 배열되었는지에 전혀 영향받지 않을 것이다.

선택과 장바구니

소비자선택이론은 개인이 특정 물건을 구매하는 이유를 파악하기 위한 시도에서 탄생한 경제이론이다. 이를 현실에서 응용한 다양한 예가 있는데, 기업이 소비자의 쇼핑 패턴을 예측하는 것도 그중 하나다.

소비자선택이론은 합리적 선택이론에 기반을 두고 있다. 즉, 소비자는 예산 범위 내에서 호모 이코노미쿠스처럼 행동할 것이라는 전제가 깔려 있다. 또한 여기에 세 가지 가정이 추가된다. 첫째, 소비자는 언제나 효용을 우선시할 것이다. 둘째, 물건을 아무리 많이 사더라도 항상 더 많이 원할 것이다(일명 불포화성non-satiation의 법칙). 셋째, 구입하는 물건이 하나씩 늘어날 때마다, 소비의 만족도는 줄어들 것이다. 이 마지막 항목을 '한계효용 체감의 법칙diminishing marginal utility'이라 한다. 우리가 넉넉한 한 끼를 먹을 때 첫술이 마지막 한술보다 더 기분 좋은 이유, 그리고 백만장자들이 아무리 돈이 많아도 강아지를 500마리나 구입하지 않는 이유가 이 때문이다.

합리적 선택이론과 마찬가지로 소비자선택이론도 현실 세계를 정확히 반영하지 못한다. 대부분 사람들은 아스다Asda(영국 대형마트)에 갈 때마다 예산을 초과하지 않으면서 효용을 극대화하는 정확한 조합으로 쇼핑 목록을 구성하지 않는다. 그러나 진열대 앞에 서서 머리도 굴리고 혼잣말도 해가며 장바구니에 물건을 넣었다 뺐다 하면서 지출을 '최적화'하려 노력하는 사람이라면 소비자선택이론대로 일종의 계산을 거친 의사 결정을 하는 것에 가깝다고 볼 수 있다.

기회비용

무언가를 선택하려면, 그 외 선택할 수 있었던 다른 모든 대안을 포기해야 한다. 이렇게 포기한 선택 사항을 기회비용opportunity cost이라고 하는데, 이는 어디에나 존재한다. 여러분도 다음에 무언가를 사거나 어떤 행동을 하기 전에, 그로 인해 포기해야 하는 물건의 가치나 행동의 결과를 한 번쯤 따져보기 바란다.

기회비용은 점심을 굶거나 어떤 행사에 불참하는 경우에서도 발생하지만, 그 외에 얼마든지 다양한 사례가 있다. 예를 들어, 대학 학위를 따기로 결심했다면 학업 대신 정규직으로 취업했을 때 얻게 될 약 3년치의 급여와 직장 경험이 기회비용이 된다. 물론 학위를 딴 덕분에 미래의 경력과 급여 전망이 더욱 밝아진다면 취업 기회를 포기할 가치가 있다고 생각하는 사람이 많을 것이다. 이처럼 한 선택의 이점을 기회비용과 저울질하는 과정은 합리성의 또다른 측면이다. 대부분 사람은 어느 정도 이러한 계산을 거쳐 결정을 내릴 때가 많지만, 선택에 직면하는 모든 상황에 일일이 그러기는 어렵다.

문화적 규범과 사회적 규범

여기서 자연스레 사회적 규범이라는 주제로 이어진다. 앞서 행동경제학 단락에서 논의한 사회적 압력뿐 아니라, 문화 내에서의 규범도 사람들이 내리는 결정의 유형과 선호를 규정하는 데 크게 한몫한다. 반려동물을 소유하는 것은 대부분 국가에서 완전히 정상적으로 간주되지만, 사자를 애완용으로 소유하는 것은 대체로 그렇지 않다. 문화적, 사회적 규범cultural and social norms은 일종의 불문율이라고 보면 된다. 이들은 무엇이 사회에서 수용되고 바람직하며 존중할 만한지를 정의한다. 그리고 우리의 의사 결정에 의외로 막강한 영향력을 행사한다. 때로는 그 영향력이 딱히 '경제적'인 것처럼 보이지 않을지라도, 분명 우리의 경제적 의사 결정에 영향을 미치는 건 사실이다.

문화적, 사회적 규범 중에는 의식적으로 준수되는 것도 있지만, 실제로는 사람들이 자신도 모르게 따르고 있는 규범이 생각보다 많을 것이다. 규범은 누가 무엇을 소유하고, 어디에 살아야 하는지를 규정한다. 이에 따라 누군가는 거리에서 노숙해도 괜찮은지, 또 누군가는 인종, 성별, 계급 때문에 차별받아도 되는지 등이 결정된다. 우리가 삶에서 가장 중요하게 여기는 많은 것들의 이면에는 이러한 규범이 자리 잡고 있다. 하지만 과거에 인간이 저지른 일부 끔찍한 관행도 당시엔 옳다고 여겨졌던 규범이 바탕에 있었다. 마찬가지로 오늘날의 관행 중 미래에 용납할 수 없다고 판명될 관행이 있다면 그 원흉은 현재의 규범이 될 것이다.

따라서 합리적 선호나 욕구 피라미드의 서열 외에도 우리 경제를 이끄는 동인이 무엇인지 정확히 이해하려면 문화적, 사회적 규범에 대한 이해가 중요하다. 또한 우리는 그 규범들을 관찰한 후에야 실제로 더 나은 대안은 없는지, 기존 규범을 따르지 않기로 하는 것이 더 나은 선택은 아닌지 판단할 수 있다.

우리가 전부 모이면: 거시경제학

거시경제학은 '모든 사람'의 경제적 행동의 결과로 발생하는 현상을 탐구한다. 이러한 현상에는 인플레이션, 호황과 불황, 실업률이 포함된다. 다만 여기서 중요한 것은 단순히 개인의 모든 선택을 관찰하고 합친다고 해서 거시경제를 적절하게 설명하거나 이해할 수는 없다는 점이다. 따라서 거시 경제학자들은 시야를 넓혀 경제의 큰 그림을 볼 수 있게 먼발치에서 연구의 출발점을 잡는다.

거시경제활동을 관찰하는 일은 많은 경제학자들에게 일상적이다. 그들은 이 데이터를 이용해 미래를 예측한다. 정부와 기업은 이 예측을 토대로 경제를 가능한 한 안정적으로 유지하려 노력한다. 경제학자들은 수년 동안 거시경제를 관찰해왔다. 하지만 천문학자들이 행성을 더 자세히 관찰하기 위해 끊임없이 노력하듯, 경제학자들도 경제를 정확히 관측하는 능력을 향상하기 위한 노력을 멈추지 않고 있다.

이 책의 나머지는 10장의 정부지출에서 9장의 사회적 불평등, 11장의 세계화에 이르기까지 거시경제학에 맞는 주제를 다룬다. 그러니 여기서는 자세히 다루지 않겠지만, 일단 간략한 정리를 위해 거시 경제학자들이 관심을 두는 몇 가지 주요 사항을 소개하자면 다음과 같다.

거시경제지표	경제 전체의 산출량을 살펴보는 지표로, 3장에서 다룬 GDP 같은 측정치를 포함한다.
인플레이션	경제 전반에 걸친 물가수준의 변화로, 8장에서 자세히 이야기하겠다.
실업	직업이 없는 사람들의 수를 가리키며, 거시경제학에서는 경제가 잘 작동하더라도 어떤 형태로든 실업이 항상 존재한다고 간주한다. 7장에서 자세히 살펴볼 것이다.
거시경제정책	전체 경제를 관리하기 위한 정책. 통화정책과 재정정책이 대표적 예이며, 8장에서 다룰 예정이다.

거시경제 용어가 다소 전문적으로 들리겠지만 실은 단지 수많은 사람들이 수많은 일을 함께 행하면서 일어나는 현상이라는 점만 중요하게 기억하면 된다.

5장

쇼핑 거리

시내 번화가를 걷다 보면 슈퍼마켓, 은행, 영화관, 디자이너 명품 매장, 자선 상점 등 셀 수 없이 많은 사업체를 볼 수 있다. 이 장은 이러한 사업체와 그들이 서로 맺는 관계, 그리고 고객이자 (경제 용어로 하면) 소비자로서 우리가 그들과 맺는 관계를 다룬다. 이 단락에서 알아야 할 또 하나의 핵심 용어는 시장경제market economy로, 경제학에서 소위 생산, 구매, 판매시스템이라고 부르는 것이다.

물론 많은 사람들에게 쇼핑 거리는 유일한 쇼핑 장소가(심지어 주된 장소도) 아니다. 영국에서는 현재 전체 소비의 20%가 온라인으로 거래되고 있으며 그 비율은 수년 동안 계속 증가하는 추세다. 실제로 쇼핑 거리를 찾는 사람들이 갈수록 줄어들면서 오프라인 쇼핑이 돌이킬 수 없이 쇠퇴한 건 아닌지 우려하는 사람이 많다.

사업과 쇼핑을 다룬 이 장의 제목을 '쇼핑 거리'라고 붙인 것이 약간 구시대적 발상처럼 느껴질지도 모른다. 하지만 여전히 쇼핑 거리야말로 시장경제가 실제로 무엇인지, 왜 중요한지, 우리 일상과 어떻게 관련되어 있는지를 적절하고 생생한 이미지로 나타내는 단어가 아닐까 싶다.

생활비의 의미

생활비는 특정 장소에서 살아가기 위해 필요한 돈이다. 이 책에서 이야기한 우리의 임금, 교육, 주택, 직업 안정성, 공공재, 서비스, 대출

등 다른 많은 것들과 얽혀 있다. 이들과 생활비의 교차점이 우리가 주어진 시간으로 무엇을 할 수 있고 삶을 어떻게 사는지를 결정한다.

또한 우리가 생활하기 위해 '필요한' 돈은 워낙 주관적이기 때문에, 생활비란 개념은 이해하기 매우 까다롭다. 그러나 경제학자들은 이 질문에 답하기 위해 소비자물가지수Consumer Price Index: CPI라는 개념을 개발했다. 쉽게 말해 음식, 주거, 의료, 전기, 의복, 교통 등 모든 사람의 편안한 생활에 필요한 모든 필수재로 채워진 가상의 장바구니다. 각 항목에 평균 가격을 할당하고 합치면 생활비와 같은 결과가 나온다.

생활비를 알아야 하는 이유

어떤 장소에 터를 잡고 생활하는 데 드는 비용을 안다면, 이 비용은 그곳에서 살기 위해 벌어야 할 소득액을 암시하는 중요한 정보가 된다. 개인은 예컨대 이사를 결정하거나 추가 교육이나 훈련을 받을지를 고민할 때 이 정보를 활용할 수 있다. 생활비 정보는 정부가 최저임금과 같은 정책을 세울 때, 기업이 직원에게 지급할 급여를 결정할 때 이용되기도 한다.

생활비, 더 정확히 말해 생활비의 '변동'을 측정하면 한 사회가 과거와 비교하여 현재 얼마나 잘 돌아가고 있는지 알 수 있다. 특히 인플레이션(또는 디플레이션)이 더 급격히 발생하는 시장일수록 생활비는 크게 변동한다. 즉, 임금은 그대로라도 집값이 오르면 생활비는 올라간다. 그러면 생활수준이 낮아지는 것과 다름없다. 반대로 임금이 오르고 식량 생산비가 줄어들면, 생활비는 줄어들고 생활수준은 올라간다.

그러나 생활비를 생활수준의 척도로 삼기에는 한계가 있다. 재화와 서비스의 구매력에만 초점을 맞춘 나머지, 그 재화와 서비스의 품질이나 이들을 실제로 구매할 돈을 벌기 위해 투입해야 하는 노동의 질을 고려하지 않기 때문이다. 그리고 전부 평균으로 환산했으므로 개인이 경험상 체감하는 생활비 수준과 비교해 전혀 와닿지 않을 때가 많다.

또한 생활비는 사람마다 제각각인 '편안한' 생활수준에 무엇이 필요한지에 대해 가치를 판단하는 기능이 있다. 우리는 CPI(가상의 장바구니)를 구성할 때 굶주림을 면할 수 있을 만큼의 식량만 포함해야 할까? 아니면 별난 모양의 초코바나 복숭아 맛 술처럼 필수재는 아니지만 우리를 즐겁게 하는 품목도 넣어야 할까? 웬만한 성인이라면 내 집을 마련해야 할까, 아니면 집세를 내고 임차로 살아도 괜찮을까? TV, 스마트폰, 해외여행은 어떤가?

어떤 사람들은 삶의 질을 측정하려면 엄격한 수학 공식에 집착하지 말고, 경제 구성원들이 어떻게 '체감'하는지에 초점을 맞춰야 한다고 생각한다. 이런 이유로 소위 웰빙지수wellbeing index가 일부 지역에서 입지를 굳혀가는 중이다. 이는 사람들이 인생에서 느끼는 행복도와 만족도 등을 중시한다.

시장과 교환

시장경제의 의미

우리는 이 책 전반에 걸쳐 시장을 몇 차례 언급할 것이다. 특히 직장(노동시장), 집(주택시장), 돈(금융시장)을 중심으로 살펴본다. 시장은 우리에게 가치 있는 것, 즉 통상 재화와 서비스를 교환하는 장소이며 대개 구매와 판매 행위를 통해 이루어진다. 시장은 정부의 간섭이 없는 '자유경제', 정부가 관리하는 '계획경제', 이 둘이 조합된 '혼합경제'로 나뉜다.

전통적 경제사상은 시장경제가 완전한 자유시장으로 구성되어야 한다고 주장한다(사실 대부분 현대 시장경제에는 시장을 어느 정도 억제할 정부 규제와 정책이 있다). 즉, 거래와 가격은 개인과 기업의 독자적 판단으로 결정되어야 한다는 의미다.

시장경제는 일반적으로 자본주의와 밀접하게 관련되어 있다(자본주의에 대해서는 후술하겠다). 떼려야 뗄 수 없는 이 두 경제 개념은 오늘날 세계에서 가장 흔한 형태의 경제체제를 구성한다. 이 체제는 평균 생활수준을 크게 향상했다는 인정과 동시에 불평등과 빈곤을 야기했다는 비판도 받고 있다.

자본주의를 포함해 모든 경제체제는 한 사회가 물적, 인적 자원을 체계화하는 방법 중 하나일 뿐이라는 사실을 기억하는 것이 중요하다.

오늘날 자본주의 시장경제를 채택한 국가는 과거 어느 때보다 많아졌고, 앞으로 현재 이상으로 더욱 확대될 여지도 없을 것으로 보인다.

자본주의 경제체제의 의미

자본주의를 구성하는 중요한 요소 중 하나는 어떤 물건 생산에 필요한 자원의 사적 소유권이다. 경제학에서는 이처럼 생산에 투입되는 자원들을 생산 요소라고 부른다.

정통 경제학에서는 생산 요소를 토지(단순한 실제 토지가 아니라 모든 원자재가 포함된 의미), 노동, 자본으로 나눈다. 자본은 기계, 공장, 돈과 같이 천연자원과 인적 자원을 제외하고 제품 생산에 사용되는 모든 재료다. 생산에서 또 하나의 중요한 자원은 시간이다. 단기적으로 기업은 생산 요소를 변경할 수 있는 정도에 다소 제한이 있다. 그러나 장기적으로는 새 공장을 짓고, 신규 직원을 다수 고용하는 등 많은 생산 요소를 교체할 수 있다

자본주의 사회의 구성원은 생산 요소를 가지고 재화와 서비스를 만든 후 가격메커니즘을 통해 시장에서 이를 교환한다. 뭔가 그럴듯한 표현이지만 쉽게 말해 사람들이 돈으로 이것저것 사고판다는 얘기다. 자본주의 체제에서 물건을 생산하고 교환하는 주된 목적은 이윤 창출이다. 더 많은 돈을 벌 수 있다는 기회는 자본 소유자가 자기 재산을 은행 계좌에 넣어두기보다 위험을 감수하고 생산량 증대에 투자하게 하는

커다란 인센티브가 된다.

이론상 자본주의 체제는 먼저 부를 창출하고, 이렇게 쌓은 부를 더 많은 부로 불리는 것은 물론 신제품, 일자리, 지식, 기술, 아이디어 창출에 투자함으로써 사회 전체를 이롭게 한다. 물론 이 이론이 터무니없다고 반박하는 사람도 많다. 이에 대해서는 10장에서 자세히 설명하겠다.

암시장: 일종의 비공식 경제

암시장과 비공식 경제는 정부의 감독과 규제를 피해 거래되는 시장이다. 암시장이 의도적으로 당국의 감시를 피하려는 목적이라면(통상 법으로 판매가 금지된 제품을 취급하므로), 비공식 경제는 대개 환경의 부산물이라는 점에 따라 이 둘을 구별하는 경향이 있다. 둘 다 정부가 무능하거나 법치가 발달하지 못한 국가에서 흔히 발견된다.

사람들이 때로 이러한 유형의 시장에서 재화와 서비스를 교환하려는 몇 가지 이유가 있다. 마약이나 외래 동물과 같이 합법적으로 구하기 어렵거나 불가능한 것을 얻고자 할 때 암시장을 이용한다. 또는 시장 규제를 피해 매출과 이윤에 붙는 세금을 내지 않으려는 의도에서 비롯되기도 한다.

암시장과 (정도는 덜하지만) 비공식 시장은 흔히 불건전하다고 인식된다. 그들은 정부 눈을 속여 세금을 내지 않으므로 결과적으로 교육이나 보건 등 공공서비스에 쓰여야 할 예산을 부족하게 한다. 또한 노동자에게 적절한 복리 후생을 제공하지 않는 것부터 대중이 위험하거나 부도덕하다고 인식하는 물건을 몰래 들여오는 것까지 범죄와 관련되는 경우가 많다.

그러나 나름 준법정신이 투철한 사람 중에서도 특히 정부가 무능하거나 독재적이거나 부패했다면 이러한 비공식 시장이 유용하고 심지어 필요하다고 생각하는 사람이 많다. 예를 들어, 베네수엘라 정부는 지난 몇 년 동안 상점에서 정식으로 구입할 수 있는 음식, 필수재의 양과 금액을 엄격히 제한했다. 그래서 굶주리고 막다른 처지에 이른 일부 시민들은 필수재를 충족하기 위해 (가격이 훨씬 비싼) 암시장으로 눈을 돌렸다.

완전시장이라는 것이 존재할까?

완전시장perfect market은 구매자와 판매자가 완벽한 정보를 가지고 거래하는 시장이다. 또한 진입장벽이 낮아서 경쟁이 치열하며, 가격이 수요와 공급으로 결정되므로 조작될 수 없다(이해되지 않는 용어가 있더라도 잠시 후에 설명할 테니 안심하라).

완전시장은 모든 자원이 최고의 가치를 창출할 영역에 할당되는 최적의 효율을 나타내는 상태이므로 '완벽'하다고 간주된다. 물론 이미 말했듯이 '가치'는 측정하기 어렵고 사람마다 기준이 다르므로 다소 까다로운 개념이다. 경제학자들은 보통 이론적 가격을 가치의 대용물로 사용한다. 이 가격은 어떤 자원을 소유하기 위해 구매자가 나름대로 자원의 가치를 매겨 기꺼이 지불하고자 하는 금액이다. 그러나 돈을 가치의 척도로 사용하기에는 문제가 있다. 우리가 매기는 가치는 모두 제각각이기 때문에 어떤 것에 기꺼이 지불하려는 가격은 그것을 구매한 후 자신에게 남는 돈이 얼마인지가 크게 좌우한다.

완전시장이라 하면 모든 사람에게 문제없이 작동해야 한다는 어감을 풍긴다. 실제로 파레토 효율Pareto efficiency이라는 관련 경제 개념이 있다. 이에 따르면 완전히 효율적인 시장은 다른 사람의 생활수준을 악화하지 않는 선에서 모든 사람의 생활수준이 최고치에 이른 상태라고 한다. 그러나 그 상태가 무조건 이상적이라고 볼 수는 없다. 파레토 효율이 충족된 시장은 대신 엄청난 불평등과 불공정이 만연할 가능성이 있다. 다른 모든 사람들의 형편은 그대로인데 부유층은 거액의 불로소득을 가져가는 경제는 파레토 효율적일 것이고, 모든 사람이 더 잘살게 되었지만 부유층이 거액의 세금을 내는 경제는 그렇지 않을 것이다.

완전시장, 파레토 효율, 효율성 등 여기서 언급한 모든 개념은 말 그대로 그저 개념일 뿐이다. 이들이 현실에 존재한다고(또는 존재할 수 있다고) 생각하는 사람은 아무도 없다. 많은 전통 경제학자들은 파레토 효율을 각 경제가 지향해야 할 목표로 생각했지만, 이에 반대하는 견해도 만만찮다.

수요와 공급을 통해
'효율적'으로 되는 시장

공급량은 재화나 서비스가 시장에 얼마나 많이 풀려 있는지를 나타낸다. 수요량은 얼마나 많은 사람들이 그 재화나 서비스를 원하느냐다. 이 둘이 완벽하게 균형을 이룰 때(즉, 모든 사람이 사고 싶어하는 수량이 구매 가능한 수량과 정확히 맞아떨어질 때) 해당 재화나 서비스 시장은 균형 상태이며 따라서 효율적이라고 한다.

수요와 공급은 계속 변한다. 더울 때 아이스크림이 더 잘 팔리고, 비가 올 때 우산이 더 잘 팔리며, 새로운 유전을 발견한 에너지 회사가 유정이 고갈되어 가는 회사보다 석유를 더 잘 파는 것은 당연하다. 그러나 수요와 공급 양쪽에 가장 큰 영향을 미치는 것 중 하나는 가격이다.

수요와 공급이 가격에 의미하는 것

상식적으로 어떤 물건이 비쌀수록 기업은 더 많은 이윤을 남기므로 그 물건을 더 많이 공급하고 싶어 한다.

반대쪽에서 생각하면 물건이 저렴할수록 더 많은 소비자가 모여든다. 여기에는 몇 가지 이유가 있는데, 그중 하나가 효용이다(경제학에서는 만족의 다른 이름이다). 물건이 비쌀수록, 소비자는 이에 돈을 쓸 가치가 있다는 생각이 들기까지 더 큰 효용을 기대할 수 있어야 한다. 평범한 럭비 팬이라면 경기를 관전하기 위해 20파운드쯤은 지출할 수 있지만 200파운드까지는 지출하지 않을 것이다. 또다른 이유는 구매력affordability이다. 아무리 열정에서 둘째가라면 서러운 럭비 팬이라도 수백 파운드짜리 입장권을 살 돈이 없다면 경기를 보러가지 못할 것이다.

경제학에서는 이 개념을 흔히 다음과 같은 도표로 표현한다. 지금은 조금 헷갈리더라도 나중에 설명할 테니 걱정하지 마라. 잠깐 경고한마디 하자면, 지금부터 이 책에서 가장 이론적인 부분이 시작될 것이다. 하지만 경제학자들이 시장을 바라보는 관점을 알아야 그들이 온갖 전문 용어를 남발할 때 우리도 그들의 말을 알아들을 수 있다.

수요와 공급은 자연스럽게 균형에 도달하는 것이 원칙

수요와 공급의 자연스러운 균형은 시장이론상 그렇다는 얘기다. 공급자는 재화나 서비스에 가능한 한 수익성 있고 높은 가격을 매긴다. 그러나 특정 가격대부터는 수요량이 공급량을 밑돌아, 공급자가 팔지 못하는 초과 재고가 남게 된다. 그들은 이 재고를 처리하기 위해 재고를 전부 팔 수 있는 동시에 최대한 높은 가격을 받을 수 있는 최적점을 찾을 때까지 가격을 다시 낮추게 된다. 짠! 시장이 균형에 이르렀다.

공급자가 가격을 낮추기보다 생산량을 줄이는 게 유리하지 않을지

궁금해할 사람도 있을 것이다. 그러지 않는 주된 이유 중 하나는 경쟁이다. 이윤이 많이 남는 제품일수록 다른 기업과 사업가들이 돈을 벌 기회를 호시탐탐 노리고 해당 제품 시장에 뛰어들 가능성이 높아진다. 그리고 누구나 수요를 최대한 독식하고 싶어하기 때문에 다들 생산량을 대폭 늘리려는 유인이 생긴다. 그러나 해당 재화에 매우 높은 가격을 기꺼이 지불할 의향이 있는 소비자는 소수에 한정되어 있으므로 조만간 모든 공급자에게 초과 재고가 쌓인다. 그러면 가격을 낮춰야만 재고를 없앨 수 있고, 실제로 그들은 그렇게 할 것이다. 약간의 이윤이라도 내는 것이 물건을 전혀 팔지 않고 손실을 보는 것보다 낫기 때문이다. 물론 가격을 계속 떨어뜨리다가 결국 이윤이 제로에 가까워지면, 제품 생산에 돈과 노력을 들일 가치가 없다고 판단하는 기업이 점점 많아질 것이기에 공급량은 다시 줄어들 것이다.

이러한 상충하는 힘이 끊임없이 수요와 공급을 균형을 향해 밀어붙인다. 경제학자들은 이 힘이 경제 내 모든 재화와 서비스에 동시에 작용하기 때문에 자유시장 전체가 수요와 공급의 완벽한 균형을 향해 나아간다고 말한다. 균형점에서는 대부분 사람이 원하는 제품을 만족스러운 가격으로 손에 넣을 수 있다. 이를 일반균형이론general equilibrium theory이라고 한다.

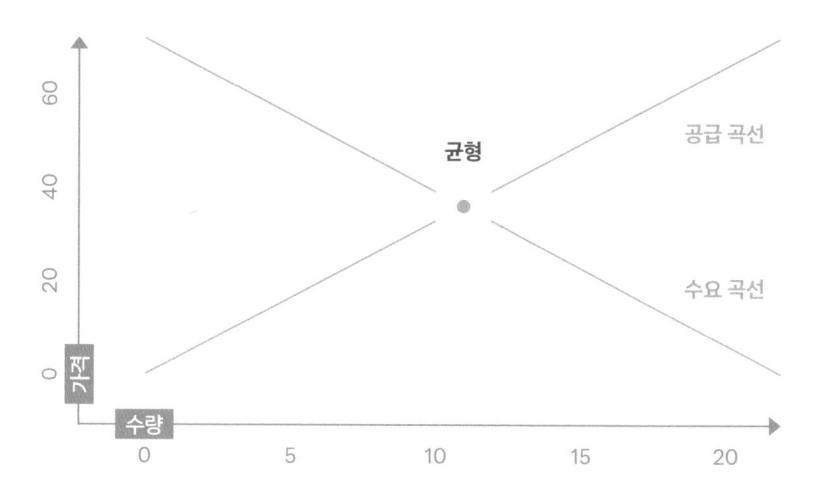

그림 ❻ 수요와 공급

어떻게 보면 여기서 '이론'이 핵심어라 할 수 있다. 시장을 구매자와 판매자 각자의 능력에 맡기면 만사형통이라 생각하는 사람이 현실에서는 별로 없기에, 이론은 이론일 뿐이다. 그 몇 가지 이유를 이 장 전체에 걸쳐 집중적으로 탐구할 것이다.

정보에 의존하는 시장경제

경제 용어로 정보information와 지식knowledge은 다르다. 정보는 일반적으로 단기적이고 변동적인 데이터로, 의사 결정에 사용된다. 한편 지식은 이 데이터를 해석한 결과물이다. 그리고 대개 일종의 자본, 즉 수익을 내기 위해 투자할 수 있는 자원으로 간주된다.

또한 경제학에는 완전한 정보와 불완전한 정보라는 개념이 있다. 완전한 정보를 가진 사람은 각 선택에 따른 모든 결과와 가능성을 미리 알고 있다. 반대로 불완전한 정보를 가진 사람은 이 데이터 중 일부가 감춰져 있어 불확실성에 직면한다. 포커 플레이어가 상대방 카드를 볼 수 없는 반면에, 체스 플레이어는 상대방 말의 모든 움직임을 확인할 수 있는 것과 같다.

사람들이 일종의 경제적 교환에 참여할 때 정보 비대칭information asymmetry은 드물지 않게 발생한다. 즉, 어느 한쪽이 상대편보다 언제나 더 많은 정보를 갖게 마련이다. 당연히 이는 권력 불균형처럼 많은 사람들이 불공정하다고 생각하는 결과로 이어진다.

이 모든 것이 추상적으로 들릴지 모르지만, 실제로는 우리가 경제 내에서 매일같이 수행하는 상호작용을 뒷받침한다. 두 가지 구인 광고를 보고 하나를 선택하는 상황을 생각해보자. 근무시간, 조직 분위기, 급여 등 두 회사에 대한 정보가 많을수록 자신에게 맞는 직장을 고르기가 더 쉬울 것이다.

가격은 한마디로 정보의 집합체

20세기 경제학자 프리드리히 하이에크Friedrich Hayek는 우리가 실제로 지닌 정보나 계산능력에 비해 훨씬 많은 정보를 가진 것처럼 행동할 수 있는 이유가 가격 덕분이라고 말했다.

예컨대 브로콜리를 갉아먹는 벌레가 밭을 점령하는 바람에 브로콜리 품귀 현상이 나타났다고 가정해보자. WHO의 권고에 따라 하루 5인분 이상의 채소 먹기 캠페인을 실천해야 하는 대부분 소비자로서는 대신 당근이나 시금치로 갈아타야 한다. 그러나 실제로 이 결과를 유도하기 위해 벌레가 출몰했다는 정보가 전달될 필요는 없다. 전반적인 브로콜리 수요에 비해 공급이 감소해 바로 가격이 오르면 그만이기 때문이다. 대부분 사람들은 브로콜리에 더 많은 돈을 지불하기보다 먹을 채소를 바꾸는 편을 선호하므로 수요가 감소할 것이다.

이렇게 되면 당국이 직접 모든 자원분배를 적극적으로 통제하는 중앙 계획이 없어도, 가격을 통해 자원이 재편성된다. 가격은 시장에 물건이 얼마나 있는지, 다른 사람들이 그 물건에 가치를 얼마나 매기는지, 우리가 그것을 얼마나 자주 사야 하는지를 알려주는 기능을 한다. 그 결과가 수요와 공급에 반영되어, 우리가 물건을 얼마나 구매하고 기업이 얼마나 생산할지 결정할 척도가 된다. 경제학자들은 이 자동 시스템을 가격메커니즘price mechanism이라고 부른다.

가격메커니즘이 자원을 편성하는 좋은 방법일까?

가격메커니즘에 찬성하는 주된 근거로 세 가지가 있다.

가격메커니즘은 바가지 가격을 방지하면서
기업 수익성을 높인다

앞서 설명했듯이, 가격은 일반적으로 재화와 서비스에 대한 수요와 공급의 균형을 재빠르고 명확하게 알려주는 지표와 같다. 사람들은 가격을 통해 시장이 균형에서 이탈했을 때를 쉽게 알아차리고 이를 바로잡기 위해 행동을 수정한다. 어떤 제품의 가격이 유난히 저렴해 보이면 사람들은 더 많이 구매하고, 이러한 추가 수요로 가격이 다시 올라간다. 제품 가격이 생산비용보다 높으면, 눈치 빠른 기업가들이 시장경쟁에 뛰어들어 공급량이 증가하므로 가격은 다시 내려간다.

이 이론의 한 가지 문제점은 현실 경제가 돌아가는 방식을 지나치게 단순화한다는 것이다. 의약품 같은 재화는 막대한 이윤을 남기지만, 특허와 제약회사 설립에 필요한 어마어마한 초기비용 때문에 신규 기업이 경쟁시장에 불쑥 들어와 시장 점유율을 빼앗기가 어렵다.

가격메커니즘은 인기 있는 제품의 가격을 낮추고
인기 없는 제품을 시장에서 퇴출한다

사람들은 물건을 구매할 때 비용만 따지지 않는다. 얼마나 많은 효용(만족)을 얻을 수 있는지도 고려한다. 따라서 어떤 물건이 비싸다는 것은 단지 수요가 있다는 의미에 그치는 게 아니라, 많은 사람들에게 정말로 사랑받고 있음을 암시한다.

이러한 선호의 전달transmission of preference은 경쟁업체가 늘어나도록 부추기는 유인책으로, 모든 소비자에게 이 인기 제품의 가격을 낮추는 이점이 있다. 마찬가지로 기업에서 더이상 수익을 낼 수 없을 만큼 제품 수요가 너무 줄어들면 인기가 떨어진 제품이 시장에서 사라지면서 자원 낭비도 멈추게 된다. 그러나 인기 있는 제품이 무조건 가장 중요한 제품이라는 뜻은 아니다. 휠체어를 사고 싶어하는 소비자는 소수에 불과하지만, 그들에게 휠체어는 없어서는 안 될 필수품이다.

가격메커니즘은 가장 절실한 사람들에게 제한된 자원이 돌아가도록 보장한다

가격은 부존량이 제한적이지만 수요가 많은 자원을 배분하는 하나의 방법이다. 가격은 이베이 경매와 비슷하게 작동한다. 가격이 오르면 그만한 돈을 쓸 가치가 없다고 판단해 포기하는 사람이 늘어나고, 가장 많은 돈을 지출할 의향이 있는 사람에게 물건이 돌아갈 것이다. 정통 경제학에서는 사람들의 지불 의사와 물건의 평가 가치를 대체로 동일시하기 때문에 시장시스템이 공정하다고 간주한다. 즉, 가장 높은 가치를 매기는 사람에게 자원이 귀속된다는 것이다.

그러나 여러분도 눈치챘겠지만 이 가설에는 큰 결함이 있다. 전 세계 사람들은 재산의 편차가 매우 크기 때문에 각자 비싸다고 '체감'하는 정도는 상대적이다. 백만장자는 형편이 어려운 가정과 달리 근사한 외식을 위해 500파운드를 기꺼이 지출할 것이다. 하지만 그가 가난한 가정보다 한 끼 식사의 효용을 더 크게 얻었다고 볼 수는 없다.

가격경직성

가격이 수요와 공급의 변화에 매우 민감하다는 사실을 알고 나면 가격은 끊임없이 변해야 한다는 생각이 들 수 있다. 그러나 실생활에서 이런 경우는 극히 드물다. 기차표에서 프라푸치노에 이르기까지 우리가 정기적으로 구매하는 것들은 대개 몇 달간, 심지어 몇 년까지도 비슷한 가격대를 유지한다. 이러한 현상을 가격경직성이론sticky price theory 이라고 한다.

이를 설명할 한 가지 방법은 가격 변경에 따르는 비용이다. 업체가 가격을 지나치게 자주 바꾸면 배보다 배꼽이 더 크므로 이를 삼간다는 의미다. 예컨대 카페가 매일 메뉴판을 다시 인쇄하려면 비용이 든다고 해서 통상 메뉴비용이라 부른다.

당신만을 위한 특별한 가격: 가격차별

그러나 기술 발전의 시대를 맞이한 요즘은 여러 면에서 메뉴비용이 감소했다. 가격은 온라인(또는 상점 진열대에서도 전자 가격표의 형태로)에서 수시로 변경될 수 있다. 실제로 현대 기술의 발전과 온라인에서 생성되는 엄청난 데이터 덕분에, 나아가 기업은 같은 제품을 다른 고객에게 다른 가격으로 판매할 수 있다.

가격차별price discrimination로 알려진 이 기법의 장점은 기업이 할인을 통해 원래 구매 의사가 별로 없었던 고객을 유인하고, 웃돈을 얹어서라도 구매할 의사가 있는 고객에게서는 최대한의 돈을 받아낼 여지를 제공한다는 것이다. 일반적으로 구매자는 가격차별을 몹시 싫어한다. 따라서 기업은 고객이 가격차별을 알 수 있는 정보의 출처(예를 들어, 뉴스, 리뷰 사이트 등)가 존재하고 기분 상한 고객이 발길을 돌릴 경쟁 업체가 충분하다고 판단하면, 가격차별을 시행할 가능성이 적다.

시장경제에서 경쟁이 중요한 이유

경쟁이란 판매자에게(그리고 구매자에게도) 경쟁자가 있어, 비슷한 제품을 사고파는 다른 사람이나 회사와 겨루는 상태를 뜻한다. 경제학에서는 한 개인이나 회사가 가격에 영향을 미칠 수 없는 시장을 완전경쟁시장이라고 한다.

경쟁은 모든 사람에게 선택권을 주므로 가격 급등을 억제한다. 구매자가 어떤 제품이 간절히 필요한데 주변에 판매자가 한 명밖에 없으면(소위 독점), 판매자는 가격을 얼마든지 높게 부를 수 있다. 구매자는 아무리 비싸도 부르는 대로 지불할 수밖에 없다. 그러나 경쟁 상점은 가격을 조금 더 낮게 설정하면 구매자를 자기편으로 데려올 수 있다는 것을 알 것이다. 어느 시점에 이르면 원래 판매자는 고객을 다시 데려오기 위해 자기네 제품 가격을 인하할 것이며, 이 가격 인하는 더이상 수익성이 없게 될 때까지 계속된다.

경쟁이 말은 쉽지만

이론상 경쟁은 자연스럽게 일어나야 옳다. 기업가는 이윤을 많이 남기는 재화와 서비스를 찾아내고 이를 공급할 경쟁업체를 설립함으로써 한몫 잡으려 할 것이다. 그러나 실제로는 진입장벽이 있어서 시장에 진입(또는 퇴출)하기 쉽지 않다. 진입장벽의 예로는 경쟁업체 설립에 필요한 비용, 남들이 비슷한 제품을 생산하지 못하게 막는 특허 및 저작권, 특정 자격을 갖췄거나 요구 사항을 충족하는 개인과 법인만 판매할 수 있다는 정부 규제 등이 있다.

또한 기업은 여러 가지 방법으로 자신에게 유리하게 시장을 바꾸려고 시도할 수 있다. 예를 들어, 경쟁기업과 경쟁하지 않고 가격을 똑같이 높게 유지하기로 합의할 수 있다. 이러한 행위를 담합collusion이라고 한다. 담합은 특히 소수의 대기업에서만 제품을 제조하는 과점oligopoly에서 쉽게 발생한다. 또는 기업은 약탈적 가격 책정predatory pricing이라는 방법을 시도하기도 한다. 그들은 제품 가격을 원가보다도 낮게 책정하고 모든 경쟁기업이 망하기를 기다린다. 이렇게 독점이 탄생하면 그들은 영문을 모르는 고객을 상대로 얼른 가격을 인상한다(예컨대 아마존과 월마트가 이 전술을 사용했다는 비난을 받은 적이 있다).

어떤 사람들은 현실 세계에서 완전경쟁을 찾아볼 수 없다는 것이 곧 자유시장이 제대로 작동하지 않는다는 증거이자 소비자를 보호하기 위해 정부가 크게 관여해야 하는 이유라고 주장한다. 반면에 또 어떤 사람들은 정부가 불필요한 인가를 요구하거나 중소기업이 감당하기 어려운 복잡한 규제를 설정하는 등 많은 진입장벽을 만든다고 지적한다.

정부가 경쟁에 영향을 미칠 수 있는 또다른 방법은 업계를 면밀히 조사하고 시장이 충분히 경쟁적인지 판단하기 위해 정부기관(영국에는 시장경쟁청competition and markets authority이 있다)을 설립하는 것이다. 시장이 경쟁적이지 않다면 당국은 합병(두 회사가 합쳐짐) 계획을 무산하거나 대기업을 여러 경쟁기업으로 작게 분할할 것을 명령할 수 있다. 또한 대부분 국가에서는 담합을 불법으로 규정하고 있다.

독점이 무조건 나쁜 것은 아니다

한 회사가 어떤 재화를 공급하는 유일한 회사이지만 해당 산업의 진입장벽이 매우 낮다면 경쟁시장이 아니더라도 경쟁시장에 있는 것처럼 행동할 수 있다(즉, 가격을 낮게 유지한다). 이 회사가 많은 이윤을 내기 시작하는 즉시, 경쟁자가 시장에 들어와 이윤을 잠식할 것이란 것을 스스로 알기 때문이다. 이를 경합시장이론contestable market theory이라고 한다.

각국에는 소위 자연독점이 있다. 경쟁을 도입하면 도리어 소비자에게 더 불리한 결과를 초래할 때 한 기업에 무언가를 독점적으로 판매하도록 허용하는 것이 합리적이라고 판단되는 경우다. 잉글랜드와 웨일스의 수자원회사가 자연독점의 예다. 정부는 전국에 수많은 수도사업체가 수도관과 기반시설을 쓸데없이 중복되게 설치하기를 원하지 않는다. 따라서 가령 런던에서는 템스 워터Thames Water에, 북서부 지역에서는 유나이티드 유틸리티United Utilities에 상수를 판매할 수 있는 독점권을 부여한다(또한 매길 수 있는 가격에 상한선을 정했다).

경제학자들이 '완벽한' 자유시장을 떠받드는 이유

이 단락에서 설명한 시장의 힘(경쟁, 수요와 공급, 정보)을 되돌아보면 모두 자율적이고 자동으로 움직여야 한다는 점을 알 수 있다. 아무도 시장을 일부러 조정할 필요가 없다. 이는 여러 개인과 법인이 개별적으로 내린 결정이 합쳐져 나타난 자연스러운 결과일 뿐이다.

시장주의 찬성론자에게는 이 점이 절대적 핵심이다. 그들은 어떤 개인이나 당국을 지정해 시장을 관리할 책임을 맡기면 탐욕이나 혼란, 무지로 인해 시장시스템을 망칠 것이라 생각한다. 대신 인간의 가장 어두운 본성과 '함께' 어울려 작동하는 시장의 특성을 내버려두자고 주장한다. 즉, 사람들이 각자 자신의 필요를 우선시하다보면 다른 사람들의 이기심과 서로 맞물리면서 모두의 필요가 균형을 맞추게 될 것이란 얘기다. 오호! 공정할 뿐 아니라 완벽하기까지 한 시스템이다. 물론 이론이 그렇다는 얘기다.

흔히 "경제학의 아버지"로 불리는 18세기 경제학자 애덤 스미스는 "보이지 않는 손"이라는 비유로 이 아이디어를 정리했다. 그는 시장이 모든 사람이 각자 가장 가치 있게 여기는 것을 획득할 수 있는 체제로 자연스럽게 향하는 경향이 있다고 보았다. 우리와 정부가 해야 할 일은 직접 통제하려 하지 말고 조용히 물러서기만 하면 된다는 것이다.

이론과 현실의 차이:
시장이 불공정하다는 사람들의 인식

자유시장이 모든 사람의 필요를 충족한다는 주장에 명백히 반대하는 목소리가 있다. 시장경제에 살고 있지만 음식에서 의약품, 주택에 이르는 온갖 필수재에 접근할 수 없는 사람이 얼마나 많은가. 이처럼 시장이론은 사회 내부에 존재하는 권력 불균형을 고려하지 않으며, 자유시장이 불평등을 심화시킬 수 있다는 비판을 많이 받고 있다.

이에 대한 예를 들기 위해 다시 가격과 경쟁 얘기로 돌아가보겠다. 앞서 언급했듯 대부분 경제학자와 정부는 경쟁을 바람직한 것으로 생각한다. 기업이 손님을 끌기 위해 더 치열하게 싸울수록, 소비자가 사고 싶은 재화와 서비스는 더 저렴해질 것이기 때문이다. 그러나 이윤을 줄이는 것만이 기업이 가격을 낮출 유일한 방법은 아니다. 처음부터 생산비용을 절감하는 방법도 있다. 그렇다면 생산비용에서 가장 먼저 감축하기 쉬운 영역은 무엇일까? 바로 직원의 급여와 복리 후생이다.

자유시장주의 경제학자들은 이러한 주장에 대응하고자 불평등과 권력 불균형이 시장이 제대로 작동하지 않는다는 신호라고 말하는 경향이 있다. 어떤 세력이나 요인 때문에 시장이 진정으로 완벽하게 작동하지 못하고, 그 결과 불공정이 발생한다는 것이다. 불평등과 권력 불균형은 결국 노동의 수급이 균형을 이루는 세상에서는 있을 수 없다는 얘기다. 임금이 지나치게 삭감된 노동자는 그냥 다른 직장으로 옮기면 그만이기 때문이다.

이런 논리의 주장을 지지하기는 다소 쉽지 않다. 현실의 시장은 충분히 '완벽'하지 않기 때문에, 시장이 실제로 평등이나 불평등을 초래한다고 단언하는 것 자체가 다소 문제의 소지가 있다.

시장이론은 실생활에 적용하기에 지나치게 단순할까?

결국 경제는 수십억 인구가 끊임없이 내리는 수십억 가지의 결정으로 이루어진다. 그만큼 엄청나게 복잡할 수밖에 없다. 따라서 시장 자체는 물론, 시장의 작동방식을 뒷받침하는 많은 이론이 현실의 단순화된 축소판을 기초로 삼는다는 것은 놀라운 일이 아니다.

혹자는 그래도 문제없다고 생각한다. 시장이론은 우리가 현실의 시장을 이해하기에 여전히 도움이 되고, 시장이 제대로 이해하기엔 너무 복잡하다고 해서 두 손 놓고 포기하기보다는 어느 정도 분석의 여지를 주기 때문이다. 그러나 다른 편에는 이러한 이론이 현실 문제에 효과적인 대책을 세우지 못하므로 위험하다고 보는 사람들도 있다.

또다른 비판은 우리의 시장 전체가 완전 자유시장과 흡사하다고 가정하면, 실제로 계획경제와 더 비슷하게 제도화된 모든 영역을 간과한다는 것이다. 예컨대 대기업을 보자. 그들이 외부와 상호작용하는 방식은 자유시장에 가까운 성질을 띠지만, 내부 경영방식은 다소 중앙 계획에 가깝다. 그들은 상급자가 각 부서에 자원을 교환하고 공유하는 방법을 지시하는 위계질서를 갖추고 있다.

바퀴에서 기발한 신문물까지: 기술

기술의 의미

대부분 사람들은 기술이라 하면 아이패드와 알렉사 스피커를 떠올린다. 그러나 경제학자들은 기술을 좀더 넓은 관점에서 정의한다. 생산성을 높이는 것은 무엇이든 기술에 포함된다. 이는 농기계에서 MMR 백신에 이르기까지, 재화와 서비스의 질을 개선하거나, 더 쉽고 빠르고 저렴하게 만들 수 있는 모든 것을 포함한다. 심지어 언어와 민주주의 등도 경제학적 관점에서는 기술에 들어갈 수 있다.

경제학에서 기술의 중요성

기술은 경제성장의 커다란 원동력이다. 사실 경제성장의 일등공신이었다고 봐도 과언이 아니다. 인류 역사상 전 세계 GDP 추이를 보면 거의 평평하게 나아가다, 19세기를 기점으로 폭발적인 성장세를 확인할 수 있다. 그 이유가 당시 기술의 비약적 발전 때문이었다고 보는 게 중론이다. 바로 이때 산업혁명industrial revolution이 시작되었기 때문이다.

마침 오늘날에는 과거보다 신기술개발에 훨씬 더 많은 자원을 투자하고 있다. 수백 년 전으로 돌아가보면 대개 발명가는 다빈치처럼 자신의 호기심을 충족하려고 이것저것 만지작거리던 개개인의 천재들이었다. 반면에 오늘날 정부와 대기업은 전문 교육을 받은 수천 명의 과학자를 채용하고 최첨단 연구개발시설을 짓기 위해 수십억 파운드를 쏟아붓고 있다.

기술의 명암

기술은 세상에 막대한 부를 가져다주었을 뿐 아니라, 새로운 자유, 창의력의 발산, 인류 역사의 대부분 기간에 불가능했던 생활방식을 누릴 기회를 제공했다. 식기세척기와 같은 가전제품은 전통적으로 가사노동을 전담하던 여성을 시간과 노동에서 일부 해방함으로써 여성에게 더 많은 자주성을 부여하고 그들이 유급 노동으로 전환하도록 일조한 것으로 여겨져왔다. 백신과 같은 의료 혁신은 무수히 많은 사람들에게 수명연장과 건강한 삶을 제공했다. 물론 기술의 업그레이드로 인해 기존의 여러 기술(및 그와 관련된 일자리)은 쓸모없게 되었다. 그러나 많은 경제학자들은 경제의 특정 분야가 쇠퇴하면 그 자리에 더 앞선 분야가 성장하므로 좋은 현상이라고 생각한다. 이를 창조적 파괴creative destruction라고 한다.

그러나 기술 발전에도 어두운 면이 있다. 가장 흔히 거론되는 것 중 하나는 기술이 사람들의 일자리를 빼앗는 습성이 있다는 것이다. 사람들이 지루하거나 불쾌한 일에서 벗어나 더 성취감 있는 일에 집중할 수 있게 된다면 겉보기에 좋은 현상일 것이다. 그러나 산업혁명 시기를 포함해 여러 역사적 사례를 보면, 기술은 수많은 사람들의 삶을 더 가난하고 위험하게, 그리고 어쩌면 더 불행하게도 만드는 쪽에 가까웠다.

흔히 대부분 기술 발전에는 단기적으로 부작용이 따르지만, 장기적으로 보면 모든 사람에게 혜택을 준다는 주장이 반복적으로 거론된다. 그러나 인간의 경제적 행동 습관이 환경과 기후변화에 미치는 영향을 사회가 점점 분명히 인식하게 되면서 이제는 그 격언도 통하지 않는 것 같다.

그렇지만 우리 모두 기술을 두려워해야 한다는 의미는 아니다. 많은 사람들은 기술이 기후위기와 같은 문제를 해결할 최선의 희망이라고 생각한다. 대기에서 탄소를 빨아들이거나 기후 패턴을 변화시킬 새로운 방법을 개발할 수 있기 때문이다. 그러나 동시에 우리는 모두 기술이 유익할 뿐 아니라 해로울 수도 있음을 인식해야 하고, 정부와 사회는 기술에 일자리를 빼앗긴 사람들을 보상할 방법을 고민해야 한다. 일각에서는 현 직업의 대부분이 로봇으로 대체되어도 그만큼 생산성 향상으로 쌓은 부를 보편적 기본소득에 사용한다면, 미래가 마냥 암울하지만은 않을 것이라는 의견도 있다.

6장

가정

UN에 따르면 주거의 권리는 기본 인권 중 하나다. 그러나 그 주거의 질이 어떠해야 하고, 누가 공급해야 하며, 대가를 얼마나 지불해야 하는지는 모두 의견이 분분한 논란의 대상이다. 그동안 우리 사회는 구성원의 기본적인 주거권조차 충분히 보장해주지 못했다. 현재 전 세계적으로 약 1억 명의 노숙자가 있다고 추정된다.

또한 우리가 사는 곳에 따라 우리가 현실에서 바라보는 경제의 모습이 크게 좌우된다. 많은 사람들의 지출 항목 중 가장 큰 부분을 차지하는 것이 주거비다. 집은 대개 사람들이 소유한 자산 중 가장 큰 비중을 차지한다. 집의 위치, 크기, 수준은 우리가 출근할 수 있는 직장부터 가족 구성원 수에 이르기까지 모든 것에 영향을 미칠 수 있다.

이런 이유로 이미 많은 사람이 주택시장을 경제 요소 중에서도 익숙하게 생각하고, 경제가 어렵거나 뭔가 대책이 필요하다고 느낄 때 "주택 위기housing crisis" 같은 문구가 심심찮게 등장하곤 한다.

집이 필요한 이유

집은 우리 삶과 경제에서 다양한 기능을 한다. 우리가 생활하고, 휴가를 보내고, 사교활동을 하고, 일하고, 부를 저장하는 장소 등으로 사용된다. 경제학적으로 집의 용도는 다음 세 가지 범주로 나눌 수 있다.

필수재

집은 일종의 '피난처'로, 세 가지 용도 중 유일하게 필수불가결한 용도에 해당한다. 집은 우리 자신의 생존이나 소유물의 안전을 위협하는 악천후, 야생동물, 범죄 등으로부터 보호수단을 제공한다.

자산

자산은 사람들의 소유가 가능하고 가치를 지닌 모든 경제재다. 집은 흔히 자산으로 간주되어 투자 목적으로 구매되기도 한다. 부동산 투자의 주체는 처음 집을 샀을 때보다 언젠가 더 높은 가격에 되팔 계획을 세우는 일반인 주택 구매자부터 수백 채의 집을 소유하고 임대 수익을 버는 전문 업체에 이르기까지 다양하다.

활동의 근거지

가정은 경제, 사회활동의 근거지다. 일단 집에서는 많은 일이 이루어진다. 여기에는 재택근무와 같은 유급 노동과 인테리어 업자, 전문 간병인과 같이 다른 사람의 집안에서 일하는 직업도 있다. 그뿐 아니라 청소, 육아를 포함한 여러 무급 노동도 포함된다. 집은 보통 여러 명이 함께 쓰는 공간이며, 함께 사는 구성원들의 각 경제적 행동은 서로 얽히게 된다. 이를테면 소득, 재산, 자산, 기술을 공유하곤 한다. 이 이유로 경제학에서는 흔히 개인보다 가계를 (기업, 정부와 함께) 경제의 핵심 주체 중 하나로 취급한다.

주택의 용도가 워낙 다양하다보니 한 가지 문제점은 서로 다른 측면의 이 용도끼리 때로 충돌할 수 있다는 것이다. 그러므로 사회가 주택정책housing policy을 세울 때 어떤 용도에 초점을 맞출 것인지 결정할 필요가 있다. 모든 사람에게 거주 공간을 제공하는 것이 무엇보다 중요하다고 생각하는 사회와 주택을 부를 축적하기 위한 확실한 수단으로 여기는 사회는 사뭇 다른 주택정책을 펼칠 것이다.

집은 누가 짓나?

주택 건설 주체는 크게 세 가지 유형으로 나뉜다. 첫번째 유형은 부동산개발기업 같은 민간기업과 직접 자기 집을 짓는 개인이다. 두번째 유형은 정부다. 영국 같은 국가에서는 주택 건설을 주로 담당하는 당국, 즉 지방의회council가 있다. 세번째 유형은 주택조합housing association으로, 시세로 내 집 마련이 어려운 사람들을 위해 저렴한 주거 공간을 제공하고자 하는 비영리조직이다.

약간 더 복잡하게도, 때로는 한 가지 유형 이상의 건설 주체가 주택 건설에 관여한다. 예를 들어, 민간기업이 주택을 지은 후 주택조합에 매각하기도 한다.

그러나 통상 이러한 주택 건설 주체 중 누구도 아무때나 아무 곳에 집을 지을 수는 없다. 집의 크기에서 외벽의 색상에 이르기까지 모든 것을 규정한 일련의 규제를 준수해야 한다. 이러한 규제는 일반적으로 각국 정부가 주택정책의 일환으로 정한다. 규제가 국가와 지역에 따라 크게 다른 만큼, 전 세계의 주택과 주택시장도 매우 다양한 양상으로 나타난다.

집값이 이토록 비싼 이유

모든 가격이 그렇듯, 주택 가격도 수요, 공급, 정부정책의 세 가지 주요 요인에 영향을 받는다(가격은 인플레이션의 영향을 받기도 한다. 8장에서 자세히 설명하겠다). 공급량은 시장에 얼마나 많은 주택이 있는지, 수요량은 그 안에 입주를 원하는 인구가 얼마나 많은지를 나타낸다. 주택정책은 정부가 시행하는 일련의 규칙이다.

정부는 집값에 직접 영향을 미칠 수 있다. 예를 들어, 집주인이 특정 금액 이상 임대료를 인상하지 못하게 하는 임대료 규제rent control가 있다. 아니면 수요와 공급의 균형을 이동하여 간접적으로 가격에 영향을 줄 수도 있다. 예를 들어, 현재 영국 정부는 그린벨트greenbelt 구역에 주택 건설을 금지함으로써 가용 주택의 수를 제한하고 있다.

경제학의 대부분 주제에 대해 사람들의 의견은 제각각이다. 그러나 영국의 집값이 매우 비싸다는 것에 대해 아마 사람들이 응당 한목소리로 동의할 것이다(그러나 이것이 마냥 나쁘지만은 않다고 생각하는 사람도 있다. 그 이유는 잠시 후에 이야기하겠다).

집값이 이토록 비싼 것은 지난 수십 년 동안 임금보다 훨씬 빠르게 올랐기 때문이다. 이는 평균적인 사람이 예전과 같은 수준의 집을 마련하려면, 훨씬 더 많은 돈을 벌어야 한다는 의미다. 게다가 그 격차도 엄청나다. 주거 관련 자선단체인 셸터Shelter에 따르면, 1997년 이후 임금이 집값과 같은 속도로 올랐다면 지금보다 연간 2만 9000파운드는 더 벌었을 것이라고 한다.

그런데 왜 이렇게 집값이 껑충 뛰었을까? 앞서 말했듯이 수요, 공급, 정부정책이 주택 가격을 변동시킨다. 하나씩 살펴보자.

수요 증가

누구나 어딘가에 살 곳이 필요하므로 인구가 증가하면 주택 수요가 증가할 것은 자명하다. 영국 등 여러 국가에서는 수백 년 동안 인구가 꾸준히 증가했다. 그 이유는 한편으로는 과학의 발전으로 수명이 길어졌고, 영유아 사망률 감소가 출산 인구 증가로 이어졌기 때문이다. 또 한편으로는 세계 각지에서 이민을 왔기 때문이기도 하다.

게다가 사회 풍조가 변화해 한 가구가 여러 가구로 분산되는 효과가 나타났다. 결혼 연령은 늦어지고 독립 연령은 빨라지는 추세로 인해, 인생에서 한 번쯤이라도 혼자 사는 사람들이 많아졌다. 1인 가구의 증가 현상은 전반적으로 주택 수요가 늘어나는 결과로 이어졌다.

또한 인구구성도 국지적으로 주택 가격에 영향을 미친다. 전 세계 인구는 전반적으로 시골에서 도시로 옮겨왔다. 그만큼 도시의 주택 수요가 훨씬 늘어났으며, 이 때문에 대개 도시 집값이 시골보다 비싸다.

또다른 요인은 주택시장의 금융화다. 과거 집값은 지금보다 훨씬 낮았지만, 결코 저렴한 적은 없었다. 온전한 집 한 채를 구입하려면 거액의 현금이 필요하거나 거액을 기꺼이 빌려줄 사람이 필요했다. 20세기 이전에는 이 두 가지 방법 모두 부자에게만 국한되었다. 그러나 시대가 변했다. 이제 점점 더 많은 사람들이 은행에서 모기지mortgage라고 하는 주택담보대출을 받을 수 있게 됐다. 그러자 집을 사려는 수요가 급증했다.

은행은 주택담보대출에 이자를 청구할 수 있고, 그 집을 담보로 설정할 수 있으므로(즉, 대출을 상환하지 못하면 은행은 집을 빼앗아 팔아버릴 것이다), 이 대출을 위험이 거의 없는 수입원으로 여겼다. 또한 정부도 시민들이 주택을 소유해야 더욱 안정적이고 만족스러운 삶을 영위할 수 있다고 생각해서, 대체로 은행에 대출업을 권장했다. 시민들도 변덕스러운 집주인을 상대할 필요 없이 내 집을 마련하고 싶었기에 점점 대출에 많은 관심을 보였다.

따라서 주택담보대출을 받기가 갈수록 쉬워졌다. 은행들은 높은 소득이나 신용 기록이 없는 사람들에게도 대출 자격을 주었다. 고객의 채무불이행 위험을 최소화할 영리한 재정적 장치가 있다고 믿었기 때문이다. 하지만 그들의 믿음은 물거품이 됐고, 이렇게 발생한 서브프라임 모기지 사태subprime mortgage는 2008년 금융위기의 주요 원인 중 하나가 되었다. 그러나 이로 인해 주택 소유에 대한 정부나 사람들의 인식이 바뀌지는 않았으므로, 주택대출업은 여전히 건재하다.

실제로 금융위기 이후로도 많은 국가가 줄곧 낮은 금리를 유지했다. 그 결과 대부분 사람들이 대출에 더욱 마음이 끌리게 되었다. 결국 큰 비용을 추가로 들이지 않고 훨씬 빨리 내 집 마련의 꿈을 이룰 수 있다면 오랜 시간 저축하며 기다려야 할 이유가 없었던 것이다! 많은 경제학자들은 2010년 이후 긴축정책, 브렉시트, 코로나19 팬데믹 속에서도 영국 등지에서 집값 상승세가 꺾이지 않은 주된 원인으로 저금리를 꼽는다.

은행이 더 기꺼이 대출을 승인할수록, 주택 수요는 늘어나고 덩달아 집값도 오른다. 매달 상환액이 적당하고 집값이 계속 오를 것이라고 믿는 한, 사람들은 훗날 집을 팔 때 그동안의 비용을 만회할 수 있다고 생각하므로 거리낌 없이 목돈을 대출받는다. 이 과정을 주택시장의 금융화financialization of the housing market라고 하며, 지난 수십 년 동안 집값이 급등한 가장 큰 원인으로 자주 거론된다.

집을 지으려면 집터가 필요하다. 그러나 토지는 유한한 자원이라 언젠가 고갈될 것이다. 다행히도 정말 고갈되기까지는 아직 멀었다. 영국은 비교적 인구밀도가 높은 국가이지만, 건물이 건설된 토지의 비율은 1%에 불과하다. 게다가 현대 건축은 주택을 위쪽과 바깥쪽으로 증축할 수 있다. 고층 아파트는 한정된 면적에 많은 가구를 밀집시킬 수 있다.

그러나 토지가 거저 생긴다 해도 그 땅이 주거지로 이용 가능하다는 법은 없다. 집에 필요한 공간을 제한하는 온갖 종류의 규제가 있기 때문이다.

우선 전 세계의 나대지裸垈地(지상에 건축물이나 구축물이 없는 대지—편집자)는 그 위에 집을 짓거나 팔 생각이 없는 개인이 소유한 땅이 대부분이다. 게다가 소위 내 뒷마당은 안 된다며 님비Not In My Back Yard: NIMBY시설에 반대하는 사람들도 주위에 많다. 그들은 자기 집 주변의 경관을 망치거나, 지방재정에 부담이 되거나, 집값이 떨어진다는 이유 등으로 자기 지역의 개발에 반대하는 사람들이다. 님비 현상은 영향력 있는 로비단체나 유권자층을 형성한다. 그러므로 해당 지역의 주택 건축 계획을 승인하는 지방정부는 그들의 이해관계를 무시할 수 없다.

토지 사용이 제한되는 또다른 큰 원인은 정부 규제다. 그중 한 가지 방법은 규제나 법률을 제정하는 것이다. 잘 알려져 있다시피 런던에서는 세인트 폴 대성당의 전망을 가리는 건축은 어떤 것도 허용되지 않아, 주변 지역의 모든 건물 높이를 제한하고 있다. 또한 정부가 토지를 특정 구역으로 나누고 각 지구마다 특정 규제를 가하는 지구제zoning도 흔히 볼 수 있다. 예를 들어, 정부는 도심지에 있는 건물은 사업 목적으로만 사용할 수 있게 지정할 수 있다. 또한 특정 지역에는 건축 자체를 금지하기도 한다. 예를 들어, 자연경관의 보존 가치가 있는 지역이거나, 야생동물의 서식지이거나, 도시 비대화(도시가 지나치게 커짐)를 막기 위한 완충지역인 경우가 이에 해당한다.

적절한 땅을 손에 넣었다고 해도, 이것은 앞으로 진행될 힘든 여정의 서막에 불과하다. 그 위에 물리적 건물을 지어야 한다. 한동안 영국 등지에서는 빨리 착공해서 집을 뚝딱 짓는 일이 다소 부질없는 짓으로 간주되었다. 1997년부터 2017년까지 20년 동안 약 330만 채의 신규 주택이 지어졌다. 상당히 많은 양인 듯하지만 같은 기간 안에 인구가 840만 명 증가했다는 점을 감안하면 그렇지만도 않다. 모든 가구가 1인 가구인 것은 아니지만, 영국 가구의 평균 구성원 수는 2인에 불과하다. 다시 말해 영국에서는 별장, 에어비앤비 같은 숙소, 투자 목적의 부동산 등 비거주용을 차치하더라도 약 100만 채의 주택이 부족한 실정이다.

그렇다면 더 많은 집을 더 빨리 지으면 되는 거 아닐까? 그럴 수 없는 몇 가지 이유가 있다. 먼저 집 짓기는 물리적으로 엄청난 시간이 걸리는 거사이기 때문이다. 기술이나 생산성이 향상하면 시간을 좀더 단축할 수 있겠지만, 주택을 더 많이 짓겠다는 결정과 실제로 주택을 짓는 일 사이에는 항상 시차가 있다. 또 비슷한 맥락으로, 일정 기간에 얼마나 많은 집을 지을 수 있는지는 필요한 생산 요소, 즉 건자재와 건설 노동자를 얼마나 확보할 수 있는지에 따라 제약을 받을 것이다.

또다른 가능한 요인은 이윤을 추구하는 개발업자다. 민간 개발업체는 영리기업이 대부분이어서 집값이 높을수록 더 많은 수익을 얻는다. 따라서 그들은 주택 공급을 억제할 유인이 있고, 그 결과 주택이 '착공'되어 '완공'되기까지 지연되는 경우가 많다(즉, 집을 반쯤 짓다 만 건축부지가 많다). 이는 개발업자가 토지의 일부를 구입하고 개발하지 않거나, 개발을 중단하고는 땅값이 상승하기를 기다리는 일종의 랜드뱅킹landbanking(토지 비축)이라는 관행이다. 사람들은 이에 대한 대책으로 정부가 규제를 강화하거나(예를 들어, 랜드뱅킹 금지) 주택 건축업의 경쟁이 더 치열해져야 한다고 생각한다.

어떤 정부정책은 이러한 추세를 부추기기도

정부는 우리가 앞서 언급한 거의 모든 것에 의도적으로든 비의도적으로든 영향력을 행사할 수 있다. 이민정책에서 경제관리상 금리 결정에 이르기까지 정부의 모든 조치가 집값을 변동시킬 수 있다. 특히 영국에서 주택시장의 동향에 큰 영향을 미친 정책으로 자주 언급되는 한 가지는, 지방의회가 제공하는 임대주택council house 공급량을 지난 수십 년 동안 줄이기로 한 정치적 결정이었다.

지방의회의 임대주택은 개인 임대사업자의 임대주택보다 임대료가 저렴하므로, 공급량을 늘릴수록 사회의 전체 주거비 부담이 줄어든다. 그러나 일반적으로 임대주택제도는 지난 30년의 절반 이상 동안 영국을 통치해온 보수당 정부의 핵심 정책은 아니다(일반적인 경험법칙으로 보면, 우파 정당들은 주택이 정부보다 시장에 따라 공급되어야 사회에 더 이롭다고 믿는 경향이 있다). 또한 보수당은 임대주택 장기 거주자가 해당 주택을 저렴하게 구입할 수 있는 방편으로 계획된 청약권right to buy 프로그램을 도입했다. 이는 많은 저소득층에게 소중한 자산을 마련할 기회를 제공했지만, 저렴한 임대주택의 공급량이 줄어드는 결과를 낳았다.

이와 같이 높은 집값의 원인으로는 여러 요인이 얽혀 있다. 이러한 원인 중 무엇이 가장 중요한지는 사람마다 의견이 분분하지만, 논쟁의 여지가 없는 한 가지 사실은 이러한 요인이 합쳐진 탓에 많은 사람들이 형편에 맞는 거처를 마련하는 데 어려움을 겪고 있다는 것이다. 사실 주택난이 워낙 심각해서 통상 주택위기라는 말이 나도는 실정이다.

하지만 집값이 비싸면 정말 안 좋을까?

사실 비싼 집값으로 득을 보는 사람들도 있다. 예를 들어, 개발업자는 자신이 지은 주택이 비싼 가격에 팔릴수록 더 많은 돈을 벌 수 있으며, 그 결과 더 많은 주택 건설에 투자할 것이다. 또한 임대료가 높으면 특히 집값(곧 대출액)이 낮을 때 집을 구입한 집주인은 더 많은 소득을 얻는다. 마찬가지로 부동산을 구입한 이후 가치가 급등한 소유주는 다른 방법으로는 벌어들일 수 없었을 막대한 부를 손에 넣는다. 마지막으로, 정부로서는 집값이 상승하면 재산세property tax 수입이 늘어난다.

이러한 높은 집값의 '수혜자' 중에는 부유한 지배층에 속하지 않는 사람들도 적지 않다. 그들 중 많은 사람이 부동산 대박을 터뜨려 다른 방법으로는 획득할 수 없었을 만큼의 재산을 모을 수 있었다. 예를 들어, 고령층 중에 집을 팔아 그 돈으로 여유로운 노후를 보내는 사람도 꽤 있다. 또한 높은 집값은 재산세 증가로 이어지고, 늘어난 국가 재원은 결국 사회의 모든 구성원을 위한 공공서비스의 형태로 환원될 수 있다.

그러나 수혜자가 있으면 피해자도 있기 마련이어서, 높은 집값에는 상당한 부정적 결과가 따른다. 주택은 억만장자나 대기업, 정부보다 평범한 서민들이 주된 수요층이다. 따라서 집값이 급등하면 아직 집을 구매하지 못한 사람과 이미 구매한 사람 사이에 막대한 부의 이동이 일어난다. 게다가 주택 소유주와 집주인은 특정 집단(즉, 부유층과 고령층)에 쏠려 있는 경향이 있어, 비싼 집값이 사회 불평등에 얼마나 큰 원흉이 되었는지 짐작하기란 어렵지 않다.

여기서 종종 문제가 발생한다. 많은 문화권에서 인생의 전환점으로 간주되는 내 집 마련에 일부 사람들이 어려움을 겪게 되는 것에 그치지 않는다. 나아가 기본적인 피난처 역할을 하는 집이 비싸질수록 사람들은 괜찮은 삶의 질을 유지하기가 점점 어려워진다. 실제로 어떤 사람들은 평생 내 집 마련을 못해볼 수도 있다. 그리고 이는 곧 그들의 건강, 일, 복지 등 모든 면에 줄줄이 영향을 미친다.

사회 불평등과 더불어, 치솟는 집값을 많은 사람이 우려하는 또다른 이유는 주택 가격이 근본적으로 지속 불가능하며, 현재 일어나는 현상이 실은 언젠가 터질 부동산 버블housing bubble의 전조라는 점이다. 전체 부의 상당 부분이 주택과 연관되어 있다는 점에서 이는 특히 큰 문제점이다. 싱크탱크인 레졸루션 재단Resolution Foundation에 따르면 이러한 추세는 국부의 3분의 1 이상이 부동산에 쏠려 있는 영국에서 특히 강하게 나타난다.

부동산 버블

경제에서 버블은 기초 자산의 내재가치보다 가격이 빠르게 상승하는 경우를 말한다. 따라서 부동산 버블은 부동산 가격이 실제 가치보다 높은 상태를 가리킨다.

이것이 의미하는 바는 무엇일까? 통상 우리가 어떤 가치를 평가하는 방식은, 그 품질이 얼마나 훌륭한지 가늠하고 품질을 가격과 비교하는 것이다. 즉, 그것을 소유해서 얻는 이득이 돈을 보유하는 이득(아마 다른 지출에 쓸 것이다)보다 크다고 생각하면 구매를 결정한다. 그러나 버블 속에서는 사람들이 지금 어떤 자산을 일정 가격에 사두면 나중에 더 비싸게 되팔 수 있으리라 기대한다. 이를 투기speculation라고 한다.

집값이 무한정 계속 오를 것으로 믿는다면 실제 집의 품질에 상관없이 '어떤 가격'으로든 집을 당장 사는 것이 재정적으로 현명한 조치라고 생각할 것이다. 물론 집을 구매하려면 역시 돈이 필요하다. 그러나 은행이 많은 사람들에게 집을 사기 위한 거액을 얼마든지 빌려주는 세상에서 돈 구하기는 별로 어렵지 않다. 게다가 주택담보대출은 저금리대출인데, 이 점이 중요하다. 만약 벌어들인 투자 수익의 대부분이 이자비용으로 나간다면 사람들은 부동산 투자를 위해 돈을 인출할 가능성이 훨씬 줄어들 것이다.

부동산 투자로 확실히 돈을 벌 수 있다는 믿음이 팽배해지고 은행도 부동산대출에 적극적일수록, 주택 매도자는 기꺼이 높은 가격을 지불할 매수 대기자를 찾기가 쉬워진다. 그러면 매도자는 이러한 수요에 대응하고자 가격을 점점 더 높게 부르려 한다.

그러나 이와 같은 투기는 결국 추측에 따른 행동이므로 문제가 된다. 미래에 집값이 어떻게 될지는 아무도 확신할 수 없다. 우리가 확실히 아는 한 가지는 언젠가 버블이 터지는 고통이 찾아온다는 것이다. 조만간 매수 대기자들은 매물의 가치에 비해 집값이 너무 비싸다고 판단해 매수를 포기할 것이다. 또는 기존 주택 소유주는 아마 경기둔화(그 결과 소득이 감소함)나 금리 상승(그 결과 대출 원리금이 늘어남)으로 대출 상환능력을 잃을지도 모른다.

이런 일이 발생하면 일부 주택 매도자는 값비싸고 처치 곤란한 자산에 발이 묶인 자신을 발견하고, 패닉 상태로 헐값에 팔아 최소한의 돈이라도 건지려 한다. 그 결과 집값이 급락한다. 매수자로서는 갑자기 훨씬 나은 가격에 거래할 수 있게 되니 다행이다. 그러나 주택을 처음 구매한 가격보다 훨씬 싸게 팔아야 하는 사람은 막대한 손실을 보게 된다. 문제는 주택시장에는 부의 유일한 주요 원천을 잃거나, 아직 막대한 대출금을 갚지 못했지만 나중에 제값을 받고 팔 기약이 없는 평범한 시민들이 많다는 것이다.

지금이 부동산 버블인지 알 수 있는 방법은?

집값의 고공 행진, 그리고 부동산 투자가 말 그대로 "집처럼 안전하다 as safe as houses"라는 세간의 통념은 확실히 지속 불가능한 버블의 특성을 띤다. 많은 사람들은 이런 일이 발생하면 피할 수 없는 금융위기에 대비해야 한다고 생각한다. 그러나 경제학자들이 전부 이러한 투기적 요인만 가지고 대폭락을 예측하는 것은 아니다. 그들은 주택 수요의 대부분이 투기보다는 실거주 목적이라고 생각한다. 즉, 사람들이 집을 사는 주된 이유는 돈을 불리기 위해서가 아니라 안전하고 안락한 자신만의 공간을 갖고 싶기 때문이라는 것이다. 그들의 말이 옳다면 집값은 공급량이 수요량을 초과할 때만 하락할 것이다.

값비싼 부동산 시장: 가장 손해 보는 사람은?

누구는 혜택을 받고 누구는 손해를 보는 일은 언제나 불공평해 보이지만, 이러한 불공평하다는 인식은 수혜자의 다수가 우리와 동일한 사회집단에 있을 때 특히 더 강렬히 와닿는다. 주택시장의 경우가 딱 그렇다. 집값 상승의 수혜자는 고소득층과 고령층에 치우칠 가능성이 큰 반면, 그 역풍을 경험하기 쉬운 쪽은 청년층과 빈곤층이다.

왜 그럴까? 먼저 집값 상승에서 혜택을 보려면 부동산을 소유해야 한다. 주택 소유자는 구매 당시보다 비싼 값으로 되팔거나 대출 상환액보다 더 높은 월세를 받아 돈을 벌 수 있다. 대조적으로 세입자로서는 집값이 상승하면 월세와 가계 세금이 모두 오르는 경향이 있다. 그러나 주택을 소유하려면 보증금을 낼 수 있을 만큼의 저축액이 필요하고, 은행이 대출 상환능력이 있다고 판단할 만큼 충분한 소득을 벌어야 한다. 원래 부유한 사람이거나 집값이 지금보다 훨씬 낮았을 때 성인기를 보낸 사람들은 이 기준을 충족하기에 더 유리하다.

그러나 세대 간 불평등에 관해 흥미로운 점은 대부분 사람들이 대를 잇는다는 점이다. 다시 말해, 전체적으로 청년층은 주택시장에서 불리하지만, 부유한 집안 출신이라면 간접적으로 혜택을 볼 수 있다. 그들이 축적한 부와 부동산은 대개 상속inheritance을 통해 다음 세대에게 전달된다. 이처럼 부유한 가정은 엄마 아빠 은행the bank of mum and dad(자녀를 재정적으로 도와주는 부모를 지칭하는 관용어) 덕에 훗날 자녀들이 물려받는 재산이 더 많고, 나아가 부동산 소유의 계층화를 형성한다.

높은 집값과 노숙자

높은 주거비(임대료와 집값)가 초래하는 최악의 결과는 일부 사람들이 기본 인권 중 하나인 주거의 권리를 누리지 못하는 것이다.

노숙자가 되는 이유는 대개 복잡하고도 다양하다. 주택을 구매할 형편이 안 되는 금전적 사정 외에도 정신 건강, 관계 단절, 마약중독, 가정 폭력, 실업, 전과기록 등도 영향을 미친다. 그러나 분명 주택시장도 큰 역할을 한다. 미국 연구기관들은 임대료가 대부분 사람들의 소득 대비 3분의 1 이상을 차지하는 지역이 그렇지 않은 곳보다 노숙자 문제에 시달릴 가능성이 더 높다는 것을 발견했다. 또한 같은 맥락으로, 집값이 비싼 런던이나 로스앤젤레스 같은 대도시에 노숙자들이 더 많은 경향이 있다.

또한 노숙자 문제를 해결하고자 하는 자선단체와 정부 사이에서 노숙자들의 복지를 개선하는 가장 효과적인 방법은 먼저 그들에게 거처를 제공하는 것이라는 믿음이 확산하고 있다. 뻔한 소리 같지만(당연히 집이 있으면 노숙자가 아니지 않는가!), 실제로는 비교적 새롭게 등장한 접근법이다.

과거의 노숙자 정책과 지원 방법은 노숙자에게 일자리를 제공하거나 마약중독 치료를 돕는 목표에 치중했다. 이러한 목표가 먼저 해결되면 그들이 자연스레 거처도 마련할 수 있으리라는 가정이었다. 대조적으로 주거 중심의 접근법은 사람들이 안전하게 살 공간이 있어야 생활을 긍정적으로 변화시키기가 훨씬 수월해진다는 전제가 깔려 있다. 핀란드의 헬싱키와 미국 노스캐롤라이나주의 샬럿 등이 이런 시도로 성공한 케이스다.

가격이 적정한 주택의 기준

가격이 적정한 주택이란 무엇인지 묻는다면 다양한 대답이 가능하다. 사람들은 크게 두 가지 방식으로 접근하는 경향이 있다. 첫번째 관점은 전체 주택시장(즉, 전체적인 주거비용의 현황)을 살펴보고 하위 부분을 '적정 가격affordable'으로 지정하는 것이다. 이는 현재 영국 정부가 시행하는 방법이다. 정부 기준에서는 임대료가 지역 평균의 80% 이하이거나 대출액이 '시세 미만'일 때 적정 수준의 주거비용이라고 간주한다.

이 방법의 문제점은 집값이 굉장히 높을 때는 가장 저렴한 집조차도 감당할 수 없는 사람이 많다는 것이다. 따라서 대안으로 거론되는 두번째 관점은 **적정 가격의 개념을 소득에서 차지하는 집값의 비중으로 정의하자**는 것이다. 일반적인 척도는 세후 소득의 3분의 1을 넘지 않아야 한다는 것이다.

하지만 이 방법조차 너무 포괄적이라는 목소리도 있다. 부유층은 소득의 3분의 1 이상을 헌납해도 생활수준에 별 영향을 받지 않을 테고, 최빈곤층은 소득의 작은 비중을 주거비로 지출해도 다른 생활비를 감당하지 못할 만큼 큰 부담을 가질 수 있다. 마찬가지로 주거비 외에 돈 쓸 일이 별로 없는 사람이라면 주거비에 많은 돈을 지출해도 재정적 타격이 덜할 것이다. 이를테면 현지 기업 간의 활발한 경쟁으로 인해 물가가 낮거나, 정부가 풍성한 무료 공공재 및 서비스를 지원하는 지역에 살고 있다면 그러하다.

비싼 주택을 저렴하게 살 방법은 없을까?

(거액의) 대출 기준 완화

집값을 적정 수준으로 만드는 방법은 두 가지가 있다. 집값을 낮추거나 구매자의 수중에 돈을 더 쥐여주면 된다. 영국 등 몇몇 국가에서는 후자에 해당하는 정책을 시행했다. 예를 들어, 영국에는 일부 첫 주택 구매자가 보증금을 낼 수 있게 정부가 저금리대출을 제공하는 주택구매지원제도Help To Buy: HTB가 있다.

이 방식의 장점은 새집을 짓기보다 빠르고 쉽다는 것이다. 게다가 부동산 가치를 떨어뜨리지 않으므로 기존 주택 소유주에게 피해를 주지 않는다. 가장 큰 단점은 집값을 계속 오르게 하므로 정부 지원 자격이 되지 않는 사람들이 집값을 감당하기가 훨씬 힘들어진다는 것이다.

가격 상한제

집을 사거나 임차하려는 사람에게 청구하는 금액의 한도를 정하는 제도가 있다. 특히 임대료 규제가 점점 각광받고 있다. 미국 캘리포니아주는 주 전체에 걸쳐 시행중이며, 독일 베를린은 2020년 초부터 대부분 임대료를 5년 동안 동결하기로 했다. 가격 규제와 상한제는 주거비 급등을 방지하므로, 매년 갑자기 임대료가 오를까 봐 걱정하는 장기 세입자에게 특히 도움이 된다.

그러나 이 방법들은 잘해야 비효율적이고, 자칫하면 오히려 문제를 악화시킨다는 비판도 받는다. 임대료 상한제 반대론자들은 집주인과 개발업자의 이익을 압박하면, 그들이 신규 주택을 그만 짓거나 기존 주택을 처분할 것이라고 주장한다. 그렇게 된다면 전반적으로 주택 공급량이 줄거나 주택 품질이 나빠진다는 논리다. 게다가 임대료 상한제는 어디에나 통용되는 제도가 아니어서 거주자의 이주를 가로막을 수도 있다. 그렇다면 경제에 상당한 부작용을 일으킬 것이다. 사람들은 같은 지역에 계속 머무르기 위해 더 나은 직장으로 옮기기를 포기할 것이고, 통근시간과 교통체증은 늘어날 것이기 때문이다.

더 많은 집 짓기

집을 더 많이 지으면, 가용 주택의 공급량이 늘어 매수자와 세입자는 부족한 물량을 놓고 치열하게 경쟁할 필요가 없다. 집주인과 매도자는 입찰자와 세입자를 구하기 위해 가격을 낮춘다. 이는 꽤 인기 있는 정부정책으로 2020년 영국은 연간 30만 채의 신규 공급을 목표로 했다.

그러나 이 접근방식에 몇 가지 문제점을 지적하는 사람들도 있다. 첫번째는 목표 달성에 실패할 때가 많다는 것이다. 2019년 영국은 한 해에 직전 10년간보다 더 많은 주택을 건설했다. 그래도 16만 1022채에 그쳐 여전히 연간 목표의 절반을 조금 넘을 뿐이었다. 두번째 문제는 공급량을 수요량보다 더 많이, 그것도 최적의 입지에 확보하기가 현재 우리 경제체제로는 정말 어렵다는 것이다. 그린벨트를 포함해 영국의 지구제는 법률상 주택 수에 제한을 두고 있다. 그리고 다주택 소유가 가능하고 부동산이 좋은 투자수단으로 간주되는 현재 분위기상, 더 많은 주택을 짓는다고 수요가 크게 바뀌지는 않을 것으로 보인다.

더 저렴한 집 짓기

이것은 앞서 언급한 공급량 늘리기를 변형한 대안으로, 정부가 시장에 명시적으로 저렴한 주택을 공급하는 정책이다. 저렴하다는 기준을 측정할 방법은 여러 가지다. 예를 들어, 영국 정부는 신규 주택의 특정 수 또는 비율을 '적정 가격'으로 정하는 경우가 많다.

물론 이러한 접근법은 "적은 소득으로도 내 집을 마련할 수 있다"란 의미가 아니라 "평균보다 저렴하다"란 의미를 사용한다는 점에서 비판받을 소지가 있다. 또한 자산조사 등으로 보완하지 않으면 저렴한 주택이 일부 부유층의 손으로 넘어갈 위험이 있다. 이 모든 이유로 '적정 가격의 주택 늘리기'란 더 많은 임대주택이나 조합주택, 즉 명시적으로 사회적, 경제적 하위계층에게 더 저렴한 가격으로 주택을 제공하는 것을 의미해야 한다는 목소리가 높아지고 있다.

임대와 소유

이 장 전체에서 우리는 주택 소유와 임대 패턴이 시간의 흐름에 따라 어떻게 변화했는지, 누가 주택 소유자가 되고 누가 임차인이 될 가능성이 높은지, 정책입안자와 사회의 다양한 결정이 사람들의 주택 보유율과 임차 비율에 어떻게 영향을 끼칠 수 있는지 등을 살펴보았다.

그러나 주거지를 확보하는 이 두 가지 방법을 서로 비교하는 방식은 아직 논의하지 않았다. 소유와 임대 중 하나가 다른 것보다 경제에 더 이로울까? 개인에게는 어느 쪽이 더 유리할까? 많은 사람들이 부동산을 구입하기도 임차하기도 쉬워진 요즘 세상에서 정책입안자들은 어떤 방법으로 집값을 낮추도록 유인할 수 있을까?

주택 소유가 경제에 유익할까?

이 장에서 살펴봤듯이 주택 소유는 종종 개인에게 재정적으로 현명한 결정으로 여겨진다. 미래에 돈이 필요할 때 현금화할 수 있는 귀중한 자산을 확보하는 셈이다. 이와 같은 자산을 소유하면 경제 충격에 덜 취약해지고, 재정적 어려움을 겪을 때 정부 지원에 의존할 필요성이 줄어든다. 다시 말해, 특히 불확실한 시기에는 (유용한!) 실물 자산을 소유하는 것이 단순한 현금 보유보다 더 매력적일 수 있다.

집값이 안정적이라면 이 모든 사실은 변함없을 것이다. 그러나 물론 먼 과거로 보나 최근 동향으로 보나 집값은 쑥쑥 오르는 경향이 있다. 주택 소유자에게 집은 단순히 부를 소유하는 것을 넘어 소유한 부가 나날이 증가한다는 의미를 지닌다. 당연히 여기엔 많은 이득이 따라온다! 이렇게 창출된 모든 부는 경제의 성과지표로 자주 사용되는 GDP를 증가시킨다. 집값이 높으면 정부가 거두는 재산세 수입도 늘어난다. 그러나 이 장에서 우리가 확인했듯이, 집값 급등은 경제 불평등을 악화하고, 갑작스러운 금융위기가 닥칠 경우 수많은 사람들을 심각한 재정적 타격에 빠뜨릴 위험을 높인다.

집값 급등 '없이' 주택 보유율을 높이는 것이 이상적이라고 보는 사람들도 있다. 과연 이게 가능할까? 앞서 언급했듯이 사람들이 대출을 쉽게 이용할 수 있게 되면 집값은 올라간다. 그러나 거액의 대출을 받지 않고는 대부분 사람들이 내 집 마련을 할 수 없다. 반면에 집값에 영향을 미치는 다른 요인도 있고, 수급균형을 손보면 집값이 안정될 수 있다는 주장도 자주 나온다. 건축 규제 완화, 주택 건설 가속화, 실거주 목적 외 주택 매수 금지 등이 모두 집값 급등을 초래하지 않고 주택 소유를 활성화할 방법으로 제안된 바 있다.

그러나 전체적으로 주택 소유가 정책입안자들의 핵심 목표가 되어야 할까? 글쎄, 일부 연구에 따르면 주택 소유자는 지역사회에서 투자와 참여활동에 더 적극적인 편이라고 하니, 주민들이 주택을 소유할수록 해당 지역에도 이익이 될 것이다. 부분적 이유는 그들이 그 지역을 떠나지 않을 가능성이 크기 때문이다. 집을 사고파는 일은 시간과 비용이 많이 들고 복잡한 과정이기에, 사람들이 자주 할 일은 못 된다. 부분적으로 또다른 이유에는 금전적 측면도 있는데, 좋은 동네일수록 집값이 오를 가능성도 더 커지기 때문이다.

우리가 고려해야 할 마지막 이유는 바로 선호다. 대부분 사람들은 임차보다 자가 소유를 선호한다. 이 점이 중요한 이유는 **모든 경제적 거래는 개인의 효용 또는 후생 극대화를 목표로 한다**는 것이 경제학의 핵심 공리 중 하나이기 때문이다. 그러나 이러한 주택 소유에 대한 선호는 대부분 오늘날 문화의 산물이라는 점에 유념해야 한다. 세계의 다른 지역 중에는 임대를 선호하는 곳도 있고, 영국에서도 한때는 임대가 대체로 더 나은 선택으로 여겨진 적이 있었다. 즉, 주택을 소유하려는 영국인의 욕구는 고정불변하지 않기에 앞으로 바뀔 가능성이 있다.

임대가 경제에 유익할까?

임대료가 감당할 수 없이 비싸거나 소득보다 빠르게 오를 때 발생할 어려움은 분명 크다. 그러나 '일반적'으로 임대차는 많은 이점이 있다. 가장 큰 이점은 융통성이다. 그 지역에 오래 머물 계획이 아니라면 집 구매에 시간과 돈을 쓰는 일이 통상 실용적이거나 바람직하지 않다. 예컨대 대학생, 단기 계약직 노동자, 어딘가에 정착하기 전에 혼자 또는 친구와 잠시 지내고자 하는 청년들이라면 구매보다 임차가 더 나은 선택이다.

일반적으로 경제학자들은 사람들이 더 자유롭게 이동할 수 있는 임대차 형태를 선호한다. 사람들이 최선의 직장으로 옮겨 다닐 수 있어야 전반적인 경제 생산성이 향상한다는 논리 때문이다.

그러나 임대주택에 사는 사람이 많다는 사실을 바꿔 말하면 그 집은 전부 누군가의 소유물이라는 것이다. 따라서 임대가 활성화된 사회란, 단지 주택 소유의 모든 혜택과 부가 소수의 부유층에 쏠려 있는 사회를 의미하는 것에 지나지 않는다는 주장도 있다.

하지만 꼭 그러리란 법은 없다. 정부는 집주인에게 최소 기준을 충족하고 임대 수익에 상한선을 두도록 규제를 부과할 수 있다. 또다른 해결책은 정부(또는 주택조합과 같은 다른 비영리단체)가 공정하고 적정한 가격으로 임대한다는 분명한 목표에 따라 다량의 부동산을 소유하는 것이다. 이 모델을 실천하고 있는 싱가포르는 인구의 4분의 3 이상이 정부가 공급하는 임대주택에 살고 있다. 거주자는 시세보다 낮은 임대료로 99년간 임차할 수 있다.

어떤 유형의 임대차 방식이든 세입자는 주택 소유자와 달리 자기 생활을 통제할 수 없다는 단점이 있다. 벽을 보라색으로 칠하거나 강아지를 키우는 등 자신이 사는 집에서 할 수 있는 일에 대개 제약을 받기 때문에 삶의 질이 저하될 수 있다. 게다가 집주인이 언제든 임대차계약을 종료하고 집에서 쫓아낼 수 있기 때문에 생활의 안정성도 떨어진다. 또 집에 문제가 생기거나 수리가 필요할 때 집주인의 협조를 받아내야 한다.

7장

직장

무엇이 일이고 무엇이 아닌지 정확히 정의하기는 매우 어렵다. 특히 똑같은 작업을 두고도 사람마다 그것이 일에 해당하는지 아닌지 서로 다른 결론에 도달하기 때문이다. 그림을 그리는 사람을 생각해보자. 그들은 일하고 있는 것일까? 그들이 전업 예술가라면 분명 일하고 있다고 봐야 한다. 그러나 취미수단으로 작품활동을 즐기는 아마추어 예술가라면 일하고 있다고 보기 어렵다.

우리가 말하는 '일'이란?

흔히들 일이라 하면 유급, 노력, 가치 창출 중 적어도 하나 이상을 포함하는 것으로 규정한다. 하나씩 차례로 살펴보자. 돈을 위해 일한다는 생각은 우리 대부분에게 친숙하다. 대부분 경제학자들도 전통적으로 이 개념에 따라 일을 정의한다. 그러나 무급 인턴십에서 자원봉사, 가족 돌봄에 이르는 다양한 활동은 많은 사람들이 일이라고 생각하지만 경제학에서는 제외된다. 이러한 역할도 대체로 유급 노동과 별로 다를 바 없는 업무를 수행하고 그에 못지않은 가치를 창출한다. 그러므로 이러한 무급 노동을 일의 범주에서 제외하자면 마땅한 근거를 찾기가 어렵다.

그러면 일의 정의를 유급 노동에 국한하지 말고, 정신적 또는 육체적 노력이 필요한 활동으로 정의하면 어떨까? 그것도 완벽하게 맞지는 않는 것 같다. 조깅이나 젠가 게임도 정신적, 육체적 노력이 필요하지만 그것을 '일'이라고 부르는 사람은 거의 없다. 그리고 이 정의에 따르면 취업은 했어도 이런저런 이유로 업무에 열심히 노력하지 않는 사람들을 어떻게 취급해야 할까? 이런 경우는 드물지 않다. 예를 들어, 우간다에서는 교사의 27%가 학교에 결근하며, 전 세계적으로는 교사의 결근으로 초등학교 예산의 손실액이 최대 4분의 1에 달한다.

일을 정의하는 마지막 방법은 가치 창출 개념이다. 이 기준에 따르면 일은 무언가를 제공하여 다른 사람에게 이득을 주는 모든 행위다. 그러나 가치는 특히 시간이 지날수록 바뀌게 마련이므로 측정하기 어렵다. 우리가 타임머신을 타고 빈센트 반 고흐Vincent Van Gough와 동시대 사람을 만나 이야기를 나눈다고 상상해보자. 그들은 평생 단 한 점의 그림밖에 팔지 못한 것으로 유명한 고흐의 해바라기 작품이 세상에 아무 가치가 없으므로, 고흐가 생산적이고 제대로 된 다른 '일'을 찾는게 나을 것이라 말할 것이다. 하지만 오늘날 미술사학자 중 이러한 평가에 동의할 사람은 거의 없다.

노동시장

'노동'은 단순히 일의 다른 말이다(영국 노동당은 노동계급을 대변하는 정당이라는 데서 유래한 명칭이다). 노동시장은 노동력이 거래되는 곳이다. 취업은 곧 구직자의 시간과 능력을 돈(때로는 경력 쌓기, 혹은 그에 상응하는 그 밖의 대가)과 교환하는 것이다.

우리는 일을 통해 돈을 벌고, 세금을 내고, 그 외 여러 경제적 소비와 투자 행위를 할 수 있다. 그 결과로 사회의 대부분 재화와 서비스가 공급된다. 교사의 노동 없이는 교육이 불가능하고, 게임개발자와 공장 노동자의 노동 없이는 닌텐도 위Wii도 있을 수 없다.

부동산 시장이나 다른 시장과 마찬가지로, 경제학자들은 흔히 노동 시장에도 수요공급의 법칙을 적용한다. 잠깐 복습하자면, 수요는 사람들이 무엇을 얼마나 원하는지를, 공급은 그것이 시장에 얼마나 나와 있는지를 가리킨다. 둘 사이의 균형은 일반적으로 취업자 수와 그들이 지급받는 임금수준에 큰 영향을 미친다고 여겨진다. 이 문제는 나중에 자세히 다루겠다.

사람에 대한 투자: '인적 자본'

'자본'은 경제학에서 가치 있는 것을 설명할 때 사용하는 단어다. 자본의 종류에 돈만 있는 건 아니지만, 대개 돈을 가리킨다. 사람들은 돈을 벌거나 다른 가치물을 만들기 위해 사업, 집, 주식시장 등에 자본을 투자한다. 따라서 인적 자본은 인간 자체의 가치, 즉 기술, 재능, 노동력을 의미한다. 우리가 일을 한다는 것은 곧 우리라는 인적 자본이 다른 자본과 마찬가지로 더 가치 있는 재화와 서비스를 생산하기 위해 투자된나는 뜻이다.

우리는 교육, 훈련, 경험을 통해 기술을 향상하거나 새로운 기술을 배울 때마다 인적 자본을 키워나가는 셈이다. 그러면 우리는 향상된 인적 자본으로서 더 높은 연봉을 받거나 더 관심 있는 분야로 직업을 옮길 수 있기 때문에 대개 자신에게 이익이 된다. 그러나 숙련된 노동자일수록 더 생산적이므로 고용주와 경제 전체에도 이익이 된다. 따라서 기업과 정부는 전체 인적 자본을 향상하고자 교육, 훈련 프로그램에 투자한다.

물론 인적 자본이란 개념에 거부감을 느끼는 사람들도 있다. 인간을 끊임없이 업그레이드가 필요한 기계처럼 취급하는 인상을 주기 때문이다. 또한 교육과 경력을 생산성과 돈벌이의 수단으로만 생각하면 교육 자체의 가치를 과소평가할 것이라는 우려도 있다.

우리가 일하는 이유

뻔한 답은 '돈' 때문이다. 금수저 출신이 아닌 이상, 대부분 우리는 밥 먹고, 집세를 내고, 가끔 술 한잔하고, 그 외 갖고 싶은 것을 사기 위해 일종의 수입원을 확보해야 한다. 그러나 많은 사람들에게 일하는 이유는 돈이 전부가 아니다. 직업은 개인적 성취, 시민의 의무, 지위의 상징, 새로운 기술을 습득하거나 새로운 인연을 맺을 좋은 기회 등으로 작용하기도 한다!

물론 이 모든 조건을 충족하는 직업은 드물다. 그래서 많은 노동자들이 결국 상충관계(trade-off)에 맞닥뜨린다. 가령 어떤 고연봉 사업가는 세상에 긍정적인 변화를 일으키는 보람을 위해 급여가 대폭 깎이는 한이 있더라도 자선단체로 이직하겠다고 결정할 수 있다. 갓 자녀를 낳은 직원은 직장에서 확고한 입지를 다지기보다 일과 삶의 균형이 잘 보장되는 직업을 선택할 수 있다.

이러한 상충관계로 인해 경제학자와 정치인은 노동시장이 왜 현재 상태에 이르렀는지, 또는 실업 감소와 같은 정책 목표를 달성하는 과정에서 노동시장이 어떻게 변할 수 있는지 예측하는 데 어려움을 겪는다. 예를 들어, 경제학 이론에서는 국내 어떤 지역에 고소득 일자리가 많이 창출되면 다른 지역 실업자나 현 직장에 불만족스러운 노동자들이 기회를 노리고 이주할 것이라고 가정한다. 그러나 현실에서 대부분 사람들은 자신이 뿌리를 내린 지역사회에 머물고 싶어한다.

우리는 얼마나 일해야 할까?

경제학자들은 보통 이 질문을 시간과 돈을 비교하는 관점에서 다룬다. 한 사람이 시간당 노동의 대가로 얼마를 버는지 계산하고, 이를 그 시간만큼 여가를 포기한 '비용'으로 칭한다. 사람들은 한 시간 동안 일을 했다면 벌 수 있었을 10파운드, 혹은 20파운드, 100파운드를 포기하고 비디오게임을 하거나 좋은 책을 읽을 가치가 있는지 끊임없이 저울질한다는 가설이다. 이 논리에 따르면, 사람들은 더 많은 돈을 벌수록 더 많이 일하려 해야 정상이다. 여가를 보내는 시간만큼 곧 돈을 벌 기회를 놓치는 셈이기 때문이다.

취업 후 직장에서 일률적으로 정한 근무시간에 익숙한 우리 같은 사람에게는 다소 이상하게 들리는 이야기일지 모른다. 그러나 이처럼 경제 모델은 연구에 적합하게 단순화한 것이라서 현실 세계와 동떨어진 경우가 많다(이 단순화가 경제 현상을 일반화하기에 유용한 경험법칙을 제공하는지, 아니면 무시해도 좋을 만큼 지나치게 비현실적인지에 대해서는 의견이 분분하다).

일은 선택 사항일까?

슈퍼 모델 린다 에반젤리스타Linda Evangelista는 하루에 1만 달러 이상 벌지 못할 바에 그날은 차라리 잠이나 계속 자겠다고 말한 것으로 유명하다. 우리 대부분은 그렇게 말할 처지가 못 되지만, 특정 직업이나 금액 이하로는 절대 일하지 않겠다는 말은 종종 사람들 사이에서 들을 수 있다. 하지만 그나마 이런 말도 굶어 죽지 않기 위해 저임금 직종에서 일할 수밖에 없는 사람이 아니어야 할 수 있다. 실제로 저임금 직종 외에 선택지가 없는 노동자는 전 세계에 무수히 많다.

그러나 이 또한 결국 바뀔지 모르는 일이다. 오늘날 많은 국가에서는 실업자들도 기본적인 의식주와 일종의 소득을 보장받을 수 있도록 명시된 다양한 복지정책을 도입했다. 영국을 비롯한 많은 국가에서 아동, 노약자, 장애인 등 취약계층은 직업이 없어도 편안하게 살 수 있도록 사회가 보장해야 한다는 데 광범위하게 동의한다. 일부 사람들은 더 나아가 매년 모든 시민에게 조건 없이 소득을 제공하는 보편적 기본소득을 도입하자고 주장한다.

그러나 대부분 사람들은 건강한 성인이 스스로 일할지 말지 선택할 자유에는 엄밀한 한계가 있다고 생각한다. 영국 등지에서는 일자리를 구하기 싫어 실업수당을 남용하는 사람이 많다는 여론이 강하게 일면서 그들을 향한 많은 분노가 쏟아졌다. 최근 이러한 반발 추세에 대응하고자 정부는 실업수당을 줄이거나 더 엄격한 조건을 부여하기로 했다(수급 기간 중 구직활동 의무 포함). 이러한 정책을 지지하는 사람들은 대개 그것이 공정이라고 말한다. 일하기를 좋아하는 사람은 아무도 없는데, 왜 자신은 더 열심히 일해서 남들이 놀고 쉴 수 있게 해주는 돈에 보탬이 돼야 하느냐는 것이다.

이 문제를 경제적으로 해석하는 관점도 있다. 앞서 말했듯이 직업은 우리 경제의 많은 재화와 부를 생산하는 수단이고, 사람들이 생계를 유지하기 위한 수입원이며, 경제를 성장하게 하는 동력이다. 경제성장이 좋은 것이라는 생각에 동의하는 (실제 대부분의) 경제학자라면 항상 되도록 많은 사람이 많은 노동을 투입하기를 원할 것이다.

생산성은 투입 대비 산출량을 측정한 것이다. 투입물은 돈, 자원, 시간 등 무엇이든 될 수 있다. 산출물은 사과파이, 신발, 심리치료서비스와 같은 최종생산물을 말한다. 경제학자, 정부, 기업가는 흔히 생산성 향상, 즉 같거나 더 적은 투입량으로 더 많은 산출물을 얻는 방법 찾기에 몰두한다.

생산성은 임금과 밀접한 관련이 있다. 많은 경제이론을 뒷받침하는 가설 중 하나는 생산성과 임금이 함께 증가하고 감소한다는 것이다. 높은 생산성을 발휘하는 노동자는 더 많은 임금을 요구할 수 있고, 역으로 더 많은 임금도 생산성 향상을 독려하는 효과가 있다. 같은 맥락에서 생산성이 높을수록 기업의 이윤도 늘어난다. 그 이윤은 기업의 선호에 따라 다양한 용도의 자금으로 유입된다. 즉, 주주shareholder를 포함해 기업 소유주를 위한 배당부터 직원 급여 인상, 신규 채용, 근무조건 개선, 납세, 제품 가격 인하나 품질개선 등에까지 쓰일 수 있다. 이처럼 생산성은 일반적으로 유익하다는 통념이 널리 형성되어 있다.

미국 자동차 기업가인 헨리 포드Henry Ford는 흔히 현시대에 생산성을 향상한 일등공신으로 거론된다(또한 포드 자동차는 평범한 중산층을 겨냥한 최초의 모델로 알려져 있다). 포드의 생산성 향상 비결은 현대적 생산 라인을 처음 도입한 것이었다. 직원 한 명이 처음부터 자동차 전체를 만드는 것이 아니라, 제조공정의 작은 일부를 도맡았다. 이러한 기술 특화를 분업division of labour이라고 한다. 각자 한 가지 작업씩 담당하면 더 빨리 완성할 뿐 아니라(말하자면 작업의 행동반경이 작아진다), 기술도 훨씬 빨리 배울 수 있으므로 생산성이 향상한다는 것이다.

또 한편으로는 노동자가 출근해서 매일 사소하고 똑같은 일을 반복한다면, 금세 싫증나기 쉬울 뿐 아니라 회사에 대한 자신의 기여도를 체감하지 못해 인간 소외 현상을 겪게 될 수 있다. 그러면 노동자가 느끼는 삶의 만족도가 떨어짐은 물론, 고용주나 전반적인 회사 생산성에도 악영향을 미친다. 많은 연구에서 직원들의 불만족과 소외감이 생산성을 떨어뜨린다는 결과를 발표했다.

이 문제에 몇 가지 해결책이 가능하다. 첫째, 기업은 작업장의 생산성 향상에 따른 부작용을 임금 인상이나 복리 후생 개선과 같이 직원이 좋아할 다른 유인으로 상쇄할 수 있다. 둘째, 장시간의 지루한 작업을 불평하는 성가신 직원을 새로운 직원, 즉 로봇으로 대체하면 된다(물론 이는 직업을 잃게 될 인간에게는 썩 달갑지 않은 소식이다).

아마 가장 급진적인 해결책이 될 셋째는 생산성 극대화에 대한 집착을 내려놓는 것이다. 앞서 언급했듯이 경제학자들은 생산성 향상이 모든 사람이 즐길 거리가 더 많은(또는 더 가치 있는) 재화와 서비스를 창출하기 때문에 언제나 좋다고 믿는 경향이 있다. 예컨대 식량 생산 같은 경우에는 세계 인구 증가에 적절히 대처하기 위해 생산성을 높이는 것이 중요하다.

그러나 다다익선의 미덕에 반발하는 목소리가 거세지고 있다. 환경운동가들은 브레이크 없는 생산활동이 지구와 기후에 피해를 입히는 등 매우 심각한 결과를 초래한다고 지적한다. 반소비주의자들은 실제로 우리에게 물건이 끝없이 필요한 것은 아니므로, 기본적인 필요와 일부 욕구만 충족하는 선에서 다 같이 소비를 멈춰야 한다고 주장한다. 그들은 전 세계적으로 극심한 빈곤 인구가 여전히 많음을 인정하지만, 이 문제는 생산을 늘리기보다 기존 자원을 더 공정하게 나누면 해결될 수 있다고 생각한다.

임금: 우리의 가치

개인의 수입은 누가 결정할까? 대부분 답을 '우리 고용주'라고 떠올릴 것이다. 그러나 실제로는 그렇게 단순하지 않다. 강제 노역을 제외하면, 노동자는 (이론적으로나마) 자신이 벌어들이는 수입의 결정권이 **있다. 수고에 비해 버는 가치가 적다고 생각되는 일은 하지 않기로 결정할 수 있기 때문이다.**

정부도 종종 최저임금제minimum wage와 같은 규제를 정하여 임금에 개입한다. 그리고 주변의 모든 노동자도 각 일자리를 두고 얼마나 치열하게 경쟁하는지에 따라 급여에 영향을 미친다는 점에서 간접적으로 임금시장에 개입하는 셈이다.

실제로 수요와 공급이 임금에 영향을 미치는 방식에는 두 가지 유형이 있다. 첫번째는 생산 활동에 고용되는 노동자의 측면이다. 현재 제품 공급량보다 이 제품을 찾는 사람이 많다면(즉, 수요량이 많으면), 회사는 직원을 더 많이 고용하여 생산량을 늘리고 싶어한다. 그리고 공급량보다 수요량이 많으면 대개 매출의 호조好調로 더 많은 이윤이 남기 때문에 직원 임금도 더 오를 것이다.

그러나 이 문제에는 두번째 퍼즐 조각도 있다. 바로 고용주가 제공하는 일자리의 수와 그 일을 할 능력과 의지가 있는 구직자 수 사이의 균형이다. 여기서 경제학자들이 고용주와 피고용자 간의 수요와 공급을 논할 때 가정하는 두 가지를 짚고 넘어갈 필요가 있다. 첫째, 모든 고용주(즉, 노동시장의 수요자)는 특정 업무를 기준에 맞게 수행할 수 있는 인력에 최저액을 지급하고자 한다. 둘째, 모든 피고용자(즉, 노동시장의 공급자)는 자신의 노동을 제공한 대가로 가능한 한 최고액을 받고자 한다.

그렇다면 수요와 공급 중 어느 쪽이 우위에 있느냐에 따라 임금이 결정된다. 아마 희귀한 기술이 필요하거나 구직자들이 다른 직장을 선호한다는 이유 등으로 고용주가 필요 인력을 구하는 데 애를 먹고 있다면, 구직자를 유인하기 위해 임금을 인상해야 할 것이다. 반대로 같은 일자리를 노리는 구직자가 많다면(아마 주변에 일자리가 별로 없거나 해당 일자리가 특히 인기 직종이라는 이유 등으로), 고용주는 뽑아주기만 해도 감지덕지할 구직자가 적어도 한 명은 있을 테니 임금을 낮게 유지할 것이다.

이론적으로 수요와 공급은 언제나 균형을 이루어야 하므로 지나치게 높은 임금을 지급하는 고용주나 기본 생계비도 안 될 만큼 지나치게 적은 임금을 받는 노동자는 있을 수 없다. 예를 들어, 프로그래머의 임금이 상승하면 타 직종 종사자들이 프로그래머라는 직업에 관심을 갖기 시작한다. 그들이 덩달아 코딩을 배우고 직업을 바꾸면 프로그래머 공급이 늘어나고 임금은 낮아진다. 마찬가지로 프로그래머의 임금이 매우 낮으면 많은 스타트업 기업가는 코딩 인력을 저렴하게 구할 수 있으므로 이때를 기회 삼아 웹사이트를 구축해야겠다고 판단할 것이다. 그러면 수요가 늘어나 프로그래머의 임금이 다시 올라간다.

안타깝게도 현실은 좀더 복잡하다. 대부분 숙련 기술은 습득하기 어렵고, 연마하기까지 들어가는 시간과 비용이 어마어마하므로 많은 사람에게는 머나먼 일로 느껴진다(우리 대부분이 아무리 가창력을 키운다 해도 비욘세Beyoncé만큼 돈을 그러모을 보컬 실력은 가질 수 없다). 그리고 요즘 세상은 워낙 세계화되고 기술이 발전해서, 인건비에 부담을 느끼는 많은 기업이 직원을 기계로 교체하거나 저임금 국가에서 인력을 아웃소싱하는 실정이다.

"자, 우리가 왜 당신을 뽑아야 합니까?"

엄밀히 말하면 직업이 존재하는 이유는 사회가 필요로 하거나 원하는 것을 생산하기 위해서다. 따라서 일부 경제학자들은 이러한 생산 측면이 주로 임금의 기반이 된다고 말한다. 이것을 가리키는 그럴싸한 전문 용어를 노동의 한계 생산marginal product of labour이라고 한다.

이 개념은 회사가 물건을 계속 생산하고 그것이 사람들에게 소비되는 한, 추가로 생산되는 제품은 그만큼 매출과 이윤으로 직결된다는 것을 전제로 한다. 즉, 제품 한 단위를 추가로 생산하기 위해 드는 인건비가 그로 인해 얻을 수 있는 이윤을 초과하지 않는 한 신규 직원을 계속 고용해야 한다는 의미다. 동시에 인건비는 이 이윤보다 낮아서도 안 된다. 그러다간 더 많은 제품을 만들려는(그리고 더 많은 이윤을 챙기려는) 경쟁사에 모든 직원을 빼앗기는 불의의 일격을 당할 것이다.

이 이론에 가해지는 몇 가지 비판이 있다. 예를 들어, 흔히 경제학자들은 기업이 추가 생산물을 생산하는 족족 팔아낼 수 있을 뿐만 아니라, 사업 확장(또는 경쟁사 설립)에도 아무런 제약이 없다고 가정한다. 그러나 실제로는 온갖 종류의 구조적 제약이 존재한다. 필요한 기술을 갖춘 구직자를 충분히 찾지 못할 수도 있다. 아니면 새로운 직원을 구해도 그들이 업무를 수행하기에 필요한 설비나 공장, 기술 장비 등이 부족할 수도 있다. 예컨대 비행기 티켓 수요가 갑자기 우르르 몰리면, 항공사는 두 가지 요건을 충족해야만 티켓을 판매할 수 있다. 첫째, 조종사 필수 교육을 마친 인력을 더 많이 찾아야 한다. 둘째, 이 신규 조종사들이 운행할 새 비행기를 확보해야 한다.

게다가 각 업무가 실제로 가치를 얼마나 창출하는지 알아내기는 매우 어렵다. 많은 재화와 서비스는 다양한 사람들로 구성된 팀에 의해 생산되지만, 각 개인의 기여도가 어느 정도씩인지 정확히 할당하는 일은 거의 불가능하다. 특히 가치를 돈으로 평가할 수 없는 교육이나 건강, 행복과 같은 무형재라면 이 문제는 더욱 까다로워진다.

완전한 시장과 그렇지 못한 현실

이러한 모든 일반적인 노동시장이론은 현실과 맞지 않는 여러 가지 가설에 기반을 두고 있다. 첫째, 직원과 고용주는 주로 각자의 이익을 극대화하고자 한다. 둘째, 둘 다 항상 다른 노동자나 기업과 치열한 경쟁을 펼친다. 셋째, 어느 직장에서 급여가 얼마 지급되고 있는지에 대한 수많은 정보를 누구나 언제든 입수할 수 있다. 게다가 이론은 이러한 시장에 대한 개입이나 정부의 개입이 없다고 가정하는 경우가 많다.

이 추상적 설정(완전시장이라고 함)이 실제 직장에서의 여러 복잡한 면면을 담아내지 못하는 건 틀림없다. 하지만 경제의 작동 원리를 생각할 때 여전히 완전시장 개념이 대략적으로나마 유용한 지침을 제공하는지에 대해서는 의견이 분분하다.

임금 규제

대부분 국가에는 임금에 영향을 미치는 규제와 법률이 있다. 아마 최저 또는 최고임금제가 가장 대표적일 것이다. 그러나 노동조합과 노동권과 관련된 법규도 임금에 영향을 미칠 수 있다.

또한 정부는 조세제도를 통해 임금에 간접적인 영향을 미치기도 한다. 예를 들어, 고소득층에게 고율의 소득세를 부과하면 고소득층의 급여를 낮추는 효과가 있다. 정부가 소득에서 어느 정도의 초과분을 가져간다면, 직원들에게 임금 인상의 매력도가 떨어질 테고 고용주로서도 인재를 채용할 때 높은 연봉을 내세울 유인이 줄어들기 때문이다.

한편 저임금 직원이 많은 회사에 세금을 더 무겁게 부과하면 임금이 인상될지도 모른다. 버니 샌더스Bernie Sanders 미국 상원의원이 바로 이런 종류의 세금 도입을 추진한 바 있다. 그는 직원이 정부 지원을 추가로 받아야 할 만큼 불충분한 급여를 지급하는 기업에 더 높은 세금을 부과해야 한다고 주장했다(이 법안은 제프 베조스 전 아마존 CEO의 이름을 따서 다소 노골적으로 베조스법BEZOS Act이라고 불린다).

최저임금제

최저임금제는 노동의 대가에 지급해야 하는 (보통 시급 기준의) 법적 최저액을 정하는 법률로, 정부가 액수를 결정한다. 일부 기업이나 산업은 다른 데서 정하는 최저임금을 따르기도 하지만(영국의 생활임금living wage 캠페인이 좋은 예다), 법적 구속력은 없다.

최저임금제는 고용주뿐 아니라 직원에게도 제약을 가한다. 어떤 직업(대개 매우 인기 있는 특정 직업)을 특히 간절히 원하는 구직자가 남들보다 훨씬 저렴한 노동력을 제공함으로써 다른 구직자들을 경쟁에서 몰아내지 못하게 하기 위해서다.

최저임금제 지지자들은 최저임금이 개인과 전체 경제에 모두 이롭다고 주장한다. 모든 사람이 노동으로 최소한 기본적인 필요를 충족할 수 있도록 보장하기 때문이다(최저임금이 실제로 그 정도 효과가 있을 만큼 충분한 금액인지에 대해서는 논란이 뜨겁다). 그러나 또한 그들은 기업에서 창출된 부가 소유주의 손에만 축적되지 않고 사회에 분산되게 하는 것을 목표로 한다. 더 많은 사람의 주머니에 많은 돈이 들어가야 그만큼 여기저기에 돈을 쓸 수 있고(소비를 활성화하고 경제성장을 촉진한다), 정부도 저소득층을 위한 복지재원을 아낄 수 있다.

그러나 최저임금제가 도움이 되는지에 모두가 동의하는 것은 아니다. 어떤 사람들은 저숙련 직원의 인건비를 상승하게 하므로 기업이 직원 수를 감축하도록 부추긴다고 지적하기도 한다. 또한 중소기업과 스타트업으로서는 자금 사정이 더 어려워질 수 있다. 경쟁사가 줄거나 특정 기업만 몸집이 커지면, 판매자 간 경쟁이 약해진다. 주류 경제이론에 따르면 경쟁의 약화는 고객의 선택지를 줄어들게 하므로 제품 가격 상승으로 이어진다. 따라서 이는 저소득층의 생활비 부담을 가중하는 역효과를 초래한다.

정부의 주요 목표가 빈곤 감소라면 최저임금제를 대체할 수단도 있다. 예를 들어, 복리 후생을 개선하는 대안이 있다. 그렇게 하면 노동자의 삶의 질을 개선하기 위한 자금조달의 책임을 고용주 대신 납세자가 부담하게 된다. 이러한 제도는 일반 시민들에게 환영받지 못한다.

물론 기업도 하나의 납세 주체이므로, 이론적으로 정부는 법인세를 인상해 그 돈을 저임금 노동자를 위한 소득재분배에 쓸 수 있다. 이 제도는 갓 설립된 스타트업에는 비용을 낮추는 효과가 있을 것이다. 그러나 기업이 더욱 성장하고 이윤을 늘리기에는 걸림돌이 될 것이라는 견해도 있다. 그래서 많은 정부는 늘 해오던 대로, 최저임금을 인상하는 쪽을 선호한다. 또한 최저임금이 고용에 부정적인 영향을 미치지 않는 것으로 보인다는 대부분 연구 결과도 정부의 이런 결정에 힘을 실어주고 있다.

최고임금제

최저임금제의 정반대인 최고임금제는 노동의 대가로 받을 수 있는 최대 금액을 정하는 법률이다. 이는 최고임금 직원과 최저임금 직원 사이의 특정 비율로 계산되곤 한다. 예를 들어, CEO 급여가 말단 관리인 급여의 10배를 넘지 않게 하는 식이다. 그래도 특정 직무나 업종에서 가끔 찾을 수 있을 뿐, 최저임금제만큼 흔하거나 대중적이지는 않다. 예를 들어, 영국 하원의원은 매년 독립기구에서 결정하는 급여를 받는다.

최고임금제를 못마땅하게 바라보는 사람은 상당히 많다. 그들은 자기 노력으로 성공해서 얻은 혜택을 최대한 누리는 것을 정부가 막을 권리가 없다고 생각한다. 어떤 사람들은 전반적인 재산보다 임금 제한에 초점을 맞추면 부유층 출신이 아닌 사람들도 자수성가할 수 있는 길을 완전히 차단하여, 사회적 불평등을 더욱 악화할 것이라고 우려하기도 한다. 또한 기업가의 잠재 소득을 제한하면 그들이 혁신의 의욕을 상실할 것이라는 의견도 있다. 그러면 세계 최고의 기업이나 발명품, 기술이 탄생하기 어려워지고, 결국 이는 더 광범위한 소비자들에게 손해라는 얘기다.

그러나 일부 좌파 진영을 중심으로 국가 차원의 최고임금제에 대한 논의가 점점 거세지기 시작했다. 이 논리는 공정성을 중시하는 사고, 그리고 고소득층과 저소득층 간 격차가 지나치게 벌어지면 사회에 적개심이 만연해진다는 근거에 바탕을 두고 있다.

직장에서의 힘겨루기

고용주와 직원 중 누가 더 힘이 셀까?

이 관계에서는 각자 원하는 것이 일치하지 않을 때가 많다. 대부분 사람들은 가능한 한 적게 일하면서 많이 벌고 싶어한다. 반면 회사는 되도록 낮은 임금에 높은 생산성을 끌어올리고 싶어한다. 마찬가지로 병가, 유급 휴가, 널찍한 사무 공간, 고급 커피와 같이 직원들이 좋아하는 여러 복리 후생은 결국 고용주가 부담해야 할 비용이다. 따라서 종종 고용주와 직원은 양쪽에게 적합한 균형을 찾기 위해 협상해야 한다.

많은 사람들은 이러한 협상에서 직원에게 불리하게 판이 짜여 있다고 생각한다. 기업, 특히 대기업은 직원보다 더 풍부한 자원과 정보를 보유하고 있어 협상을 자기편에 유리하게 끌고 가는 경우가 많다. 그들은 변호사를 고용하여 사측에 유리한 고용계약서를 작성하고 이행하거나, 채용 지원자 중 최종 후보들의 희망 연봉을 비교하고 가장 낮은 연봉을 제시한 후보를 뽑을 수 있다. 그리고 로봇이 더 비용효율적이라면 점점 인간 노동자를 로봇과 다른 기계로 대체하기 시작할 것이다.

그러나 이 상황에서도 직원들은 힘을 발휘할 수 있다. 회사에 필요한 노동력을 제공하지 않는 방법도 그중 하나다. 훨씬 효과적인 방법으로는 집단 파업strike이 있다. 또한 요즘 같은 인터넷 플랫폼 시대엔 글래스도어Glassdoor, 트립어드바이저TripAdvisor 등에 다른 직원이나 고객에게 뜻밖의 사실을 폭로하는 글을 게시함으로써 회사의 평판을 손상할 수도 있다.

우리는 앞서 수요와 공급이론과 그것이 노동시장에 미치는 영향을 이야기했다. 수요와 공급은 노동자나 고용주가 각자 원하는 조건을 결정할 때, 상대방에 행사할 수 있는 힘의 크기에도 영향을 미친다. 실업률이 높으면 일자리를 얻기 위해 서로 경쟁하는 사람이 많고, 이미 취업한 사람들은 현재 직장을 잃으면 다른 직장을 구하기가 쉽지 않음을 알고 있다. 덕분에 고용주는 낮은 임금을 제시하거나 복리 후생을 삭감하더라도, 직원들이 대거 그만두어서 대체 직원을 구해야 할까 봐 걱정할 필요가 없다. 실업률이 낮을 때는 그 반대다.

숙련직이 대개 비숙련직보다 힘이 강하다

수요와 공급 논리를 향한 비판 중 하나는 모든 노동자가 모든 일자리를 왔다갔다할 수 있다고 지나치게 단순화한 가설이란 점이다. 현실에서는 일자리와 구직자가 얼마나 많은지보다는 구직자들의 기술과 일자리가 얼마나 잘 일치하는지가 더 중요하다. 자동차 정비소는 정비 기술이 없는 사람을 고용하지 않고, 병원은 의사 자격이 없는 사람을 채용해 진료를 맡길 수 없다.

직원이 임금과 근무조건에 관한 협상에서 행사할 수 있는 영향력은 해당 지역의 전반적인 고용수준보다는 그들과 같은 기술과 전문성을 보유한 구직자들이 외부에 얼마나 있느냐에 따라 달라진다. 분명 더 전문적이고 독보적인 기술을 보유한 직원일수록 회사는 그와 동등한 능력자를 구하기 어렵다. 게다가 경쟁기업도 그 직원에게 더 많은 특전을 약속하며 러브콜을 보내려 할 것이다.

바로 이 이유로 축구선수 리오넬 메시Lionel Messi는 당장 팀을 떠날 때 그를 대체할 선수들이 충분한데도 일주일에 약 100만 파운드에 가까운 연봉을 받을 수 있다. 메시처럼 골을 잘 넣고 승부사 기질이 있는 선수는 별로 없기 때문에, 구단주는 그를 계속 붙잡기 위해 기꺼이 거액을 지급할 것이다.

시장에 고용주가 적을수록 그들의 힘은 강해진다

경쟁이란 동종의 재화나 서비스를 판매하는 회사가 많아서, 소비자가 진정한 선택권을 누릴 수 있는 시장이 생겼음을 의미한다. 마찬가지로 노동시장에서 경쟁이 치열하다는 것은 구직자들이 어느 회사에 취업할지 선택할 수 있다는 뜻이다. 그렇다고 경쟁이 당연한 것은 아니다. 때로는 하나의 고용주가 전체 시장을 지배하기도 한다.

경제학에서는 이러한 상황을 수요 독점monopsony이라고 한다. '독점monopoly'의 오타처럼 보이겠지만 그렇지 않다. 헷갈리기 쉬운 철자만큼이나 두 용어의 의미도 비슷하다. 독점은 판매자가 하나뿐이라면, 수요 독점은 구매자가 하나뿐인 경우다. 여기서는 노동시장에서의 수요 독점을 다룬다.

같은 제품군을 취급하지만 기업이 소수에 불과해서 소비자와 노동자에게 충분한 선택권이 제공되지 못할 때 이를 과점이라고 한다. 수요 독점과 과점, 둘 다 구직자로서는 취업 선택지가 제한적이어서 회사가 내거는 조건을 받아들일 수밖에 없다. 따라서 노동자가 고용주보다 영향력을 행사하기에 불리한 편이다.

노동자들이 단결하고 힘을 키우는 노동조합

노동조합은 급여를 포함해 직원의 권리를 집단으로 협상하는 노동자 모임이다. 단일 회사 내에서 결성되기도 하지만, 특정 산업이나 전체 업종에 걸쳐 존재하기도 한다. 노동조합은 노동자 개인에게는 없는 다양한 강점을 가지고 있다. 그들은 한번에 다수의 입장을 대변하기 때문에 요구 사항이 받아들여질 때까지 일을 거부함으로써(즉, 파업에 돌입) 고용주에게 손실을 초래할 수 있다. 또한 취업에 절박한 개인이 서로 제 살 깎아 먹기식으로 저임금 경쟁에 뛰어들 경우 더 열악한 노동 환경이 조성되기 쉽지만, 노조의 존재는 이러한 유인을 제거한다.

1867년까지만 해도 불법이었던 노동조합은 오늘날에는 노동자의 기본적 권리로 여겨지는 많은 제도를 이끌어낸 공로를 인정받는다. 여기에는 안전한 근무 환경, 하루 8시간 근무, 아동노동 금지가 포함된다. 그들은 산업혁명과 같이 (대부분 지배층 출신으로 이루어진) 정부의 도움을 전혀 기대할 수 없었던 시기에 부유층과 노동계급 간의 지나친 양극화를 어느 정도 해소하는 데 일조했다.

대규모 노조는 여전히 힘의 균형추를 노동자 쪽으로 기울일 수 있다. 직원이 대거 일에서 손을 놓으면, 대부분 고용주는 워낙 커다란 경제적 타격을 입으므로 부랴부랴 협상 테이블로 나오려 하기 때문이다. 그리고 그동안 노조가 단체교섭을 진행하며 임금 인상과 복리 후생 개선을 이끌어낸 결과, 현재 전 세계의 무수한 사람들이 전보다 나은 삶을 살 수 있게 되었다.

그러나 노동조합에 대한 비판도 적지 않다. 그들은 조합원이라는 특정 집단의 이익을 다른 모든 사람들보다 우선시하므로 사회에 해를 끼치기도 한다. 예를 들어, 고용주가 한 불성실한 조합원을 해고하고 싶어도 그러기가 어려우므로, 일을 더 잘하는 비조합원이 일자리를 얻을 기회를 얻지 못할 수 있다. 실제로 고용주가 임금을 낮추기가 어려워지면, 기업은 고용 규모를 축소하고 인력을 기계로 대체함으로써 많은 사람들의 일자리를 잃게 할 수 있다.

파업은 고용주뿐 아니라 재화나 서비스를 이용하는 소비자들에게도 생활의 불편을 초래한다. 철도 기관사가 파업하면 직장인은 출퇴근할 수 없고, 청소 노동자가 파업하면 수거되지 않은 쓰레기가 나날이 거리에 쌓일 것이다.

더욱이 급여 인상과 휴가 일수 확대를 포함한 대부분 복리 후생은 고용주에게 비용이다. 비용 증가가 제품 가격 인상을 통해 소비자에게 전가된다면 생활비 부담이 특히 커지는 빈곤층이 가장 타격을 입기 쉽다. 그 비용이 이윤에서 빠져나가면 기업이 정부에 내는 세금이 줄어들고, 결과적으로 정부가 공공서비스에 지출하는 금액도 줄어들 것이다(그리고 물론 공공노조의 경우, 조합원의 임금 인상과 다른 재정지출 감소 간의 상관관계가 훨씬 크다).

노동자 세력을 위협하는 자동화

노동자들이 노동조합과 수요공급의 법칙에서 얻을 수 있는 이득은 고용주가 인간 직원을 필요로 한다는 가정에 상당히 의존하고 있다. 그러나 기술 발전과 자동화 automation 가 끊임없는 진행되는 요즘 세계에서 이러한 가정은 갈수록 흔들리고 있다.

고용주의 관점에서 로봇은 이점이 많다. 월급이나 휴가를 주지 않아도 된다. 피로나 싫증을 느끼지도, 동료와 떠들며 딴짓하지도 않는다. 또한 복잡한 계산에서 무거운 장비 나르기, 쉴 새 없는 단순 반복 작업에 이르기까지 모든 면에서 인간보다 훨씬 능하다. 이 이유로 인공지능과 자동화의 시대에는 노동자가 완전히 무력해지고, 어쩌면 아예 실직 상태로 내몰릴 것이라고 매우 우려하는 사람이 많다.

하지만 이 문제에는 이면이 있다. 특히 창의성을 요하는 일부 영역에서, 여전히 인간은 비싸고 걸핏하면 고장나는 로봇을 능가하거나 더 비용효율적으로 작업할 수 있다. 인간 직원은 대개 고객의 선호 면에서 이점이 있다. 예컨대 아무리 로봇 의사의 진료가 널리 보급된다 해도, 실제 인간 의사와 대면하고 싶은 환자들은 늘 있게 마련이다.

또한 인간이 어느 정도 업무에 관여해야 하는 한, 고용주에게는 직원을 잘 대우해야 할 두 가지 강력한 동기가 있다. 첫째는 경제학적 관점으로, 행복하고 건강하며 자기 일을 좋아하는 노동자가 일을 더 잘하는, 다시 말해 더 생산적인 경향이 있다는 것이다. 따라서 때로는 고용주가 직원의 급여 인상 등에 투자하는 편이 비용절감효과가 더 크기도 하다. 결국 직원이 양질의 제품을 더 많이 생산함으로써 보답할 테니 말이다. 둘째는 낙관론적 관점으로, 고용주도 결국 인간이기에 동기부여를 그저 이윤 극대화만으로 설명할 수 없다는 것이다. 아, 물론 잔인하고 돈밖에 모르는 고용주도 세상에 무수히 많다. 그러나 그저 옳은 일이라는 신념만으로 직원을 존중하고 급여를 넉넉히 주는 고용주도 얼마든지 많다.

결국 사람이 기업을 통제하고,
나아가 노동시장을 통제한다

로봇의 반란에 대한 우려와 달리 기업은 여전히 사람이 운영하고, 사람은 다양한 타인과 어울려 살아가는 사회적 존재다. 즉, 기업과 노동자가 궁극적으로 얼마나 많은 힘을 나눠 가질지는 우리 모두 하기 나름이다. 물론 다른 영역에서도 그렇듯, 노동시장에서 개인이 보유하는 힘은 균등하지 않은 경우가 많아서 한쪽이 다른 쪽보다 더 큰 영향력을 행사하게 마련이다. 그러나 개인이 뭉치면 집단이 되어 변화를 일으킬 힘이 커진다. 기업은 어쨌든 제품을 팔아야 하고, 소비자는 직원을 부당하게 대우한다고 생각하는 기업의 제품을 불매할 수 있다. 또한 기업은 정부의 규제를 따라야 하는 만큼, 시민들은 직장 괴롭힘을 단속하거나 로봇세를 인상하겠다고 공약하는 정치인에게 표를 줄 수 있다.

직장에서의 평등

이 모든 임금격차를 어떻게 해야 할까?

임금격차, 즉 임금 불평등wage inequality은 사람들이 같은 양의 일을 하고 다른 금액을 받는 경우를 말한다. 대부분 사람들은 다른 직업 간에, 혹은 같은 직업이라도 전문성의 수준에 따라 달리 평가되어야 한다고 생각하므로 임금 불평등을 원칙으로 받아들인다. 인턴보다 사장이 더 많은 급여를 받는 것에 대부분 사람들은 수긍한다. 거장 피아니스트가 교회 오르간 연주자보다 더 많은 보수를 받아야 한다는 주장에 대해서도 마찬가지다.

물론 '대부분 사람'이 그렇다는 뜻이지, 모두가 여기에 동의하는 것은 아니다. 공산주의자들은 하루 노동에 대해 받는 보상이 일의 종류에 따라 달라져서는 안 된다고 주장한다(또한 그들은 노동의 대가로 돈 대신 현물 지급을 주장하는 경향이 있지만 어쨌든 요점은 같다).

그러나 사람들 사이에서 더 흔한 정서는 부의 '엄청난' 불평등에 대한 거부감이다. 사장이 인턴보다 5배 더 많은 급여를 받는 건 이해해도, 50배는 너무하다고 생각할 사람이 있을 것이다. 하지만 이는 회사 내 소득계층에서 정확히 어느 위치에 있느냐에 따라 사람마다 견해차가 클 것이므로, 사회 전체적으로 임금 불평등이 어느 수준까지 수용 가능한지는 파악하기 어렵다.

임금 불평등을 억제하자는 주장의 근거는 둘 중 하나다. 첫번째는 부의 축적이 제로섬게임zero-sum game이라는 발상이다. 다시 말해, 누군가가 이득을 보려면 다른 누군가가 손해를 봐야 한다는 뜻이다. 요컨대 소수의 고소득층이 모든 부를 독차지한다면 저소득층의 수중에 들어갈 돈이 줄어들 것이다.

어떤 사람들에겐 이것이 불공정하고 경제적으로 비효율적으로 비칠 수 있다. 먼저 빈곤층이 부유층보다 여윳돈이 더 절실하다는 점에서 불공정하다. 경제적으로 비효율적이기도 한 이유는 소득수준 개선이 건강, 행복, 인적 자본 등 여러모로 빈곤층에게 더 중요한 변화를 가져올 수 있기 때문이다. 반면에 부유층은 이미 충분한 자원을 확보하고 있기에 알아서 이를 최대로 활용할 줄 안다.

임금 불평등에 반대하는 두번째 근거는 모든 인간은 기본적으로 동등하므로 가능한 한 평등하게 살아갈 권리가 있다는 생각에서 비롯된다. 고소득층의 생활수준이 나머지 사회와 완전히 동떨어지는 지경에 이르게 되면, 사회는 분열되고 분노와 소외감이 팽배해진다.

다른 한편으로는 임금 불평등에 어떤 조치도 취해서는 안 된다는 주장도 있다. 일부 사람들이 더 열심히 일하거나 단순히 남들보다 재능이 뛰어나서 생기는 불가피한 결과로 불평등이 발생한다고 보는 것이다. 이는 곧 우리가 부유층의 특권을 줄이려 한다면, 그들은 세계 최고의 경지에 오르겠다는 야망과 열정을 잃게 될 것이라는 논리와 같다.

이 주장의 핵심 근거는 성공한 소수가 나머지 다수를 간접적으로 이롭게 한다는 것이다. 스타트업을 창업해 자산 규모 10억 달러의 회사로 키워낸 기업가는 사람들의 삶의 질을 향상하는 제품을 생산하고, 무수한 일자리를 창출하며, 정부에 막대한 세금을 냄으로써 공공서비스 개선에도 기여했을 것이다. 이처럼 부유한 개인이 부유한 사회를 만든다는 개념을 경제의 낙수효과trickle-down economics라고 한다.

성별, 인종, 기타 사회집단 간의 임금격차

남성과 여성, 백인과 유색인종 등 특정 집단을 비교해 살펴보면 평균적으로 한 집단이 다른 집단보다 훨씬 많은 급여를 받는다는 것이 연구 결과를 통해 잘 입증되었다. 이런 일이 일어나는 한 가지 이유는 편향이다. 소수집단에 속해 있다는 이유만으로 사회적 소수자가 더 적은 임금을 받는 것을 불공정 임금unequal pay이라고 한다. 많은 사람들은 성별이나 피부색 때문에 자신의 가치가 저평가된다고 생각하면 상당히 언짢아한다. 그러므로 고용주들은 채용과 승진 심사 때 편향이 개입되지 않도록 많은 노력을 기울여왔다.

그러나 단순히 사회집단 간에 임금격차가 존재한다고 해서 그 자체로 불공정 임금은 아니라는 점에 유의해야 한다. 실제로 성별이나 인종 간 임금 불평등이 성차별이나 인종차별 때문은 전혀 아니라고 말하는 사람들이 많다.

임금격차는 대개 정확히 똑같은 직업에서 지급된 임금끼리 비교해서 도출하지 않는다. 대신 해당 사회 구성원의 모든 직업의 평균을 계산한다. 그러다보니 특정 집단이 특정 직업을 가질 가능성이 더 높다는 소위 직종분리occupational segregation에 영향을 받을 수 있다. 항공사를 예로 들어보자. 2018년 이지젯EasyJet의 조종사는 94%가 남성이었고, 승무원은 69%가 여성이었다. 조종사 연봉은 9만 2400파운드, 승무원은 2만 4800파운드다. 그러므로 이지젯은 성별 간 임금격차가 매우 큰 직장이지만, 여성 조종사와 남성 승무원을 다수 신규 채용하면 임금격차가 사라질 것이다.

그러나 직종분리에는 특정 사회집단이 특정 직업에 덜 종사하는 이유가 무엇이냐는 질문이 제기된다. 그 답이 중요하다. 여성이 그저 비행기 조종에 관심이 적거나 남성만큼 비행기 조종에 능하지 못하다면 이러한 항공사의 임금격차는 전혀 문제될 것이 없다. 내키지 않는 사람에게 그 일을 강요하거나 소질이 형편없는 사람을 고용해야 한다고 주장할 사람은 거의 없을 것이다. 그러나 성차별 문화 때문에 여성이 비행기를 조종할 수 없거나 조종해서는 안 된다고 많은 사람들이 '생각'하는 게 그 이유라면(실제로는 기회가 주어지면 충분히 잘할 수 있는데도) 이는 사회에서 해결되어야 할 문제일 것이다.

성별 임금격차의 또 한 가지 이유로는 여성이 남성보다 무급 돌봄노동을 할 가능성이 더 높아 직장을 그만두거나 파트타임으로 일할 수밖에 없는 경우가 많다는 점도 자주 꼽힌다. 이는 여성의 성격이 남성보다 평균적으로 더 '배려심 있는caring' 편이거나 자녀와 함께 집에 머무르려는 의향이 더 강하기 때문일 것이다. 그러나 또한 전통적인 성역할에 따라 남녀 중 누가 돌봄노동care work을 맡아야 하는지에 대한 사람들의 기대치가 굳어진 탓에 남녀 간 역할전환이 어려워졌기 때문일 수도 있다. 이에 대한 대표적 예가 육아휴직인데, 이는 대개 엄마에게 국한된다. 이성애자 커플 중 아빠가 육아휴직에 들어가면 금전적 손실이 더 크다.

대가를 받지 못하는 일

가장 비중이 크고 일반적인 무급 노동 형태는 가사housekeeping와 돌봄노동(아동, 노약자, 장애인 돌보기)이다. 그러나 그 외에 자원봉사자, 무급 인턴, 현대판 노예도 포함된다.

무급 노동이 정식 노동으로 간주될 수 있는지는 경제학자들 사이에서 논란거리다. 그러나 의심할 여지가 없는 한 가지 사실은 현재 이러한 유형의 직업에 종사하는 모든 사람이 갑자기 일을 그만둔다면, 그들의 공백이 대번에 티가 난다는 점이다. 사실 사회복지사, 요양보호사, 간호사, 자선단체 종사자, 전문 간병인 등이 무급 노동의 공백을 채우는 역할을 하고 있듯, 유급 돌봄노동의 수요가 무궁무진할 것은 거의 확실하다. 그러면 다음과 같은 질문이 생긴다. 우리는 무급 노동을 과소평가하고 있을까? 그렇다면 무급 노동에 대가를 지급하기 시작하면 어떻게 될까?

돌봄노동이 경제에 중요한 이유

우리는 모두 인생의 어느 시점부터 보살핌이 필요해진다. 특히 아주 어리거나 늙었을 때 그렇지만, 한창 일할 나이에 질병이나 장애로 어려움을 겪는 경우도 적지 않다. 마찬가지로 우리 중 대부분은 살면서 한 번씩은 무급 돌봄노동을 제공하는 경험도 하게 될 것이다(물론 유급 간병인도 있지만 이 단락에서는 무급 노동에만 초점을 맞출 것이다).

　순전히 거래적 관점에서 보면, 우리는 미래의 인력(즉, 현재의 아이들)을 사회에 배출하고 공급하는 한편, 직장을 잠시 떠나 있는 노동자를 다시 직장으로 돌려보내기 위해서도 돌봄노동이 필요하다. 그러나 그것보다 더 중요한 이유가 있다. 무급 돌봄노동은 사람들의 삶의 질을 향상시킨다. 아이들이 훌륭한 성인으로 자라도록 가르치고, 노인들이 요양원이 아닌 자가에서 계속 지낼 수 있게 한다. 인간의 보편적 필요를 충족하는 무급 돌봄노동이 없다면 우리 경제는 제대로 돌아가기 어려울 것이다.

돌봄노동을 '실제' 노동으로 취급하는 것이 왜 중요할까?

　경제학적, 사회 전반적 관점에서는 정식 취업에 해당하지 않는 노동을 과소평가하는 경향이 있다. 여러 영역에서 과소평가하는 만큼이나, 그에 따른 부작용도 여러 군데서 나타난다. 돌봄 노동자는 사회 전반에서 기여도를 제대로 인정받지 못하고 있어 좌절감과 소외감을 느끼기 쉽다. 유급 돌봄노동에는 '진정한' 직업적 기술이나 노력이 필요하지 않다는 듯한 프레임이 씌워져 급여가 낮게 형성되기도 쉽다. 그 결과 경제학자들도 대개 연구에서 돌봄노동을 눈여겨보지 않게 된다. 돌봄노동은 노동경제학 등에 비해 연구 주제로 매우 인기가 없을 뿐 아니라, 경제 현황을 측정하기 위한 여러 지표(예를 들어, GDP)에도 포함되지 않는다.

이 점이 특히 중요하다. 경제지표는 정치인, 언론, 유권자가 경제 내에서 어느 부문이 잘 돌아가고 어느 부문에 변화가 필요한지 확인할 때 참고하는 중요한 데이터 중 하나다. 여기에 무급 돌봄노동이 포함되지 않으면 그 일이 어떤 일이고, 전체 경제의 건전성에 얼마나 중요한지 아무도 알 수 없다. 그래서 지표만 봐서는 무급 노동과 노동자의 존재감을 놓치기 쉽다.

교체비용 접근법: 가상의 임금 계산

교체비용 접근법replacement cost method은 돌봄노동을 저평가하는 전통 경제학의 관점을 수정하기 위한 방법론이다. 아동이나 노약자를 돌보고 요리, 청소, 아이의 등교 준비 등 기본적인 집안일을 할 때 소요되는 시간을 측정한다. 그다음 이 모든 작업을 전문 돌봄 노동자가 수행했다면 보수가 얼마나 지급되었을 것인지 분석한다.

영국에서 교체비용 접근법을 적용한 결과, 무급 노동의 가치가 약 1조 파운드에 달하는 것으로 밝혀졌다. 이는 국가 GDP(재화와 서비스의 총가치)의 절반 이상을 차지한다.

자발적인 시간 제공

자원봉사자는 관심 있는 대의를 위해 무보수로 노동력을 제공함으로써 사회에 크게 공헌한다. 그들은 자선 부문의 주축이자, 이윤 극대화보다 윤리적, 사회적, 건강적, 환경적 목표에 전념하는 경제주체다. 비슷한 개념으로 변호사나 CEO 등 숙련된 전문가가 형편이 어려운 고객에게 전문 지식을 나눠주는 프로보노pro bono도 있다.

그러나 이 개념은 문제가 있다. 누구나 무료로 시간을 내어줄 여유가 있는 건 아니다. 따라서 자선단체나 기타 자원봉사 활동에 참여하는 사람들의 유형은 대개 비슷비슷하다. 즉, 은퇴했거나 일할 필요가 없어서 금전적, 시간적으로 여유로운 사람들이 주를 이룬다.

게다가 소수민족, 이민자, 노동계급 출신들은 이처럼 시간과 돈이 여유로운 계층에 속할 가능성이 유독 적다. 그러므로 특정 출신과 배경의 집단은 자원봉사에 발도 들이지 못하는 경우가 많다. 그러면 다양한 집단의 귀중한 통찰력, 그리고 자원봉사자와 지역사회 간의 가까운 유대관계를 기대하기 어렵다.

이것은 일종의 딜레마다. 자선단체가 정작 직원들에게 넉넉한 급여를 지급하면, 기부자들은 관리비와 간접비에 자기 돈을 '낭비'했다는 이유로 비난하기 일쑤다. 예를 들어, 원숭이 보호소에 기부한 사람들은 당연히 그 돈이 바나나나 그네 구입에 직접 쓰이기를 바랄 것이다. 그러나 자선단체가 직원들에게 충분한 급여를 지급하지 않는다면 가장 유능한 직원들은 다른 직장(아마 영리기업)으로 이직하려는 유혹을 받게 될 것이다. 그리고 인재들이 떠난 뒤에 그 자선단체는 원숭이를 돌보든 다른 어떤 일을 하든, 전만큼 효과적으로 수행하지 못할 것이다.

'경력' 쌓기

무급 인턴십에도 흔히 자원봉사에 반대하는 논거와 같은 논거가 적용된다. 즉, 무보수로 일해도 의식주를 해결할 여유가 있는 부유층에게 유리하다는 점이다. 인턴십은 흔히 고연봉 인기 직업에 진입하기 위한 디딤돌이란 점에서 특히 불공평하다. 결국 부유층 출신 구직자들은 사립학교를 나오고 과외활동을 하는 등 교육의 기회 면에서 더 유리하고, 성공한 가족, 친구 등 강력한 연줄에 의지할 수 있어 이미 출발선에서 우위를 확보할 수 있다.

2008년 금융위기 이후 (수요공급의 법칙에 따라) 무급 인턴이 크게 증가했다. 그러나 반발 여론이 만만치 않았고, 결국 영국 정부는 대부분 무급 인턴십을 금지했다. 요즘은 정규직과 비슷한 일(예를 들어, 정해진 시간에 출근하거나 주어진 업무를 수행하는 등)에 대해서는 그에 상응하는 최저임금을 지급해야 한다.

요즘도 노예제도가 있을까?

안타깝게도 그렇다. UN의 추정에 따르면 현재 전 세계적으로 폭력이나 협박을 통해 강제로 노동하는 사람들이 약 2100만 명에 이른다. 이는 영국 인구의 약 3분의 1에 맞먹는 수준이다. UN은 인신매매나 채무 탕감 외에도 가사, 아동 노동자 중 (대부분은 아니지만) 최악의 형태를 노예로 간주한다.

세계 대부분 국가에서 노예제도는 형식상 불법화되었다. 그러나 실제로는 단속 인력이 부족하거나 당국이 노예 매매업자들에게서 뇌물을 받기 때문에 결국 노예로 전락하기 쉬운 취약계층을 구출하지 못하거나 수수방관하는 경우가 많다. 더구나 많은 수의 노예가 불법 이민자이기 때문에, 미국에 있는 노예에 대한 공식기록도 존재하지 않는다. 또한 노예들은 불법 이민자로 단속되는 것을 두려워하므로 자진신고를 꺼리기 쉽다.

노예제도는 하나의 산업으로서 수십억 파운드의 가치를 창출하고 막대한 양의 제품을 생산한다. 그중 여러분도 자신도 모르게 일부 소비에 가담했을지 모른다. 따라서 이는 추악하긴 해도 부정할 수 없는 경제의 한 부분이다. 노예제를 뿌리 뽑으려면 범죄 현장을 적발하는 것은 물론, 노예 소유주를 엄중하게 처벌하고 업자(및 소비자)에게 노예 공급망을 최대한 차단하도록 압박함으로써 노예 거래 행위의 인센티브를 제거해야 한다.

실업: 직업(과 무직)의 세계

누가 실업자로 분류될까?

직업이 없는 사람이라고 대답하기 쉽겠지만, 사실 꼭 그렇지만은 않다. 일반적으로 정치인이나 경제학자가 통계에서 인용하는 실업자란 "적극적으로 구직활동을 하고" 있음에도 직업이 없는 사람들의 수를 가리킨다.

생각해보면 이 접근방식은 일리가 있다. 현재 영국에서 16세 미만 인구가 총인구의 5분의 1에 가깝고, 은퇴 연령을 넘어선 인구도 비슷한 비율이다. 분명 그들은 대부분 직업이 없다. 그리고 수많은 대학생, 훈련생, 공백기 배낭여행족, 전업주부, 유한계급의 신사 숙녀들은 현재 의도적으로 취업하지 않겠다고 선택한 사람들이다.

이 사람들을 모두 전체 실업률 수치에 포함하면 데이터가 지나치게 왜곡되어 실제로 노동시장에 뛰어들려는 사람들에게 노동시장의 현황을 제대로 설명하지 못할 것이다. 구직자들에게 현재 시장에 양질의 일자리가 충분한지, 그리고 그렇지 않다면 정부가 이를 해결하기 위해 어떤 정책을 시행하고 있는지는 대부분 사람들이 경제에서 흔히 궁금해하는 정보이기 때문에 더욱 적절한 노동시장 데이터가 필요하다.

그러나 대부분의 실업률에는 일하고 싶어도 오랫동안 일을 찾지 못해 구직을 단념한 성인이 포함되지 않는다. 이들은 기술이 부족하거나 고용주에게 차별받는 집단에 몰려 있을 가능성이 높다. 장애인, 만성 질환자(정신질환 포함), 전과자 등이 모두 여기에 해당하는 흔한 예다. 일각에서는 실업률 통계에 이러한 실망 실업자discouraged worker를 포함하지 않으면 정부나 당국이 이들을 간과하기 쉽다는 견해도 있다.

실업의 원인

실업의 원인에는 여러 가지가 있지만, 경제학자들은 크게 다섯 가지를 강조한다.

경기순환적 실업

경제 전체의 호황과 불황을 따라가는 실업률을 말한다. 경기가 매우 좋을 때는 창업이 활발해지고 물건도 잘 팔린다. 그러니 각 기업도 직원을 더 많이 고용할 수밖에 없다. 대신 경기가 어려울 때는 기업이 수지 타산을 맞추기 위해 분투하므로 직원을 감축한다.

마찰적 실업

해고, 계약만료, 이주 등의 이유로 실업자가 된 사람은 항상 적합한 조건을 찾고 지원과 면접 준비를 하느라 새 직장을 구하기까지 다소 시간이 걸린다. 즉, 아무리 일자리가 충분해도 누구나 이직 과정에서 얼마간 실업 상태에 놓이는 것은 전 세계의 공통점이다. 마찰적 실업은 다른 유형의 실업과 달리 심각한 문제로 간주되지 않는다.

체제적 실업

이 이론은 일정 수준의 실업이 자본주의 체제의 고질적 특징이라고 주장한다. 노동자들은 기본 생계비도 감당하지 못할까 봐 걱정할 지경에 이르면 고된 저임금 노동을 받아들일 수밖에 없을 테고, 이것이 기업에 막대한 이윤을 창출한다는 것이다.

정치적 실업

체제적 실업과 마찬가지로 특정 집단을 겨냥해 실업의 책임을 돌리는 입장이다. 대신 기업이 아닌 노동조합(임금인상)과 정부(실업수당)를 원흉으로 지목한다. 노동조합과 정부가 임금을 인위적으로 높게 설정해 실업을 발생시킨다는 주장이다. 즉, 수요공급의 법칙에 따라 노동 가격이 떨어져야 할 상황에서도 그러지 못하게 막기 때문이다.

구조적 실업

구조적 실업은 구직자들의 기술과 고용주가 필요로 하는 기술이 일치하지 않아 발생하는 실업을 말한다. 이는 대개 기술의 발전 등의 이유로 특정 분야의 전문 기술이 갑자기 쓸모없게 될 때 나타난다. 하지만 임금이나 노동 관련법이 제정 및 개정되면서 갑자기 인건비 부담이 커졌다든지, 사람들의 전반적인 정서와 취향이 크게 바뀌어 해당 재화와 서비스에 수요가 줄었기 때문일 수도 있다.

경제 불안정으로 이어지는 구조적 실업

구조적 실업은 종종 경제의 안정에 중대한 위협으로 간주된다. 주로 한꺼번에 수많은 노동자에게 영향을 미치는 데다가, 이들이 새로운 직업으로 옮겨가는 일은 어렵고 비용이 많이 든다. 이에 대응하려면 재교육을 받거나 거주지를 옮겨야 하겠지만, 그러기를 꺼리는 사람도 있다.

이러한 문제 때문에 구조적 실업으로 실직한 노동자는 오랫동안 일을 구하기 어렵다. 수년 이상 열심히 일하고 나서 생계수단을 잃었다는 생각에 분통을 터뜨리는 사람도 있을 것이다. 그리고 해당 직종이 특정 지역에 집중되었다면, 통상 구조적 실업은 지역 전체를 쇠퇴하게 할 수 있다. 지역 상점과 기업에 돈을 쓰던 노동자의 구매력이 한꺼번에 급감하기 때문이다. 실제로 영국 북부의 많은 도시에서 대부분 제조업이 해외로 아웃소싱된 후 이런 현상이 발생했다.

그러나 장기적으로 젊은 노동자들이 사양산업을 기피하고 새로운 직업에 적합한 기술을 배우기 때문에 대개 경제는 구조적 실업의 파장에서 제법 잘 회복된다. 이러한 구조조정은 수요가 많은 부문으로 노동력(또는 설비)을 이동시켜 생산량을 늘리는 효과가 있으므로 대량 실직에 의한 고통보다 사회에 가져오는 이익이 더 크다는 주장도 있다. 물론 생계수단과 나아가 정체성까지 잃게 된 실직 당사자들은 이 주장에 동의하지 않을 것이다.

경제학자들이 종종 '이상적' 실업률을 논하는 이유

이상적 실업수준ideal level of unemployment이란 개념은 누구나 일할 수 있을 만큼 일자리가 충분하다면 아무도 자기 일을 지켜야 한다는 압박감을 느끼지 않으리라는 발상에 근거한다. 그렇다면 해고되어도 금방 다른 직장으로 옮기면 그만일 것이다. 따라서 지각하거나, 일이 지겹다고 딴청 피우거나, 고객에게 불친절하게 행동하는 직원이 늘어날 수 있다. 결과적으로 생산성과 사업성장이 저하될 것이며, 이는 흔히 경제학에서 부정적인 현상으로 간주된다.

물론 이 이론은 모든 사람이 실업을 충분히 두려워할 때만 일을 열심히 한다고 가정에서 비롯된다. 하지만 이에 대해 인간은 양심이 있다거나, 자기 일이 더 나은 세상을 만든다고 믿거나, 자기 직장이나 직업이 즐겁다는 이유 등으로도 일을 열심히 한다는 반론이 가능하다. 어쨌든 내일 당장 다른 직장을 구할 수 있다고 해서 전 직장만큼 좋은 동료를 만나거나 재미있는 업무를 맡거나 통근시간이 짧아진다는 보장은 없으니 말이다.

8장

돈

돈이란 무엇인가. 우리는 모두 돈이 필요하고, 대부분 더 많은 돈을 원하며, 혹자는 돈이 아예 존재하지 않았더라면 좋았겠다고 생각한다. 하지만 정작 돈이 어떻게 작동하는지 제대로 이해하는 사람은 드물다. 돈이 돈 역할을 하기 위한 조건은 무엇일까? 2008년 금융위기 같은 경제위기에서 금융시스템은 어떤 역할을 할까? 그리고 우리는 조만간 비트코인으로 청구서를 지불할 날을 맞이하게 될까?

화폐 이야기: 동전, 지폐, 화면에 표시되는 숫자

누구나 돈이 앞에 있으면 그것이 돈이란 건 알지만, 왜 돈으로 통용되는지는 선뜻 답을 떠올리기 어렵다. 돈이 시간과 장소에 따라 다양한 형태를 취해왔다는 점도 그 이유 중 하나다. 우리는 대부분 돈이라 하면 동전과 지폐를 떠올린다. 그러나 과거에는 조개껍데기, 담배, 가축들도 모두 돈으로 사용된 적이 있다. 그리고 오늘날 많은 사람들에게 돈이란 대개 ATM이나 인터넷뱅킹 화면에 표시되는 숫자의 형태를 취한다.

화폐의 본래 의미

돈의 형태는 무엇이든 될 수 있지만, 먼저 거래 당사자끼리 그것이 돈으로서 가치가 있다는 합의가 이뤄져야 한다. 따지고 보면 현재 화폐로 통용되는 둥근 금속조각, 다양한 색깔의 직사각형 종이, 전자 기기에 표시된 숫자열은 사실 그 자체로 고유한 가치가 있지 않다. 돈을 들고만 있다고 저절로 의식주가 해결되지 않는다. 돈에 가치가 있는 이유는 단지 많은 사람들이 가치를 부여하기로 하는 사회적 합의가 있었기 때문이다.

이와 같은 (많은 경제학적 가설의 토대가 되는) '사회계약'이 제대로 성립되려면 돈에 부여된 가치를 정부, 은행, 기타 금융기관이 보증하고, 동시에 대부분 시민들이 이들 기관을 신뢰할 수 있어야 한다. 이 두 조건 중 하나라도 빠지면 그 돈은 금세 가치의 대부분 또는 전부를 잃게 된다. 그러면 해당 돈으로 월급을 받거나 식량과 생필품을 사오던 사람들은 치명타를 입는다.

화폐의 용도

확실한 용도는 '물건 구매'다. 그러나 실제로는 그 외의 다른 기능도 있다. 사실 경제학에서는 화폐의 주요 기능으로 세 가지를 꼽는다.

교환의 매개체

방금 언급한 '물건 구매'가 여기 해당한다. 돈이 있으면 크루아상에서 이혼 전문 변호사의 상담에 이르기까지 우리가 원하는 재화와 서비스로 교환할 수 있다. 화폐가 교환 목적에 유일하게 적합한 이유는 돈에 교환가치가 있다고 누구나 똑같이 인식하기 때문이다. 10파운드 지폐는 제빵사에게도 변호사에게도 똑같이 쓸모 있다.* 두 사람 모두 10파운드 상당의 원하는 다른 재화나 서비스와 교환할 수 있기 때문이다.

회계의 단위

매우 다양한 품목에 같은 표준 단위를 적용하여 가격을 책정할 수 있는 기능을 말한다(즉, 각각 몇 파운드, 몇 펜스의 가치가 있다). 예컨대 우리가 한 시간 노동한 대가를 집세나 빵 한 덩이 값과 비교할 수 있게 해준다.

가치저장의 수단

돈은 일반적으로 미래를 위해 부의 일부를 안전하게 따로 비축하는 수단이다. 다른 물건에 비해 닳거나 부서질 염려가 없고, 오랜 시간이 지나도 통용되기 때문에 지금 더 많은 돈을 모으면(예를 들어, 초과근무

---

* 그러나 돈이 많아질수록 단위당 가치가 떨어진다는 주장이 있다. 이를 수확 체감diminishing return의 법칙이라고 한다. 돈을 많이 버는 사람일수록 추가 소득당 더 많은 세금이 부과되어야 한다는 주장에서 주로 제시되는 논거 중 하나다.

등을 통해) 미래에 필요할 때(예를 들어, 여행 경비나 집 보증금을 마련하기 위해) 쓸 수 있다고 확신할 수 있다. 이러한 화폐의 가치저장 기능은 인플레이션으로 화폐가치가 하락할 때 문제가 된다.

화폐 없는 경제

때로 사람들은 돈을 매개체로 사용하는 대신 재화와 서비스를 직접 물물교환한다. 학교 친구들과 스티커나 유희왕 카드를 교환한 적이 있다면 이러한 원리를 직접 경험해본 셈이다. 물물교환에는 두 당사자가 서로 원하는 것을 가지고 있다는 전제가 필요한데, 그렇지 않을 때가 많아서 한계가 있다. 이혼 전문 변호사는 자신의 서비스를 제빵사의 뺑오쇼콜라로 기꺼이 교환하려 하겠지만, 제빵사가 현재 행복한 결혼 생활을 하고 있다면 이 거래는 성사되지 않을 것이다.

화폐의 역사

돈의 개념이 실제로 어디에서 비롯되었는지에 대해 서로 다른 두 가지 역사관이 있다. 첫째, 앞서 언급한 물물교환의 문제를 해결하기 위해 자연스럽게 생겨났다는 것이다. 둘째, 통치자들이 관료 봉급, 세금, 벌금을 계산하고, 부채를 청산하기 위한 회계 단위가 필요하다고 인식하면서 생겨났다는 것이다.

이 두 가지 역사관에서 흥미로운 점은 경제학의 중심에 있는 쟁점을 반영한다는 것이다. 경제체제는 다양한 개인과 기업(즉, 시장)의 개별적인 결정으로 저절로 생겨났을까? 아니면 정부나 다른 통치자(즉, 국가)의 개입을 필요로 했을까? 10장에서 설명하겠지만, 이 둘 사이의 경계를 흑백논리처럼 나누는 걸로는 현실을 제대로 설명할 수 없다. 정답은 시장과 정부가 둘 다 경제체제에 영향을 미친다는 것이다.

화폐는 누가 발행할까?

동전과 지폐 같은 물리적 화폐를 말하자면 답은 정부다. 정부는 금속과 종이로 화폐를 제조하고, 일련번호와 위인의 초상화를 찍어 시중에 유통한다. 그 돈은 은행으로 흘러가, 우리가 인출할 때 우리 손으로 들어온다. 정부가 아닌 다른 주체가 동전과 지폐를 발행하면 불법이다.

그러나 이 현금은 세상에 존재하는 모든 돈의 극히 일부, 즉 실제로는 약 8%를 차지할 뿐이다. 나머지 92%는 디지털 화폐다. 그리고 그 돈의 대부분은 사실 은행이 대출을 제공하는 과정에서 생성된다. 아직 잘 모르겠다고? 지금부터 자세히 알아보자.

여러분이 은행에서 1만 파운드를 빌린다고 상상해보자. 가까운 은행에 가서 서류 가방에 현금을 가득 채워올 생각은 (보기엔 멋져도) 하지 않을 것이다. 대신 은행은 예금을 전산화하여 관리한다. 그러므로 여러분이 대출을 받은 후 은행 계좌를 확인하면 화면상 1만 파운드가 더 늘어나 있을 것이다.

이 돈은 아무 상점에나 들어가 사용하거나 ATM에서 인출할 수 있다는 점에서 '실물real'이다. 그러나 대출이 승인되면 은행 직원이 금고에 가서 동전과 지폐를 10만 달러어치 꺼내 대출 고객의 이름이 적힌 공간에 보관하는 것은 아니므로 실물이 아니라고 볼 수도 있다. 대신 사람이나 알고리즘이 컴퓨터에 프로그래밍한 숫자를 통해 돈이 들어온다. 정부는 은행이 대출할 수 있는 돈(즉, 은행이 창출 가능한 통화)에 상한선을 둘 수 있지만 일반적으로 이 기준은 그다지 엄격하지 않은 편이다.

화폐 창출이 중요한 이유

흥미롭게도 전통 경제학에서는 화폐와 화폐 창출을 그다지 주목하지 않았다. 과거에는 많은 학자들이 화폐의 중립성the neutrality of money이라는 이론에 동의했다. 이는 한 경제 내에서 통화량이 물가에는 영향을 미쳐도, 일자리와 임금 같은 그 외 주요 변수에는 영향을 미치지 않는다는 것이다.

최근 이 이론은 집중적인 재검토 대상이 되었다. 이제 많은 경제학자들은 통화량이 경기 침체 가능성이나 경제성장의 규모 등에 영향을 미친다는 것을 알고 있다. 그 결과 정부가 통화량에 어디까지 개입할 수 있는지, 그리고 은행이 화폐 창출에 지나친 권한을 행사하고 있지는 않은지 논쟁이 이어졌다.

정부에게는 통화량을 조절하고자 할 때 몇 가지 선택 사항이 있다. 먼저 은행이 대출해줄 수 있는 금액, 즉 은행이 창출하는 통화량의 한도를 높이거나 낮출 수 있다. 이러한 금리 조정에 따라 개인과 기업이 받고자 하는 대출액이 달라진다(금리가 높을수록 차용인은 원금에 더해 더 많은 이자를 갚아야 하므로 대출받으려는 유인이 떨어진다). 통화량을 늘리는 방법으로는 양적 완화도 있다(나중에 자세히 설명하겠다).

은행의 대출한도는 통상 정부에 의해 결정되지만, 각국 중앙은행(잠시 후 후술하겠다)의 정책으로 정해지기도 한다. 과거에는 중앙은행이 정부의 직접 통제를 받았지만, 오늘날에는 대부분 국가에서 독립 기관이 되었다. 나아가 정부가 중앙은행에 지나치게 개입하지 못하도록 명시적으로 규정한 국가도 많다. 선거를 앞두고 여당의 지지도를 끌어올리기 위한 정치적 목적으로 돈을 푸는 것을 막자는 취지였다. 은행의 대출한도를 변경하는 경우에도 정부가 손을 쓰는 데는 한계가 있다. 즉, 대출한도를 아무리 높여도 은행에 대출을 확대하도록 강요할 순 없다. 대출이 남발되면 정부는 대출을 억제하도록 강하게 압박하겠지만, 은행은 여전히 정부 규제를 우회할 방법을 찾으려는 유인이 강하다.

따라서 정부와 은행 사이에는 종종 갈등이 발생하고, 특히 통화량 증감을 놓고 완전히 상반된 입장으로 갈등이 격화되곤 한다. 불경기에는 많은 기업과 실업자가 어려움을 겪으므로 통상 정부가 통화량을 늘리고자 한다. 그래야 기업이 대출을 받아 직원을 계속 고용하고 급여를 지급할 수 있어, 실업 문제의 악화를 막을 수 있다. 현금이 부족한 개인도 대출을 받아 기업이 생산하는 물건을 계속 살 수 있으니, 기업들의 줄도산을 막을 수 있다. 그러나 은행의 관점에서 형편이 어려운 개인과 기업에 돈을 빌려주는 일은 상환을 장담할 수 없다는 점에서 손해 보기 십상인 사업이다.

마찬가지로 경기가 호황이고 개인과 기업이 대출을 잘 갚는 시기에는 은행이 가능한 한 많은 대출을 제공하려 한다. 결국 은행은 대출 이자가 수입원이다. 그러나 정부는 통화량이 늘어날수록 물가 상승으로 이어질까 걱정될 것이다. 이를 인플레이션이라 하며, 기본적으로 돈의 가치가 떨어지는 현상이다. 이때 채무자 부담은 줄어들지만, 만일의 사태에 대비해 돈을 비축하려는 예금자의 저축 가치도 떨어진다. 민간 부문에 부채가 대폭 증가하는 가운데 소득 증가(소득으로 부채를 상환해야 한다)가 그 속도를 따라잡지 못해도 문제가 된다. 경기가 급격히 나빠지고 소득마저 급감하면 많은 채무자들이 빚 갚기에 어려움을 겪을 것이다.

따라서 은행의 구조화 금융방식은 호황을 침체로, 침체를 불황으로 몰아넣을 가능성이 있다. **일각에서는 정부가 은행의 통화량 창출을 충분히 통제하지 못하는 것이 경제에 호황과 불황의 널뛰기를 일으키는 핵심 요인이라고 우려하기도 한다.** 이러한 변동성은 다수의 평범한 시민들에게 해를 끼칠 수 있다.

현금 없는 사회로 가야 할까?

오늘날 디지털 화폐는 우리 돈의 대부분을 차지하게 된 것에 그치지 않는다. 통화시스템이 작동하는 방식까지 근본적으로 바꿔놓았다. 무엇보다 디지털 화폐는 실물 화폐를 주고받을 필요 없이 두 당사자 간에 즉시 전송할 수 있다.

덕분에 많은 사람의 생활이 편리해졌다. 이를테면 침대 밑에 돈을 보관했다가 평생 모은 돈을 화재나 강도로 순식간에 잃을 걱정을 하지 않아도 된다. 또한 갑자기 비상금이 필요할 때 오랜 시간 기다릴 필요도 없고, 전 세계 어디로든 쉽게 돈을 부칠 수 있다. 이러한 송금remittance은 본국의 가족과 친구에게 돈을 자주 보내야 하는 이주 노동자들에게 특히 중요하다. 또한 송금은 많은 노동자가 외국에 이주해 있는 개발도상국의 전체 경제에 특히 중요하다. 예를 들어, 키르기스스탄에서는 송금이 GDP의 3분의 1 이상을 차지한다.

그러나 특정 집단에는 디지털 화폐의 사용이 몇 가지 제약을 몰고 온다. 기업은 대개 고객이 디지털 화폐로 결제할 때마다 수수료가 빠져나가는데, 특히 소규모 기업에는 부담이 될 수 있다(그래도 장기적으로 보면 현금결제방식보다 비용이 절감된다는 의견도 있다. 은행을 방문하거나 금고에 돈을 저장할 필요가 없기 때문이다). 디지털 화폐를 쓰려면 은행 계좌, 직불카드, 때로는 인터넷 연결망과 같은 인프라가 필요한데, 이들은 빈곤층과 취약계층일수록 접근하기 어렵다.

또한 직불카드와 신용카드로 지불하면 심리적으로 '실제' 돈을 쓰는 듯한 느낌이 들지 않으므로 과소비할 가능성이 더 높다는 우려도 있다. 그리고 디지털 화폐가 해커의 공격, 정부의 폭정, 대규모 정전에 취약하다는 특성은 향후 심각한 문제로 이어질 수 있다.

브릭스턴 파운드, 미국 달러, 비트코인: 통화란 무엇일까?

세계 각지마다 다양한 형태의 돈이 통용된다. 이를 통화currency라고 한다. 일반적으로 각국에는 자국 통화가 있지만 그렇지 않은 국가도 있다.

간혹 다른 국가의 통화를 채택하기로 결정한 국가도 있다. 예를 들어, 에콰도르와 바하마는 미국 달러를 사용한다. 일부 국가는 자기들끼리 뭉쳐 새로운 단일통화를 생성하는데, 유로가 가장 대표적이다(이를 통화동맹currency union이라고 한다). 단일 도시나 지역에서만 통용되는 지역 통화도 가능하다. 런던의 지역 화폐인 브릭스턴 파운드와 볼티모어의 비노트BNote가 그 예다. 이러한 지역 화폐는 보통 국가 화폐와 맞교환될 수 있다. 디지털 통화(가장 유명하게는 비트코인)도 점점 대중화되는 추세다.

국가마다 통화가 다른 이유는?

특히 요즘같이 세계화된 세상에서 국가마다 다른 통화는 여러모로 불편을 초래한다. 전 세계인이 똑같은 통화를 사용했다면 해외여행을 가거나 물건을 수입할 때마다 복잡한 환율 계산에 시달릴 필요가 없었을 것이다.

반대로 국가마다 다른 통화가 바람직하다는 주장의 근거 중 하나는 그 지역의 소비를 활성화할 수 있다는 것이다. 이러한 특징은 특히 지역 상점이나 현지 생산물에만 사용할 수 있는 지역 화폐의 타당성을 강력하게 뒷받침한다.

또한 자국 통화를 두고 있는 국가는 정부가 국내에서 통화량을 훨씬 자주적으로 통제할 수 있다. 즉, 원하면 더 많은 돈을 찍어낼 수 있다. 또한 평가절하를 단행하기도 하는데, 이는 의도적으로 자국 통화의 가치를 다른 통화보다 떨어뜨리는 것을 의미한다. 그러면 국민은 수입품을 더 비싸게(국민의 국산품 소비를 유도해 자국 기업의 매출 신장을 돕는다), 외국인은 수출품을 더 저렴하게(외국인의 수출품 소비를 유도해 자국 기업의 매출 신장을 돕는다) 구매하므로 경기부양효과를 기대할 수 있다.

왜 어떤 국가끼리는 공통 통화를 사용할까?

어떤 국가들은 연합이나 동맹을 형성해 공통 통화를 함께 쓰기로 결정하기도 한다. EU 국가 중 유로를 사용하는 국가들의 집합인 유로존이 아마 가장 유명한 예일 것이다. 같은 통화를 사용하면 권역 전체에서 더 쉽게 돈을 쓰고 벌 수 있으며, 이는 EU의 목표인 자유이동과 자유무역 정신에 부합한다. 대신 각국의 정부와 중앙은행이 국내 통화량 조절에 많은 영향력을 행사하기가 어려워진다. 그러면 자국의 경기 침체와 불황에 대처하기가 곤란할 것이다.

또 한편으로는 한 국가가 자국 통화보다 더 믿음직하거나 안정적인 다른 국가의 기존 통화를 채택하기로 결정하기도 한다(그러면 환율 변동이나 높은 인플레이션에 영향을 받지 않는다). 현재 가장 흔히 사용되는 통화는 미국 달러다. 통화동맹과 마찬가지로, 타국 통화를 사용하면 정부는 임금, 물가 등 중요한 경제 변수에 영향을 미치는 화폐가치를 관리할 권한을 잃게 된다. 다만 통화동맹과 다른 점은 채택된 통화를 발행하는 본국이 자신들의 통화정책이나 재정정책(2장 참고)이 해당 통화를 사용하는 타국 국민들에게 미치는 영향까지는 별로 고려하지 않는다는 것이다.

법정 화폐

법정 화폐 fiat currency, fiat money 는 돈 자체에 가치가 있다는 사실이 아니라, 그 돈에 가치를 부여하자는 사회적 합의에서 가치를 얻게 된 통화를 말한다. 50파운드짜리 지폐는 엄밀히 말하면 별 가치 없는 종잇조각에 불과하다. 하지만 이 돈은 정부가 50파운드의 가치가 있다고 공인했고, 기업과 개인도 이에 동의했다는 점에서 모노폴리 게임용 종이돈과 차이가 있다. 오늘날 우리가 사용하는 돈은 거의 다 법정 화폐다.

법정 화폐의 반대는 실물 화폐

실물 화폐 commodity currency 는 사회에서 더이상 화폐로 쓰이지 않게 되더라도 여전히 본연의 쓸모나 가치를 지니는 것이다. 예컨대 귀금속, 소금, 담배는 모두 과거에 화폐로 사용된 적 있다. 실물 화폐는 지금보다 예전에 훨씬 빈번히 사용되었다. 법정 화폐는 금본위제가 쇠퇴한 후 새로운 표준이 된, 비교적 역사가 짧은 발명품이다.

금본위제

금본위제gold standard는 말 그대로 금을 통화로 사용하거나 통화를 일정량의 금으로 언제든 교환할 수 있는 제도를 말한다. 그만큼 든든하고 믿음직한 통화제도였기에, 20세기까지 전 세계에서 매우 일반적이었다. 대개 금은 시간이 지나도 가치를 잃지 않는데다가, 정부지출을 제한하는 장점도 있었다. 금은 한정된 자원이기 때문에, 정부는 많은 금광을 점유하고 있지 않은 한 보유한 금만큼만 돈을 창출할 수 있다.

공교롭게도 그것이 결국 금본위제가 폐기된 이유이기도 하다(영국은 1931년, 미국은 1971년에 금본위제를 폐기했다). 각국 정부는 세계대전을 치르고 복지제도를 대대적으로 도입하는 등의 이유로 거액의 자금을 조달해야 했다. 법정 화폐를 사용하면 원하는 만큼 찍어내면 되었다. 게다가 20세기 들어 경제가 전례 없는 속도로 급성장했다. 결국 새로 창출된 이 모든 부를 금과 교환하기엔 전 세계의 금 부존량이 충분하지 않았다.

통화 스와프

환율은 한 통화를 다른 통화로 교환할 수 있는 비율이다. 자국 통화가 통용되지 않는 다른 국가의 물건을 사고자 할 때 이를 해결할 수 있는 수단으로, 해외여행자나 수입업자에게 유용하다.

미국이 금본위제를 포기하기 전까지 대부분 국가에서는 달러 가치를 금 가치에 묶어두는 고정환율제fixed exchange rates를 따르고 있었다. 파운드, 엔, 프랑은 항상 달러당 일정액만큼의 가치가 있었고, 다시 달러는 금 한 단위당 일정액만큼의 가치가 있었다. 환율은 국제사회의 승인 없이 마음대로 바꿀 수 없다.

금본위제는 단순하고 안정적이었다. 그러나 미국이 금본위제를 포기한 직후, 달러를 지탱하는 고유 '가치'가 사라지면서 무너졌다. 대부분 국가는 수요공급의 법칙 또는 특정 시점의 통화 수요에 따라 수시로 환율이 변하는 변동환율제floating exchange rates로 전환했다. 한 국가의 통화는 찾는 사람이 많을수록 수요가 늘어난다. 예컨대 많은 외국인이 그 나라로 여행하고 싶어하거나, 거기서 많은 물품을 사려 하거나, 정세 불안으로 자국의 통화가치가 떨어질 경우를 대비해 해당 국가의 통화를 많이 비축하기 원할 때 통화 수요는 늘어난다. 그리고 금융시장에서의 거래 포지션에 따라 가치가 오를 수도 있다.

돈으로 베팅하던 시대는 지났다! 이제는 돈에 베팅한다

변동환율제는 통화의 '가격'에 큰 변동을 일으킬 수 있다. 이는 해외에서 물건을 많이 구매하는 개인과 기업에 문제가 된다. 그들은 미래의 특정 날짜에 제품 가격이 얼마가 될지 불확실하므로, 지금 소비자가격을 얼마로 매겨놓을지 판단하기 어렵다. 이 문제를 해결하기 위해 금융시장에서는 통화 파생 상품currency derivatives이라는 것이 개발되었다. 이는 두 당사자가 현재의 실질환율이 얼마이든 상관없이 미래에 특정 환율로 두 통화를 교환하기로 합의하는 계약이다.

이는 많은 기업이 안심할 수 있는 조치이지만 동시에 투자자들에게는 도박 기회로 작용한다. 예컨대 현재 1파운드가 1달러의 가치가 있지만 몇 달 후 2달러로 가치가 오른다고 확신하는 투자자를 가정해보자. 그는 석 달 후 달러당 1파운드 환율로 100만 파운드어치를 주겠다고 약속하는 사람과 통화 파생 상품 계약을 맺을 것이다. 그의 판단이 옳았다면, 그때 100만 파운드를 받아 실제 환율로 환전했을 때 돈을 200만 달러로 두 배 늘릴 수 있다.

게다가 환율은 아무렇게나 변동하지 않는다. 브렉시트나 전쟁과 같은 세계적 대사건에 반응하고, 결국 이러한 사건들은 정치적 결정의 영향을 받는다. 이는 부유층과 지배층들이 원자재 파생 상품 등의 투자에서 확률을 자신에게 유리하게 가져갈 수 있다는 우려를 자아낸다.

돈의 미래

흔히 우리는 돈에 의존하며 생활하고 있지만, 돈이 부를 저장하고 이전하는 가장 좋은 시스템이라는 생각에 모두가 동의하는 것은 아니다.

어떤 사람들은 돈 자체보다 금융 인프라가 문제라고 생각한다. 현재 돈의 형태가 절도에 취약하다는 비판도 있고, 잘못된 개인이나 정부에 의해 관리된다는 비판도 있다. 그러나 돈이라는 개념 자체를 문제

삼는 견해도 존재한다. 그들은 돈이 불평등에서 빈곤, 대중의 이기심에 이르기까지 모든 악의 근원이라고 믿는다.

당연히 이 두 진영은 미래의 화폐제도를 업그레이드하는 방법을 매우 다르게 생각하고 있다. 첫번째 그룹과 가장 밀접하게 관련된 아이디어는 암호 화폐다. 두번째 그룹은 타임뱅크와 같은 지역 교환 거래 시스템을 자주 언급한다.

암호 화폐

비트코인이 대표적인 암호 화폐는 순전히 가상 자산으로, 정부나 중앙은행과 같은 당국이 통제하지 않는다. 이 이유로 국가가 개인의 거래에 관여하는 권한이 축소되어야 한다고 믿는 사람들에게 특히 호응을 얻고 있다. 그러나 범죄에 연루되기 쉽고(사용자를 식별하기 어렵게 설계되었기 때문에), 금이나 정부의 통제 같은 암묵적 방패막이가 없는 만큼 가치의 등락이 심해서 많은 비판을 받아왔다.

타임뱅크

타임뱅크time bank는 이름에서 알 수 있듯이 시간을 거래하는 시스템이다. 특정 시간만큼 일하면 시간을 '벌고', 그 시간을 다른 사람의 작업시간을 사용하는 데 '소비'할 수 있다. 실생활에서 타임뱅크가 시도된 예를 보면, 두 시간의 저숙련 작업을 고숙련 작업의 30분으로 바꾸는 식이 아니라 시간당 작업에 모두 동등한 가치를 매기는 경향이 있다.

지지자들은 타임뱅크 시스템이 부의 불평등을 해소하고 돌봄노동처럼 중요하면서도 저평가된 노동에 접근하는 관점을 바꿀 수 있다고 기대한다. 그러나 어떤 일을 훌륭히 수행했다 해서 더 큰 보상을 주는 시스템은 아니므로, 사람들이 교육과 훈련으로 기술을 연마하려는 동기부여에 도움이 되지 않는다고 우려하는 목소리도 있다.

모든 사람의 돈이 모인 금융시스템

금융시스템이란 무엇일까?

금융시스템은 돈을 저축하거나 벌고자 하는 개인과 기업에서 돈을 빌리거나 쓰려는 개인과 기업으로 자금이 흘러가게 하는 통로다. 이는 주택 구매부터 공장 건설, 학자금대출에 이르기까지 모든 필요 자금이 누구 손에 들어가는지를 결정하는 경제의 강력한 원동력이다.

금융시스템은 경제에서 볼 수 있는 다른 시장과 매우 흡사하다. 금융시장에서도 재화와 서비스를 판매한다(예를 들어, 돈을 보관하는 시간이나 장소를 돈 받고 파는 셈이다). 그러나 돈을 주고 돈을 구매한다는 점에서 결국 금융시장은 거래의 '수단'과 대상이 일치하는, 완전히 새로운 차원의 추상성을 띠는 시장이다. 이 점은 당연히 혼란을 일으키고, 때로는 혼돈까지 초래한다.

금융시스템은 누가 통제할까?

금융시스템은 하나의 커다란 동질적 완전체가 아니다. 개인, 은행, 기업, 금융회사 등의 무수한 행동과 결정이 합쳐진 총체다. 금융시스템은 경제에서 워낙 역할이 막중하므로, 일반적으로 정부는 금융계의 행동과 결정을 규제한다. 그러나 때로는 이러한 규제로도 2008년 금융위기2008 financial crash와 같이 금융시스템의 붕괴를 막기에 역부족이다.

2008년 금융위기

금융위기는 한마디로 금융시스템의 붕괴로, 자금이 이전처럼 원활히 움직이지 못하는 상황을 말한다. 2008년 금융위기의 정확한 원인에 대해서는 여전히 다소 견해차가 있다. 하지만 금융업에 대한 정부의 규제가 부족했고 상환능력이 좋지 않은 개인과 기업에 지나치게 대출이 남발되었다는 것이 일반적인 공감대다(이는 특히 '서브프라임 subprime(비우량)'이라는 모기지 상품의 폭탄 돌리기가 원흉이었다. 이 상품은 신용 등급이 낮은 차용인에게 제공되어, 대출이 완전히 상환되지 않을 위험이 비교적 컸다).

한 가지 확실한 사실은 이 사건으로 전 세계의 많은 사람이 엄청난 고통을 겪었다는 것이다. 우리 경제의 워낙 큰 부분이 금융시스템에 의존하고 있기 때문이다. 가령 우리는 은행에 저축하고, 대출을 받아 집을 사고, 주식시장에 상장된 직장에 다니고, 연기금에 불입해 노후를 준비한다. 위기 이후 전 세계 정부는 다시는 이런 일이 발생하지 않도록 여러 금융 규제를 새로 도입했다. 이 새로운 규제는 은행 업무 중 위험한 업무를 분리해, 은행이 기존의 더 안전한 업무에 전념할 수 있게 하자는 취지였다. 또한 은행의 조직문화를 바꾸고, 위험선호를 낮추며, 만약의 사태 때 은행이 자체적으로 책임을 지게 하는 효과를 기대했다. 그러나 일부 경제학자들은 이러한 변화가 수박 겉핥기에 불과해서 미래에 또다른 위기를 막지는 못할 것이라고 지적한다.

금융시장

금융시장은 주식, 채권, 파생 상품 등 금융 상품이 거래되는 곳이다.

주식	각 주주에게 분산된 회사의 소유권 지분이다. 시장에서 그 회사가 얼마나 가치 있게 평가되느냐에 따라 가격이 오르내린다. 통상 주주는 회사 이윤의 일부를 배당으로 지급받고, 중요한 결정 사안에 의결권을 얻는다.
채권	쉽게 말해 회사나 정부가 돈이 필요할 때 대출을 위해 발행하는 증서다. 대개 채권 보유자는 투자한 원금에 이자를 합쳐 지급받는다.

파생 상품	거래 당사자가 특정 날짜에 특정 상품을 얼마만큼의 금액으로 매매하기로 약정하는 계약이다. 판매자로서는 미래의 어느 시점에 상품 가격이 급락할 가능성에 대비할 수 있고, 구매자에게는 가격이 상승할 위험을 줄이는 방법이다.

사람들이 금융시장에 뛰어드는 이유는 여러 가지가 있지만, 어떤 금융 상품의 가치가 앞으로 어떻게 변할지 재주껏 예측하고(혹은 운에 맡기고) 이에 베팅함으로써 이익을 얻으려는 목적이 대개 가장 큰 이유다.

금리의 의미

금리(이자)는 돈을 빌릴 때 지불하는 수수료, 또는 돈을 빌려준 대가로 얻는 보상이다. 보통 월이나 연 단위로, 대출액이나 청구액 대비 백분율로 계산된다.

금리에는 원금에만 붙는 이자를 뜻하는 단리가 있다. 그리고 복리는 이자가 부과될 때마다 다음번 갚아야 할 원리금에 추가되는 형태다. 신용카드는 일반적으로 복리이자가 부과된다. 예금 계좌도 마찬가지다. 즉, 저축할 돈만 있으면 별다른 노력을 들이지 않고도 부를 늘릴 수 있다.

경제학자들은 금리의 용도를 크게 두 가지로 나눈다. 첫째, 사람들이 경제 내에서 (대출을 주고받음으로써) 돈을 순환하도록 자극한다. 둘째, 인플레이션(물가 상승)을 통제하는 수단으로 사용된다. 금리가 오르면 물가 상승률이 낮아지고, 금리가 떨어지면 물가 상승률이 높아진다는 게 경제학적 지론이다.

왜냐하면 금리는 우리가 돈을 쓰고 모으는 액수에 영향을 미치기 때문이다. 금리가 높으면 저축이 유리하고 대출은 불리해지므로 지출이 줄어든다. 금리가 낮으면 그 반대가 된다. 문제는 현재 전 세계 많은 국가에서 금리와 물가 상승률이 '둘 다' 낮다는 것이다. 경제학자들도 그 이유를 명확하게 밝히지 못하고 있다.

이론적으로 대출기관이 금리를 결정한다. 여러 은행에 예금 계좌나 신용카드를 사용하고 있는 사람이라면 대부분 금리에 차이가 있음을 알 것이다. 은행은 이 금리를 이용자들의 구미를 당기는 선에서(더 많은 대출 거래를 성사시킬 수 있도록) 최대한의 수익을 끌어내게끔 정하려 노력한다. 그러므로 그들은 경쟁사(다른 은행)가 금리를 어떻게 정하는지도 살펴야 한다.

그러나 대부분 금리에 아주 중요한 영향력을 행사하는 주체는 중앙은행이다. 그들은 국가나 관할 지역의 통화량을 관리하는 임무를 맡는다. 중앙은행은 자국에 가장 적합하다고 생각하는 목표 금리를 설정한다. 그 금리가 곧 시중은행이 중앙은행을 포함한 다른 은행에서 돈을 빌리거나 빌려줄 때 적용되는 이자율이다.

중앙은행이 금리를 높은 수준으로 올리면, 시중은행은 타 은행에 대출해 거둬들인 이자 수익을 예금 상품에 반영하여 예금 고객을 유인할 수 있다. 반대로 중앙은행이 금리를 내리면, 대개 은행은 고객에게 제공하는 금리도 낮춰서 수지 타산을 맞추려 한다.

금리는 여윳돈을 쥐고 있는 사람이 급전이 필요한 다른 사람에게 빌려주도록 동기를 부여하는 최적의 도구로 여겨져왔다. 대부분 경제학자는 이러한 거래가 경제와 사회 전반에 유익하다고 생각한다. 예를 들어, 번뜩이는 제품 아이디어가 있지만 자금이 부족한 사업가가 대출을 받아 창업하면, 많은 일자리를 창출하고 많은 세금을 내고 많은 소비자가 좋아하는 제품을 생산할 수 있으므로 사회 전체를 이롭게 한다.

그러나 요즘에는 대출을 촉진하기 위해 여전히 금리라는 인센티브가 필요하냐는 문제가 대두되고 있다. 결국 우리는 대부분 은행에서 돈을 빌리고, 은행은 마음만 먹으면 신용을 창출해 더 많은 돈을 빌려줄 수 있다. 게다가 금리정책에는 많은 단점이 있다. 개인과 기업이 부채의 덫에 더 깊이 빠져들 수 있으며, 이는 정리해고, 압류, 그 외 여러 역효과로 이어질 수 있다.

금리를 변경하면 경제주체의 행동이 바뀐다. 금리가 높으면 채권자와 예금자가 유리하므로 누구나 대출을 주거나 저축하려는 유인에 이끌린다. 금리가 낮으면 대출받고 지출하는 비용이 저렴해지므로 그 반대가 된다. 이러한 경제주체의 행동이 곧 경제 전반에 파급효과를 미치기 때문에, 정부는 이들의 행동을 조정하기 위해 촉각을 곤두세운다. 정부가 중앙은행의 힘을 빌려 금리에 개입하려 하거나 때로는 금리 조정을 강행한다는 뉴스가 자주 들리는 것은 바로 이런 이유에서다.

인플레이션과 그것이 물건값에 미치는 영향

상점에 파는 모든 물건에 부착된 가격표에는 실제로 여러 가지 요인이 영향을 미친다. 수요공급의 법칙은 그중 하나일 뿐이다. 판매세와 규제 등 정부정책도 또 하나의 요인이지만, 특히 인플레이션inflation이 빠질 수 없다.

인플레이션은 물가가 오르는 현상이다. 통상 경제학자들이 말하는 인플레이션은 거의 모든 품목의 가격이 동시에 상승하는 전반적인 인플레이션을 가리키는 것이다(물가가 하락하면 디플레이션deflation이라고 한다).

물건값이 오른다: 인플레이션의 원인

경제학자에게 인플레이션의 원인이 뭐냐고 묻는다면, 상당수가 뭐라고 콕 집을 수 없다고 인정할 것이다. 한 가지 지배적 이론은 정부가 새 화폐를 지나치게 발행한다는 등의 이유로 시중에 돈이 많이 풀리면 인플레이션이 발생한다는 것이다. 사람들은 수중에 돈이 많아질수록 재화나 서비스를 더 많이 구입하기 때문이다. 통화량이 재화나 서비스 공급량보다 훨씬 빠르게 증가하면, 수요공급의 법칙상 소비자들은 같은 제품이라도 훨씬 많은 돈을 기꺼이 지불하고자 하므로 물가가 상승한다.

많은 사람들이 이 이론을 들어 정부나 중앙은행의 화폐 발행을 반대한다. 대개 임금 인상보다 물가 상승 속도가 더 빠른 편이어서, 사람들은 전보다 형편이 상당히 어려워졌다고 체감하게 된다. 하이퍼인플레이션hyperinflation(극심한 인플레이션)은 2000년대 짐바브웨와 최근 베네수엘라 등지에서 끔찍한 결과를 초래했다.

그러나 시중에 많은 돈이 풀린다고 해서 무조건 인플레이션이 발생하지는 않는다는 견해도 있다. 2008년 금융위기 이후 영란은행은 양적 완화를 통해 많은 돈을 풀었지만 물가 상승률은 매우 낮은 수준에 머물렀다. 그 이유에 대해서는 의견이 분분하다. 일부 경제학자들은 금융시장에서 양적 완화가 진행되는 동안, 재화와 서비스라는 '실물'시장은 이에 동요되지 않아 물가가 영향을 받지 않았기 때문이라고 생각한다. 다른 의견으로는 창출된 화폐가 투자금으로 들어가 경제성장을 촉진하는 한 인플레이션을 일으키지 않을 것이라는 주장도 있다. 어쨌든 더 많은 재화와 서비스가 생산된 후 수요와 공급 균형이 재조정되면, 물가는 그만큼 오르지 않으면서 여전히 유통되는 돈은 더 많을 것이란 얘기다.

은행이 하는 일

어떤 유형의 은행이냐에 따라 은행이 하는 일도 다르다. 은행에는 일반은행, 프라이빗 뱅크, 투자은행, 중앙은행 이렇게 네 종류가 있다.

일반은행은 보통 시내에서 찾을 수 있는 시중은행으로, 아마 누구나 계좌 하나쯤 개설해놓고 있을 것이다. 주된 역할은 돈을 빌리고 빌려주는 것이다. 예금자가 월급을 받아 은행 계좌에 입금하면 이는 사실상 남에게 돈을 빌려주는 셈이다. 그래서 은행은 통상 고객의 예금에 이자를 지급한다. 고객의 돈은 모든 은행 업무에 쓰일 자금줄 역할을 한다.

우리는 은행에 돈을 '보관'한다고 생각하기 쉽지만 엄밀히 말하면 사실이 아니다. 은행은 〈해리 포터Harry Potter〉 시리즈에 나오는 그린고트 은행 같은 개별 금고에 예금을 보관하지 않는다. 대신 고객이 원하면 언제든 예금을 현금으로 돌려주겠다고 약속하는 증서를 발행한다. 보통 이 약속은 정부가 보증하며, 은행이 파산할 경우 고객에게 (최대 얼마까지) 돈을 돌려줄 것이다.

일반은행은 예금 고객에게 지불하는 이자보다 대출 고객에게 더 높은 이자를 부과하여 이익을 얻는다. 이를 예대 금리차interest rate differential라고 한다. 또한 고객에게 부과하는 수수료와 이용료도 수익원이 된다.

프라이빗 뱅크는 일반은행과 유사한 서비스를 제공하되 매우 부유한 고객들만 대상으로 한다. 예금 계좌, 부동산담보대출과 함께 자산 관리에 관한 조언과 상품을 제공하여 고객의 자산 축적을 돕는다.

투자은행은 무슨 일을 하며, 차이점은 무엇일까?

프라이빗 뱅크와 마찬가지로 투자은행도 주로 부유층 고객의 목돈을 취급하며, 보통 금융시장에 투자해 더욱 큰돈으로 불리는 것이 목적이다. 대신 그들은 개인이 아닌 기업, 정부기관과 거래하며 예금 계좌 개설과 같은 '일반'은행 업무는 제공하지 않는다. 또한 회사의 증권거래소 상장과 같은 대형 비즈니스 거래를 재정적 측면에서 지원한다.

은행으로서는 일반은행 업무와 프라이빗 뱅킹이 수익성은 덜해도 더 안전한 방법이다. 반대로 투자은행은 고위험 고수익 업무를 수행한다. 따라서 어떤 은행은 두 업무를 병행한다. 투자 업무가 좋은 성과를 낸다면 그 수익으로 일반은행 업무를 보완하면 된다. 그러나 예기치 않게 투자 성과가 좋지 않으면 예금과 개인 고객을 포함해 일반 업무 운영이 위험에 빠질 수 있다. 바로 2008년 금융위기 때 이런 일이 발생했다. 이 때문에 영국을 비롯한 몇몇 국가에서는 정부가 은행에 구제금융을 제공하고 고객 예금을 보호하기 위해 나서야 했다. 그 이후로 각국 정부는 같은 일이 재발하지 않도록 은행의 일반 업무와 투자 업무를 분리하는 규제를 도입했다.

중앙은행은 무엇이며, 왜 경제에 중요할까?

중앙은행은 국가(또는 국가연합)에서 운영하는 국립은행이다. 주요 목표는 고인플레이션이나 디플레이션으로 인한 지나친 물가 등락으로부터 금융시스템을 안정적으로 지키는 것이다. 또한 경제성장을 유지하고 실업률을 낮추기 위해 노력한다. 영국을 포함한 대부분 국가에서는 현 정권과 독립적으로 운영된다. 정부가 선거에서 이길 심산으로, 당장 인기를 끌 순 있어도 장기적으로 경제에 피해를 줄 수 있는 정책을 남용하지 못하게 하기 위해서다. 반면에 민주주의 절차로 선출되지 않은 권력기관이 우리 삶을 지배하는 것을 탐탁지 않아 하는 사람들도 있다.

중앙은행은 네 가지 주요 기능을 수행한다. 첫째, 통화정책을 담당한다. 둘째, 정부지출의 재원을 조달하기 위해 국채government bond를 매입한다. 셋째, 다양한 금융 규제를 시행한다. 넷째, 다른 은행에 돈을 빌려주는 은행 역할을 한다. 특히 이 넷째 기능을 최종대부자 역할이라 한다. 즉, 최종대부자로서 중앙은행은 경제에서 매우 큰 비중을 차지하는 은행이 파산하면 경제에 큰 타격을 주므로, 그들이 재정난에 빠졌을 때 구제자금을 빌려준다.

돈을 도구로 활용하는 통화정책

통화정책은 중앙은행이 국내 통화량과 금리를 통제하기 위한 일련의 조치를 일컫는다. 앞서 언급했듯 금리는 경제활동에 영향을 미친다. 따라서 중앙은행은 사람들이 소비를 줄이고 저축을 늘리기 원하면 금리를 높게 설정하고, 그 반대라면 낮게 설정한다.

중앙은행은 은행에 상시 현금(지급준비금reserve이라고 한다)을 얼마만큼 비축해 놓도록 지정한다. 또한 국채도 매매한다. 그들은 정부로부터 채권을 직접 사서 상업은행과 같은 투자자에게 되판다. 또한 이 투자자들로부터 채권을 도로 사들이기도 한다. 왜일까? 바로 통화량을 조절하기 위해서다.

투자자들이 국채를 사면 그 대가로 중앙은행에 돈을 넘겨준다. 중앙은행은 그 돈을 보유함으로써 시중에 도는 돈을 회수하므로 통화량은 감소한다. 반대로 중앙은행이 국채를 사면 시중에 돈이 유입된다.

양적 완화는 무엇이며, 효과는 있을까?

양적 완화Quantitative Easing: QE란 중앙은행이 통화량을 늘리기 위해 금융기관으로부터 국채 등 금융 자산을 단기간에 대량으로 매입하는 것을 말한다. 이 금융기관들이 중앙은행에 채권을 팔아 마련한 돈을 다른 곳에 빌려주거나 지출하면 경제성장이 촉발된다는 논리다. 어쨌든 정부는 재정지출 경비가 추가로 필요하면 대개 중앙은행에 채권을 팔아서 자금을 조달한다.

양적 완화는 비교적 최근 등장한 개념으로, 2008년 금융위기와 경기 침체에 대응할 방법으로 영국에서 처음 사용되었다(당시에는 사람들이 지갑을 꼭꼭 닫아, 창업이나 소비가 활기를 잃은 터였다). 종종 돈을 찍어

낸다고도printing money 하는데, 대부분 경제학자들은 좋아하지 않는 표현이다.

일반적으로 중앙은행이 침체된 경제를 부양하는 방법은 금리 인하다. 그러나 2009-2012년에 영국의 금리는 이미 제로에 가까웠다. 중앙은행은 마이너스 금리를 시도할 수도 있었겠지만, 이는 대출을 주는 쪽인 예금자에게 도리어 비용을 청구하는 셈이다. 따라서 중앙은행의 의도와 달리 사람들로 하여금 저축을 기피하게 해 대출이 위축될 가능성이 있었다. 그래서 중앙은행은 대안으로 양적 완화를 택했다.

어떤 사람들은 영국, 미국, EU가 시행한 양적 완화가 지난 10여 년간 자국 경제회복에 도움이 되었다고 생각하는가 하면, 한편으로는 인플레이션을 초래할 것이라고 우려하기도 한다. 또다른 사람들은 값비싼 대실패라고 생각한다. 그 돈이 금융시장에 머물면서 금융기관의 무분별한 지출을 부추긴 반면, 전체 경제에 영향을 미치거나 일반 시민들을 이롭게 하지는 못했다는 것이다.

9장

사회

이 책을 통해 여러분은 경제가 자신과 근본적으로 떼려야 뗄 수 없는 관계임을 알게 되었을 것이다. 그러나 또한 여러분의 어머니, 가장 친한 친구, 이웃, 그리고 70억이 넘는 지구상의 다른 모든 인구와 관련되어 있기도 하다. 우리는 사회의 구성원이다. 그러므로 한 개인, 기업, 가정이 주체나 객체가 되어 내리는 모든 경제적 결정은 다른 곳까지 영향을 미칠 수 있고, 또 실제로 영향을 미친다.

이 장에서는 경제적 선택이 다른 사람들에게 어떻게 각기 다른 영향을 미칠 수 있는지 알아볼 것이다. 또한 우리가 경제와 관계를 맺는 방식은 우리가 태어났을 당시 상황이나 살면서 처하게 되는 환경에 따라 크게 달라진다는 사실도 살펴볼 것이다.

모든 인간은 서로 관계를 맺고, 어떻게 보면 세계경제와도 연결되어 살아간다. 하지만 동시에 우리는 어떤 집단에 속해 있으며, 이 집단이야말로 경제적 선택과 경험에 상당한 영향을 미친다. 우리가 살고 있는 지역, 소속된 단체와 사회집단은 모두 우리의 경제생활을 형성하는 데 일조한다.

사회의 토대를 구성하는 요소

문화

문화는 한 집단이 공유하는 사고방식, 신념, '행동양식'의 집합이다. 고유문화는 대개 서로 다른 지리적 영역, 전통, 종교, 사회집단에서 생겨난다. 다양한 사람들이 매우 다양한 생활방식으로 살아간다는 것은 어쩌면 새삼스럽지 않을 것이다. 하지만 우리는 자신이 속한 문화의 생활방식에 워낙 익숙해진 나머지, 문화가 자신의 일상생활과 경제 상황, 경험에 얼마나 큰 영향을 미치는지 의식하지 못하기 쉽다.

종교를 예로 들어보자. 종교단체에 소속된 사람은 그가 수행하는 종교적 행동 중 일부는 경제적 행동이기도 하다. 가령 급여 중 일부를 십일조로 헌금하거나, 이자가 붙는 대출을 삼갈 수 있다. 혹은 그가 속한 경제의 현실은 자신의 신앙심이 독실하든 아니든 상관없이 그 나라의 종교 역사에 따라 형성되었을 수도 있다. 예를 들어, 개신교 국가에서 산업혁명이 일어난 이유는 개신교가 열심히 일하고 사치를 멀리하라는(즉, 돈을 벌면 개인적 만족을 위해 쓰기보다 사업에 재투자한다) 가르침을 중시했기 때문이라는 설도 있다.

또한 문화는 구성원이 바라보는 '바람직한good' 경제활동과 '바람직한' 경제의 기준을 결정한다. 돈을 많이 벌수록 행복해진다는 말을 들으며 자란 사람은 누구나 똑같이 부를 나눠 가져야 한다는 가르침 속에서 성장한 사람과 비교해 사뭇 다른 경제관이 심어졌을 것이다. 같은 맥락에서 문화는 경제력에 대한 규범과 경제력의 귀속 주체에 대한 인식을 우리에게 심어준다. 여성의 재산소유권이 인정되는지, 자유시장이 존재해야 하는지 등은 가치 교환 과정에서 누가 얼마큼의 몫을 획득하는지를 좌우하는 문화적 사고의 예다.

이와 같은 문화와 도덕률 사이의 관계 때문에, 매우 상반된 문화권에서 온 사람끼리 경제 거래를 할 때는 종종 어려움을 겪는다. 18세기에 영국이 중국과 처음으로 교역관계를 맺으려고 시도한 역사는 잘 알려져 있다. 이때 문화적 기대의 차이로 양국은 상대방을 서로 오만하다고 여겼고 목표는 실패로 돌아갔다. 전 세계가 연결된 오늘날에는 상대방의 풍습, 기대치, 문화를 이해하기 위해 얼마나 시간과 노력을 들이는지에 따라 국제 비즈니스 거래의 성패가 좌우되기도 한다.

교육

누구나 대부분 어린 시절을 교육기관, 즉 학교에서 보냈을 것이다. 그 외에 일반적인 예로는 고등 교육, 인턴제, 학점 은행, 직업훈련기관 등이 있다.

이러한 교육기관에서 가르치는 내용은 경제가 돌아가는 방식에 큰 영향을 미친다. 각 개인이 양질의 교육을 받으면 생산적인 노동자로 성장할 것이다. 그리고 이 개인의 노력이 모두 합쳐지면 우리 경제는 더욱 부강해질 것이다. 또한 교육 과정은 한 국가에서 우세한 기술과 업종을 결정지을 수 있다. 예를 들어, 어떤 국가에 실력 있는 저임금 제빵사 인턴이 많다면, 그 국가는 뛰어난 제빵사를 대거 배출할 것으로 예상할 수 있다.

그러나 경제 교육의 영향은 양방향으로 작용한다. 이를테면 지역 경제의 양태가 그곳의 교육 과정에도 영향을 미친다. 두 군데의 카운티를 상상해보자. 첫번째 카운티는 주력 산업이 제조업이고, 두번째 카운티는 서비스업이다. 전자는 제조업에 능한 기술을 갖춘 인력을 양성하기 위해 더 많은 직업 훈련을 제공하는 반면, 후자는 회사에서 필요로 하는 '화이트칼라' 노동자를 배출할 대학 교육을 더 중시할 것이다.

교육비를 누가 지불해야 할까?

교육과 경제 사이의 긴밀한 관계만큼이나 교육비를 개인, 기업, 정부 중 누가 부담해야 하느냐도 흔한 논쟁거리다.

우리가 고임금 직업에 적합한 기술을 배우고 훈련을 받으면 개인적으로 더 높은 임금을 받을 수 있으니 이득이다. 그렇다면 우리가 각자 이러한 초기 투자에 책임을 져야 할까? 그다음엔 기업도 개인이 습득한 기술을 최대한 발휘하게 하여 생산성을 향상할 수 있으므로 좋은 교육의 수혜자가 된다. 한 국가의 전체 경제도 마찬가지다. 우리가 추가로 창출하는 모든 가치는 더 높은 GDP(당연히 더 많은 세수 확보도 뒤따른다)로 이어지기 때문이다. 그렇다면 대신 정부나 미래의 고용주들이 비용을 부담해야 할까?

사실 교육비는 이들 세 주체가 모두 부담한다. 영국에서는 18세까지 무상 교육이 기본이지만, 각 부모가 본인 부담으로 악기 레슨이나 과외에 사교육비를 지출하기도 한다. 일반적으로 상급 학교로 진학하는 추가 부담은 개인 몫이지만, 정부 지원(장학금, 학자금대출 등)이나 미래 고용주의 후원을 받기도 한다. 기업은 특정 직원 교육에 비용을 부담하지만, 인턴 프로그램을 운영할 때는 정부 지원을 받을 수도 있다.

이러한 다각적 교육제도에 모든 사람이 만족하는 것은 아니다. 몇몇 국가에서는 평등 정신을 바탕으로 개인에게 모든 고등 교육까지 무상으로 제공하자는 움직임이 일고 있다. 형편이 어려운 사람들은 등록금을 마련하기 어려운 현 체제가 소외계층과 고소득층 간에 장애물로 작용한다는 것이 그 근거다. 물론 고등 교육을 받을수록 나중에 고임금 직종에 취업하기에 유리해지므로 학생들이 학자금대출로 해결하면 공정하다는 반론도 있다. 이 근거를 들어 최근 영국 정부는 대학 등록금을 인상했다.

법

우리는 모두 좋든 싫든 자신이 속한 사회의 법을 따라야 한다. 법은 기본적으로 우리가 무엇을 할 수 있고 없는지를 규정하는 일련의 제약으로, 사회와 경제가 작동하는 범위를 설정한다. 이 책의 다른 장에서 우리는 재산권(10장), 규제(10장), 노동자 권리(7장)를 비롯해, 경제에 특히 큰 영향을 미치는 일부 법에 대해 더 자세히 이야기했다.

이론적으로는 민주주의 체제에서 이러한 법적 제한을 부과하는 것이 모든 사람에게 더 나은 결과를 가져와야 옳다. 그러나 현실에서는 특정 법률 때문에 원하는 목표 달성에 지장을 받는 사람들이 항상 있게 마련이다. 또한 해당 국가의 경제에 가장 적합한 법률의 유형이나 규제 강도에 대해서도 경제학자들은 자주 의견이 엇갈린다.

법을 생각하는 한 가지 방법은 발전 지향적development-enhancing인지 또는 시장 지향적market-enhancing인지 따져 보는 것이다. 시장에서 더 활발한 거래가 이루어지도록 촉진하는 법률은 시장 지향적이다. 반면에 일종의 긍정적인 사회 변화를 일으키는 법률은 발전 지향적이다. 따라서 아동의 공장노동을 금지하는 법률은 대체로 발전 지향적이기는 하나(대부분 사람들은 어린아이에게 힘들고 위험한 육체노동을 시켜서는 안 된다고 생각한다) 시장을 제약하므로 시장 지향적이지는 않다고(공장주로서는 인력풀 범위가 축소된다) 볼 수 있다.

정체성(인종, 성별, 성정체성)

정체성은 전통적인 경제분석과 이론에서 별로 중요한 변수로 취급되지 않았다. 그러나 시대가 변하면서 이제 점점 더 많은 경제학자들이 개인의 성별, 인종, 성정체성, 그 외 특성이 경제적 행동, 선택, 기회에 영향을 미치는 방식을 연구하기 시작했다. 심지어 특히 정체성과 권력이 경제와 교차하는 방식에 초점을 맞춘 학파도 확립되었으며, 그중 가장 대표적인 것은 페미니즘 경제학feminist economics이다.

인류 역사와 전 세계를 통틀어 정체성은 경제성장의 동력이 되기도 장벽이 되기도 했다. 이 점이 가장 눈에 띄는 장소 중 하나가 바로 직장이다. 직장은 명시적으로든(트럼프 전 대통령이 트랜스젠더의 군 입대를 금지한 예를 생각해보라), 또는 문화적 기대를 통해 암묵적으로든(남자는 간호사가 되어서는 안 되고, 여자는 엔지니어가 되어서는 안 된다는 생각) 특정 사회집단이 특정 유형의 작업에서 배제되는 곳이다.

또다른 중요한 예로는 특정 사람들에게 투표권이나 피선거권을 제한함으로써 그들이 경제에 행사하는 영향력을 차단하려는 여러 시도가 있었다. 20세기의 상당 기간 온갖 인종차별적인 제도가 잔존했지만, 특히 아프리카계 미국인의 권리를 박탈하려고 했던 짐 크로Jim Crow 법이 대표적인 예다.

계급

다른 유형의 정체성과 달리 계급 개념(즉, 사회에서 지위와 권력에 따라 사람들을 묶는 개념)은 경제를 사고하는 방식에 과거부터 줄곧 내재화되어 있었다.

과거에 계급은 주로 직업을 가리켰다. 노동계급은 임금과 지위가 낮고 대개 육체노동에 종사하는 반면, 상류계급은 상속받은 자산으로 생활하거나 정치인, 작가, 철학자, 장군 등 주변 세계에 영향력을 행사할 수 있고 권세 있는 직업에 종사했다. 그 중간에 자리잡은 중산계급은 주로 사무직으로, 귀족 같은 부와 명예는 없지만 나름 괜찮은 생활수준을 유지할 만큼 충분한 소득을 버는 경향이 있었다.

오늘날에는 계급 개념이 약간 달라졌고, 어떻게 보면 더 헷갈리기도 쉽다. 과거에는 개인의 직업이나 재산(또는 아버지의 직업과 유산)을 가리켰다면, 이제는 말씨, 취미, 휴가방식, 인맥 등 개인을 둘러싼 모든 것에 의해 규정된다.

이렇게 된 이유 중 하나는 드라마 〈다운튼 애비Downton Abbey〉처럼 귀족과 하인이 위아래층에 나눠 살던 시대와 달리, 이제는 사람들이 다양한 계급의 특징을 동시에 지니는 경우가 많기 때문이다. 앨런 슈거Alan Sugar(전자기업 암스트래드Amstrad의 창립자, 토트넘 전 구단주이며, 영국판 〈어프렌티스The Apprentice〉를 진행하기도 했다. ─옮긴이) 같은 사람들은 변변치 않은 집안과 학력 출신임에도 수십억 파운드 가치의 기업을 설립할 수 있었던 반면, 요즘 많은 중산층 출신의 밀레니얼 세대에게는 중산층 생활방식에 걸맞게 급여를 저축하고 내 집을 마련하는 과정이 결코 호락호락하지 않다(물론 성장 과정이 그 사람의 앞날에 커다란 영향을 미친다는 사실은 여전히 유효하다. 이에 대해서는 '사회적 이동성' 단락을 참고하라).

그러나 이처럼 사람들이 계급을 생각하는 관점이 달라졌다고 해서 이제 계급의 의미가 사라졌다는 뜻은 아니다. 기본적으로 계급은 경제 내에서 누가 권력과 영향력을 쥘 수 있느냐를 좌우한다. 그리고 이 개념은 여전히 우리가 신문을 보거나 술자리에서 정치 이야기를 할 때마다 보고 듣는 여러 경제적 논점의 밑바탕을 이룬다. 계급, 권력, 공정성 개념은 1789년 프랑스혁명에서 2018년 노란 조끼 시위에 이르기까지 많은 혁명과 사회변혁운동의 중심이었으며, 앞으로도 더 많은 사회운동에서 중심을 차지할 것이다.

칼 마르크스는 계급을 어떻게 생각했을까?

마르크스는 노동의 세계가 프롤레타리아트 proletariat와 부르주아 bourgeois로 나뉜다고 주장했다. 부르주아(상류층)는 자본과 생산 요소, 즉 사업을 시작하거나 돈을 벌기 위한 밑천을 소유하고 있었다. 공장, 도구, 돈이 모두 여기에 포함된다. 부르주아는 이들을 임대하거나 투자함으로써 어떤 형태의 노동에 직접 종사하지 않고도 불로소득으로 생활할 수 있었다.

반면에 프롤레타리아트(노동계급)는 부르주아를 위해 일하며 돈을 벌어야 했다. 마르크스는 이를 불공정한 거래로 보았다. 인간생활에 필요한 모든 것을 창조한 사람들은 프롤레타리아트였지만 그 대부분 혜택을 입은 사람들은 부르주아였다는 것이다. 마르크스는 언젠가 프롤레타리아트가 이를 자각하고 상류계급을 전복하여, 부와 노동이 균등하게 공유되는 공산주의 communist 체제로 전환할 것이라고 믿었다.

경제에서 (불)평등의 기능

경제적 불평등의 의미

경제학자들은 불평등을 분석할 때 사람들이 소유한 부에 초점을 맞추는 경향이 있다. 이 초점은 다시 사람들이 돈을 얼마나 버는지(소득)와 얼마나 많은 가치를 소유하는지(재산)로 나뉜다. 소득은 급여와 임대 수입, 주식 배당금, 사업 수익 등으로 구성된다. 재산은 거액의 저축, 부동산, 주식, 자동차, 금과 같은 자산으로 구성된다.

역사가 흐를수록 전반적인 빈곤은 감소했지만, 인류 역사의 대부분 기간 전 세계적으로 소득과 부의 불평등이 (대개 심각하게) 팽배했다. 사람들은 불평등에 자주 분개하곤 하지만, 불평등이 여전히 우리 문명의 매우 끈질긴 특징이라는 사실은 사라지지 않고 있다. 인류가 수렵채집 생활방식에서 벗어나기 시작한 이래, 지배층과 다른 모든 피지배층 사이에 생활수준의 격차는 흔히 발생했다. 파라오와 노예, 기사와 농노, 공주와 하녀로 점철된 모든 역사적 교훈을 생각해보라.

그러나 특정 시기를 중점적으로 살펴보면 세계 불평등의 정도가 계속 변하면서 더욱 다양한 패턴이 드러나는 것을 알 수 있다. 20-21세기가 좋은 예다. 전 세계적으로 1900년대 초중반에는 불평등 격차가 상당히 크게 벌어졌지만, 후반 수십 년 동안에 많이 좁혀졌다. 가장 큰 이유는 과거 빈곤국이던 소위 BRICS(브라질, 러시아, 인도, 중국, 남아프리카

공화국)의 눈부신 경제성장이었다.

그러나 대부분의 서구 국가에서는 다른 양상이 벌어지고 있었다. 서구권에서 경제적 불평등은 1910-1979년에 국가의료보험 National Health Service: NHS 등 복지정책이 도입되는 좋은 사건과 세계대전과 같은 안 좋은 사건이 맞물리면서 크게 완화되었다. 그러다 세계화 시대를 맞이한 1980년대, 대처와 레이건 정부, 그 외 여러 신자유주의적 경제 기조에 따라 다시 치솟았다가, 2008년 금융위기 이후 다소 진정 국면에 접어들었다.

모든 나라에 일반화할 수는 없지만, 대체로 영국 등 여러 국가에서는 지난 반세기 동안 부유층은 더 부유해진 반면, 사회경제적 취약계층의 소득과 재산은 정체하거나 감소했다. 자선단체 이퀄리티트러스트 Equality Trust에 따르면 FTSE 100대 기업 CEO(쉽게 말해 영국에서 가장 높은 가치로 평가되는 100대 기업의 사장들이다)의 평균 급여는 2017년 영국 생활임금의 386배였다. 전 세계로 시야를 넓혀도 현재 부의 불평등은 상당히 심각하다. 2016년 또다른 자선단체 옥스팜 Oxfam은 세계에서 가장 부유한 62인이 세계 인구 중 소득 하위 절반의 부와 맞먹는 재산을 소유했다고 발표했다. 2020년 코로나19 팬데믹은 많은 사람의 생계를 박탈하는 동시에 많은 억만장자의 배를 더욱 불림으로써 이러한 양극화를 한층 부채질했다.

경제적 불평등에는
소득과 재산 이상의 의미가 있을까?

그렇다. 경제학자들이 이 주제를 흔히 논의하지는 않지만, 일부 학자는 경제적 지위의 유불리가 개인이 소유할 수 있는 재산 외에 훨씬 다양한 면에서 영향을 미친다는 사실에 주목하기 시작했다.

소득이 같은 두 사람 중 한 명은 휠체어를 사용한다고 상상해보자. 둘 다 더 많은 임금을 주는 직장으로 이직하고 싶어하지만, 이 직장의 사무실은 엘리베이터나 경사로가 없는 건물의 3층에 있다. 결국 이 자리는 누가 거머쥐게 될까? 또는 모아놓은 재산이 같은 두 엄마를 상상해보자. 한 명은 양육비를 지원받는 국가에 살고, 다른 한 명은 자비로 부담해야 한다. 둘 중 누가 육아휴직 후 정규직으로 복직할 가능성이 더 높겠는가? 또 한 명은 배우자가 있고 다른 한 명은 한부모 가정의 가장이라면 어떻게 될까?

한쪽에게 유리한 경제적 행동과 선택이 다른 쪽에게는 불리한 제약으로 작용하는 사례는 거의 셀 수 없이 많다. 그러다보니 경제학자와 정책입안자는 경제적 불평등을 측정하고 실용적인 해결책을 찾기가 어렵다. 그러나 이러한 맥락을 추가로 고려하지 않으면, 복잡한 현실과 달리 단순히 모든 사람의 소득과 부를 비슷하게 맞추려 노력하면 불평등이 '해결'될 수 있다는 함정에 빠지기 쉽다.

경제학자들이 불평등을 측정하는 방법

지니 계수

지니 계수gini's coefficient는 한 집단의 총소득(혹은 때로는 재산)을 살펴보고, 최상위층부터 최하위층까지 각 계층의 소득 백분율이 얼마인지 산술적으로 계산하는 척도다. 그다음 0에서 1까지 수치로 환산하는데, 0은 모든 사람이 소득을 똑같이 나눠가진 상태로 완전히 평등한 사회를 의미하고, 1은 한 사람이 모든 소득을 독차지한 상태로 극도로 불평등한 사회를 의미한다. 이 수치는 백분율로 표시되기도 한다. 영국 통계청Office for National Statistics: ONS에 따르면 2019년 영국의 지니 계수는 0.325(32.5%)를 기록했다.

지니 계수는 데이터가 쌓일수록 불평등을 간단하게 측정하는 방법으로 다양한 집단, 국가, 시점에 걸쳐 불평등 정도를 쉽게 비교할 수 있다. 그러나 일부 계층의 불평등은 감소했어도 최빈곤층의 형편은 나빠졌을 경우를 반영하지 못한다. 최상위층에 세금을 추가로 부과해 그 혜택이 오롯이 중산층에만 가는 정책이 대표적인 예다(내 집 마련 대출이나 고등 교육을 위한 학자금대출 등이 이런 예로 주로 거론된다).

비율 측정법

지니 계수의 대안은 부유층과 빈곤층이 사회의 부를 각각 어느 정도씩 점유하고 있는지 비교하는 것이다. 이 두 집단을 나누는 기준은 나누기 나름이지만, 일반적인 방식은 최상위 1% 대 나머지 99%, 또는 상위 10% 대 하위 50%다. 특히 국제개발커뮤니티에서 애용하는 방식은 팔마 비율palma ratio(상위 10% 대 하위 40%의 자산 비율)이다. 국제개발커뮤니티에서는 이 비율이 1 미만이어야 이상적이라고 본다(즉, 상위 10%가 하위 40%의 부를 합친 것보다 적은 부를 소유해야 한다). 영국의 팔마 비율은 현재 1.4다.

경제적 불평등의 척도를 비율로 측정하는 방식은 통계상의 부와 사람들이 일상에서 체감하는 부를 구별하지 못한다는 비판이 따른다. 예를 들어, 고연봉 직업에 종사하며 안락한 삶을 사는 많은 사람들은 형식적으로 학자금대출과 주택담보대출로 수천 파운드의 빚을 지고 있으므로, 빚은 없지만 하루 벌어 하루 먹고사는 사람보다 '빈곤'하다는 결론이 나온다.

불평등이 정말 문제일까?

사람들은 흔히 경제적 불평등을 안 좋게 이야기한다. 그러나 여기에 동의하지 않는 사람들도 있다. 그들은 불평등 해소에 집중하다 보면 진정 중요한 문제인 빈곤 해소에 관심이 멀어질 수 있다고 지적한다. 즉, 최하위층과 최상위층을 동시에 이롭게 하는 정책을 자동으로 배척한다는 것이다. 마거릿 대처Margaret Thatcher 전 총리는 야당 의원에게 "빈곤층이 덩달아 가난해지는 한이 있어도 부유층을 가난하게 만드는 것이 괜찮은가?"라고 말하면서 이러한 관점을 내비친 것으로 유명하다. 오직 경쟁의 장을 평평하게 하자는 목적만으로 최상위층의 부를 빼앗는 것은 잘못이라는 관점을 하향평준화 반대론levelling down objection 이라고 한다.

불평등을 옹호하는 또다른 일반적인 반론은 그것이 '바람직한' 경제적 행동을 위한 인센티브로 작용해 사람들을 열심히 일하게 자극하거나, 특히 신약개발과 같이 경제에 유익한 공을 세우는 사람들에게 '공정'하게 보상하는 유일한 방법이라는 것이다. 반면에 불평등을 반대하는 사람들은 경제적 기여도와 보상 사이의 상관관계가 항상 명확한 것은 아니라는 점을 지적한다. 예를 들어, 간병인이나 교사 같은 직업은 대부분 사람들이 중요하고 필수불가결하다고 생각하지만, 사회에 비교적 덜 중요하다고 인식되는 변호사나 은행가 같은 직업보다 급여가 적다.

심각한 불평등은 사회 전체의 문제로 확대되어 모든 사람에게 커다란 손실을 초래할 수 있다는 증거가 있다. 상관관계의 정확도에 대해서는 다소 논란이 있기는 하나, 연구 결과에 따르면 불평등이 범죄에서 정신장애, 미성년자의 임신, 약물남용에 이르는 모든 문제와 관련이 있다고 한다. 인간은 일반적으로 "남에게 뒤처지지 않는 생활수준을 누리고자"하며, 자신의 성공과 행복을 주변 사람들과 비교해 평가한다는 게 통념이지만, 경제학자와 다른 사회과학자들은 불평등 자체가 근본적으로 해악인지 확실히 입증하기에는 종종 어려움을 겪는다. 인과관계와 상관관계를 풀어내는 것도 직업적 고충 중 하나다.

또한 많은 경제학자들은 모든 사람이 돈을 가지고 할 수 있는 최선의 일은 물건을 계속 사고팔면서 전체 경제에 돈이 흐르게 하는 것이라는 이론에 동의한다. 그러나 예금 계좌 등에 돈을 비축함으로써 돈의 흐름을 막을 가능성이 더 큰 쪽은 오히려 부유층이다. 따라서 그 돈이 기본 생계를 유지하거나 삶의 질을 높이기 위해 지출할 가능성이 더 높은 사람들의 손에 들어가야 전체 경제에 더 이롭다는 견해도 있다. 물론 논란의 여지가 있는 입장이다! 게다가 부유층이 특히 자본을 가지고 경제에 생산적인 방식으로 투자한다고 주장하는 사람도 많다(자세한 내용은 5장 참조).

부자의 부를 가난한 사람들에게

부의 재분배는 부유층에게서 걷은 재산을 빈곤층에게 나눠주어 소득이나 부의 불평등을 완화하는 방법이다. 정부가 이 목적으로 가장 흔히 시행하는 방법이 누진세다(10장 참조).

불평등에 반대하는 일부 운동가들은 다른 대책을 원한다. 한 가지 아이디어는 직원을 이사회에 배치하거나, 모든 직원에게 소유권 지분을 부여함으로써 회사의 가치를 직원들과 공유하는 경영방식의 재구성이다. 다른 아이디어로는 상속제도를 개혁하거나, 한 집단의 자산을 몰수해 다른 집단에 분배하는 방안도 거론되고 있다.

대안: 낙수효과 경제학

공급주의 경제학supply-side economics으로도 알려진 낙수효과 경제학은 모든 사람을 더 풍요롭게 하려면 정부개입을 최소화해, 기업과 자본가가 경제에 투자하고 경제성장을 촉진하는 것을 방해하지 말아야 한다는 이론이다.

이 사고방식을 현실에서 구현한 예가 세금 인하와 규제 완화다. 공급주의 경제학 지지자들은 이윤에서 정부에 세금으로 넘겨주는 몫과 준수해야 할 규제가 많을수록, 사람들이 새로운 사업을 시작하고, 직원을 고용하고, 제품을 생산하고, 물건을 소비하려는 의욕이 꺾인다고 믿는다. 그들은 이 모든 점을 고려해 감세와 규제 완화가 다른 사람들의 주머니에도 돈이 들어가게 하므로 모두에게 이익이 된다고 말한다.

그러나 낙수효과를 비판하는 사람들도 많다. 그들은 많은 부유층이 돈을 투자하기보다 저축하며, 행여 그 돈을 경제에 다시 투입하더라도 투자 성과와 경제성장이 항상 더 많은 일자리나 더 높은 생활수준으로 이어지지는 않는다는 점을 지적한다. 또한 밑바닥부터 시작하는 사람들이 자기 힘으로 투자할 수 있을 만큼 부를 축적하기는 하늘의 별 따기라는 사실도 무시할 수 없다. 많은 사람들은 이러한 현실이 공정과 거리가 멀다고 생각한다.

사회적 이동성social mobility은 한 개인이 경제적 지위를 바꾸기가 얼마나 수월한지를 나타내는 척도다. 이를 요약하는 표현으로, 어떤 사람이 소위 "승진 사다리를 오른다"든지 "출세가도를 달린다"든지 하는 말을 누구나 들어봤을 것이다. 실제로 사회적 이동성 개념은 여러 문화에서 깊이 뿌리를 내렸다. '아메리칸드림'의 참뜻을 생각해보라. 우리는 꿈을 크게 갖고 열심히 노력하면 무엇이든 할 수 있고 무슨 꿈이든 이룰 수 있다고 배웠다. 이에 따라 많은 사람들은 자기 힘으로 살아생전에 부자가 되고 출세도 할 수 있다고 기대하게 되었다.

경제학자들은 사회적 이동성을 세대 간 이동과 세대 내 이동의 측면에서 논한다. 세대 간 이동은 개인이 자기 가족의 경제적 지위를 뛰어넘을 수 있다는 가능성을 말한다. 세대 내 이동은 살면서 개인의 지위가 크게 바뀌는 것이다. "개천에서 용 난rags to riches" 경우가 이 전형에 해당한다.

사회적 이동성 개념은 정치인들의 연설에서 할리우드 영화에 이르기까지 숱하게 소재로 등장하지만, 전 세계 여러 국가에서 현실적으로는 그다지 발견되지 않는다. 예를 들어, 영국에서는 한 사람의 인생이 여전히 부모의 인생에 따라 결정될 가능성이 매우 높다. 중산층 부모 밑에서 자란 자녀는 노동계급 출신 자녀보다 전문직(화이트칼라)에 종사할 가능성이 80% 더 높다.

사회적 이동성을 가로막는 장벽

사회적 이동성 수준이 가장 높은 여러 국가(덴마크, 노르웨이, 핀란드, 캐나다 등)는 동시에 정부지출public spending이 평균 이상인 국가이기도 하다. 이를 근거로 어떤 사람들은 사회적 이동성을 촉진하려면 정부가 학교, 교통망, 복지 안전망과 같은 양질의 공공재와 서비스 비용을 책임지는 것이 최선이라는 결론을 도출한다.

이 논리는 부유층이 이미 당연히 누리고 있는 혜택과 지원에 모든 사람이 접근할 수 있게 하자는 것이다. 나아가 정부가 더 적극적으로 나서서 부유층이 자신의 부와 지위를 유리하게 이용하는 것을 막아야 한다는 주장도 있다. 그 예로 사립학교private school를 금지하자는 캠페인이 있다. 그들은 가족이 돈이 많다는 이유로 남다른 교육, 특히 더 많은 자원과 인맥 형성 기회가 제공되는 학교를 다닐 자격이 주어져선 안 된다는 근거를 내세운다.

사회적 이동성을 주장하는 일부 운동가들이 주목하는 또 하나의 핵심은 상속이다. 돈과 자산을 남에게 양도할 수 있다면 특정 사람들은 직접 부를 창출하지 않고도 부를 축적하기가 쉬워지기 때문이다. 이 이유로 일부 사람들은 정부가 상속에 일정액의 세금을 부과하는 것에 찬성한다. 더 나아가 어떤 사람들은 상속을 완전히 금지하자고 주장한다. 그들은 우리가 죽을 때 모든 재산이 국가로 환원되어 모두에게 더 나은 미래를 위해 투자되어야 한다고 생각한다.

이 발상은 당연히 논란의 여지가 많다. 많은 사람들은 돈, 집, 가보

등 자기 생애에 얻은 것은 자기 것이므로 원하는 대로 처분할 수 있어야 하며, 사랑하는 사람에게 더 나은 인생의 시작점을 마련해줄 권리가 필요하다고 생각한다.

사회적 이동성을 대체할 개념

설령 사회적 이동성을 막는 모든 장벽을 제거할 수 있더라도, 어떤 사람들은 여전히 이 개념이 마음에 들지 않을 것이다. 결국 경제적 사다리를 올라가는 사람이 있다면 내려가는 사람도 있게 마련이고, 경제적 지위에서 패자와 승자가 나뉘는 사회 자체에 누구나 동의하는 것은 아니다. 사실 경제적 계층 사다리, 위계질서, 운명의 개척 등의 개념은 모두 다른 사회보다 특정 사회(특히 서구권, 자본주의 사회)에 유독 깊이 뿌리를 내린 문화적 제도cultural institution의 한 예라는 점을 염두에 둘 필요가 있다.

히피공동체나 티베트고원 등 일부 지역에서는 구성원들이 지역공동체 내에서 각자 수행하는 모든 경제적 역할을 어느 정도 평등하다고 여기며, 마찬가지로 재산과 소유물도 모두 공유하려 노력한다. 물론 이러한 시스템에 단점과 한계가 없는 것은 아니다. 단지 이처럼 우리 생활과 경제를 구성하는 방식이 매우 다양한 관점에서 해석될 수 있다는 뜻이다.

10장

정부

2017년 (당시 집권당인) 영국 보수당의 강령을 살펴보면 '경제'라는 단어를 74번 이상 찾을 수 있다. 제1야당인 노동당 강령에 언급된 횟수보다 많았지만 큰 차이는 없었다. 이처럼 정부가 경제에 대해 할 말이 많은 것은 틀림없다.

정부정책이 경제에 미치는 영향을 고려하면 이는 당연하다. 정부는 거액을 지출하고 다양한 공공재와 서비스의 자금을 조달한다. 또한 우리의 소득과 지출 중 일부를 세금으로 징수하고, 모두가 준수해야 하는 규칙을 법과 규제의 형태로 정함으로써 많은 경제적 상호작용을 통제한다.

정부가 경제에 어디까지 영향력을 행사해야 하는지는 경제학에서 가장 큰 논쟁거리 중 하나다. 많은 사람은 경제가 자신들에게 이롭게 돌아가도록 관리하는 것이 정부의 책임이라고 생각한다. 예를 들어, 물가가 지나치게 오르거나 임금이 너무 낮아지지 않게 조절해주기를 바란다. 또 다른 사람들은 정부의 지나친 개입이 경제에 해롭다고 생각한다. 그들은 정부가 한 발짝 물러나 대부분 경제활동을 시장에 맡기는 쪽을 선호한다.

이처럼 정부가 경제주체로서의 역할과 그 당위성이 어느 정도여야 하는지 논의하는 것이 이 장의 중심 주제다.

경제와 정치

이 책의 서두에서 우리는 경제를 형성하고 통제하고 이해하는 주체는 인간이라고 이야기한 바 있다. 그렇다면 인간이 설계하는 경제에 정부의 영향력이 특히 크다는 결론이 자연스레 도출된다. 실제로 어떤 두 정치인이 토론하는 모습을 보면, 자기네 경제정책은 번영으로 이어지고 상대방 정책은 경제를 망친다고 왈가왈부하는 장면이 거의 빠지지 않고 등장한다.

그러나 여러분이 20세기 후반과 21세기 초반의 거장 경제학자들과 함께 만찬 자리에서 대화한다고 상상해보면, 아마 그들 모두가 경제와 정치의 상관관계를 인정하지 않는다는 인상을 받을 것이다. 당시 학자들이 생각했던 '경제'란 대부분 논리와 수학으로 구성된 불변의 규칙을 따르는 독자적 시스템이었다. 물론 각국 정부는 저마다 다양한 이념과 신념에 따라 가끔 경제에 개입하기도 했지만, 개입을 중단하는 즉시 시스템은 다시 '정상'으로 돌아간다는 게 통설이었다.

이 견해가 오늘날에도 대세론인 이유는 현재 많은 경제 교과서와 사상을 지배하고 있기 때문이다. 그러나 성급한 일반화는 금물이다. 역사를 통틀어 많은 경제학자들이 실제로는 정치와 경제가 강하게 연결되어 있다고 주장해왔다. 이들의 관점에 따르면 경제의 상태는 어떤 정부가 집권하느냐에 따라 크게 달라진다.

경제를 설계하는 정부의 힘은 곧 유권자의 힘

적어도 민주주의 국가에서는 집권 정부에 따라 경제가 바뀔 수 있다는 점이 매우 흥미롭다. 그 정부를 선출할 힘이 곧 일반 국민에게 있기 때문이다. 현재 경제체제가 우리 국민에게 옳게 작동하지 않는다면, 단순히 우리의 가치를 실현하고 목표를 달성하도록 체제를 (재)설계할 정치인을 새로 뽑으면 된다.

물론 현실은 그렇게 단순하지 않다. 우리는 이 책을 통해 기업에서 수요와 공급에 이르기까지, 정부의 통제권 밖에서 경제에 영향을 미치는 다른 여러 요인을 살펴봤다. 따라서 정부가 경제에 개입할 수 있는 정도, 특히 짧은 임기 내에 할 수 있는 일에는 한계가 있다.

게다가 어떤 정부정책이 아무리 최선의 결과를 내더라도 모든 사람의 경제관을 대변하거나 모든 사람의 환영을 받지는 못할 것이다. 가장 민주적인 선거조차 소수의 유권자에게는 실망을 안겨준다. 그 밖에 실제로 비민주적인 선거를 치르거나, 아예 선거를 시행하지 않는 국가도 있다. 결국 권력을 획득하는 수단에는 전쟁의 승리와 군주제처럼 유권자의 힘이 미치지 못하는 영역이 많이 있다.

어쨌든 지금까지 존재했던 거의 모든 정부는 힘을 공정하거나 효과적으로 행사할 가능성이 없는 집단에 막대한 권력을 넘겨주었다는 비판을 피할 수 없었다. 영국과 미국에서는 로비스트부터 언론, 활동가에 이르기까지 특정 압력단체가 정부정책에 막대한 영향력을 행사하고 있다는 우려가 많다. 이쯤 되면 다음과 같은 질문이 생긴다. 정부가 경제에 개입할 수 있다는 이유만으로 반드시 개입을 해야만 하는 걸까?

정부와 국가의 차이점

사람들은 흔히 '국가 state'와 '정부 government'를 같은 의미로 사용한다. 물론
이 둘은 밀접하게 연결되어 있다. 그러나 '정부'는 구체적으로 특정 시점에
집권한 개인들의 행위를 가리킨다면, '국가'는 그 기반이 되는 나라 자체와
불변의 정치제도를 가리킨다.

시장과 국가는 정말 별개일까?

우리는 이 책의 서두에서 경제의 많은 부분이 가치 있는 재화와 서
비스의 교환으로 뒷받침된다고 설명했다. 이러한 교환은 우리가 세금
을 납부하고 그 대가로 공공재와 서비스를 얻듯이, 개인과 정부 간에
이루어지는 경우도 많다. 물론 우리는 비정부 주체와도 재화와 서비스
를 교환한다. 예컨대 동네 상점에서 파운드 동전을 초코바로 바꾸거나,
고용주에 기술을 제공하는 대가로 월급을 받기로 합의한다. 이러한 모
든 비정부 거래는 경제학에서 '시장'이라고 하는 영역에 해당한다.

우리는 국가와 시장이 마치 완전히 별개인 듯 이야기하는 경우를
자주 목격한다. 실제로 많은 전통적인 경제 교과서는 정부의 간섭이 없

는 완전한 자유시장을 이상적인 경제 환경이라고 가르친다. 반면에 공산주의와 다른 계획경제(정부가 거의 모든 경제 거래를 통제하는 체제) 지지자는 시장이 근본적으로 비효율적이고 불공정하므로 시장경제시스템을 최소화해야 바람직하다고 생각한다.

그러나 이 두 관점 모두 현실 경제의 참모습을 제대로 반영하지 못한다. 실제로 경제는 거의 언제나 시장과 정부 거래가 혼합되어 있었다. 공산주의 체제를 자처하는 쿠바 같은 국가에도 시민들이 생필품을 사고파는 시장이 존재한다. 반면에 주로 자본주의를 표방하는 영국 같은 국가에도 정부가 시장의 작동방식의 큰 틀을 규율하는 규제와 법률이 있다.

실제로 상당 부분이 겹친다. 세계의 양강인 미국과 중국을 생각해보자. 흔히 미국은 활기 넘치는 자본주의의 본보기로 간주되는 반면, 중국은 공산주의 원칙을 자랑스럽게 표방한다. 하지만 중국은 세계 최대 수출국이자, 화웨이Huawei와 바이트댄스ByteDance(틱톡TikTok의 모기업) 등 세계에서 가장 성공한 사기업의 본거지이기도 하다. 한편 미국은 정부가 경제에 직접 개입하는 경우가 많으며, 역사를 돌이켜보면 더욱 그랬다. 예를 들어, 1930년대에 루스벨트 대통령은 고용률 감소에 대처하기 위해 정부가 수백만 명의 실업자를 직접 고용하는 공공사업진흥국Works Progress Administration: WPA 계획을 수립했다.

정부는 시장의 밑바탕이 되기도 하는 사회기반시설을 공급할 책임도 진다. 사회기반시설은 사회와 기업이 돌아가도록 돕는 모든 기초 시설이다. 그 예로는 도로와 교량 등이 있다. 여기에 사법제도도 필요하다. 한마디로 정부(국가)와 시장은 거의 언제나 떼려야 뗄 수 없는 관계에 있다.

계획경제, 자유시장경제, 혼합경제 중
우리는 어디에 속할까?

앞서 보았듯이 국가와 시장 사이를 딱 잘라 나누기는 매우 어렵다. 그러나 경제학자들은 여전히 이러한 구분법으로 경제체제를 설명한다.

계획경제

계획경제는 정부가 모든 또는 대부분의 경제 거래를 통제하는 경제다. 시장도 역시 존재하지만 여기서는 통제되고 제한된 형태를 띤다. 예를 들어, 계획경제체제의 구성원은 자신의 상점을 열 수 있지만, 그들이 무엇을 얼마에 팔 수 있고 이윤을 가져갈 수 있는지 여부는 정부가 결정할 것이다. 계획경제는 보통 공산주의와 사회주의 체제와 관련되어 있다.

자유시장경제

자유시장경제는 사기업과 개인으로 구성된 시장이 경제 거래의 전부, 혹은 대부분을 관리하는 경제를 말한다. 규제는 최소한으로 유지되며, 정부의 역할은 주로 재산권 보장에 국한된다. 자유시장경제는 일반적으로 자본주의와 연결된다.

혼합경제

다들 짐작하겠지만 혼합경제는 앞의 두 체제가 합쳐진 형태다. 경제 거래가 일어나는 큰 틀이 일부는 시장, 일부는 정부에 의해 결정된다. 예를 들어, 점주는 자신의 가게를 열어 원하는 건 뭐든지 원하는 가격에 판매할 수 있지만, 안전 검사를 통과한 제품을 취급해야 하고 직원에게 최저임금 이상을 지급해야 한다. 어떤 재화와 서비스는 민간기업이 공급하는가 하면, 다른 품목은 정부에서, 또다른 품목은 민관(민간과 관공을 아울러 이르는 말―편집자)이 함께 공급하기도 한다.

사람들은 일반적으로 자본주의나 공산주의 사회라고 표현하지만, 현실에서 거의 모든 경제는 혼합되어 있다. 왜 그럴까? 글쎄, 이를 설명할 한 가지 방법은 한마디로 현실은 워낙 난해하고 복잡하여 어느 한 체제로 완벽하게 설명할 수 없다는 것이다. 아니면 세계가 현재 두 체제의 전환기에 있다고 볼 수도 있다. 실제로 경제학자 조지프 슘페터Joseph Schumpeter가 이 논리를 주장했다. 그는 자본주의가 극도로 성숙한 사회는 궁극적으로 사회주의로 향하게 될 것이라고 보았다. 그리고 자본주의에서는 대중 교육이 보급되고 삶의 질이 향상하는 경향이 있어서 지식인층이 부상하게 된다고 보았다. 이들이 스스로 불공정하다고 생각하는 자본주의의 일부 요소에 반발하면서 복지정책과 같은 사회주의적 공약에 투표한다는 것이다. 어쩌면 당연하게도 이러한 슘페터의 생각은 매우 논란의 여지가 있다. 그리고 그의 사상이 대단한 발견이었는지 아닌지 논쟁은 오늘날까지도 이어지고 있다.

그 외 (잘못된) 이분법

시장 대 국가로 나누는 이분법은 흑백논리의 오류에 해당한다. 이분법은 무언가가 확실히 반대되는 두 편으로 나뉠 수 있어야 한다. 하지만 지나치게 단순화한 이분법으로 오해를 유발할 수 있는 경우라면 흑백논리의 오류가 된다. 실제로 경제학에는 몇 가지 이분법적 가설이 있는데, 논점으로 삼기에는 편리한 방법이지만 현실 세계의 작동 원리를 잘 반영하지 못하는 한계가 있다.

큰 정부 대 작은 정부

사람들이 정부를 "크다 작다"라고 표현할 때 이는 대개 정부가 경제에 얼마나 관여하는지를 가리키는 말이다. 대강 설명하자면 큰 정부는 고율의 세금 부과, 재정지출, 공공재화와 서비스 공급, 규제 시행에 더욱 주안점을 두는 편이다. 작은 정부는 법과 질서, 재산권에 초점을 맞추고 그 외의 모든 것은 시장에 맡기는 편이다. 큰 정부를 지향하는 관점은 좌파에 가깝고, 작은 정부를 선호하는 관점은 우파에 가깝다.

그러나 정부가 크든 작든 실제로 이를 수치화할 방법이 없기에 이 용어는 주관성을 띨 수밖에 없다. 즉 같은 정부를 두고도 누구는 간섭이 심한 큰 정부로 느낄 수 있고, 다른 누구는 수수방관하는 작은 정부라고 생각할 수 있다. 게다가 '정부 규모'를 측정할 잣대는 한둘이 아니다. 예를 들어, 재정지출이 많은 정부라도 자국민에 대한 규제와 감독 측면에서는 자유방임주의 성향을 띨 수 있다.

좌파 대 우파

좌파와 우파(그리고 중도)는 정치적 성향을 설명하는 용어다. 그 정의는 고정되어 있지 않으며, 우리 대부분의 정치적 견해는 좌우로 쫙 펼쳐진 스펙트럼의 어느 한 지점에 놓여 있다. 그리고 더 혼란스럽게도 사람들이 인식하는 좌우의 기준은 시공에 따라 크게 바뀔 수 있다.

그러나 아주 대략적으로 보자면, 아마 오늘날의 좌파는 큰 정부에 찬성하며 사회주의, 광범위한 복지제도, 노동조합, 소수자 권리, 엄격한 규제와 고율의 세금 등을 지지할 것이다. 스스로 우파라고 생각하는 사람은 자유시장, 자유무역, 감세, 규제 완화, 공공재 감축을 선호할 가능성이 크다. 중도파는 대개 이 양쪽 견해의 온건한 버전이나 절충된 견해를 지니고 있다.

사회주의, 공산주의 대 자본주의

자본주의는 공공보다 민간 부문을 우선시한다. 생산과 성장을 촉진하기 위한 투자수단으로서 자본(가치를 지닌 자원으로, 주로 돈을 가리킨다. 대개 더 많은 가치를 창출할 목적으로 생산에 투입된다)의 중요성을 매우 강조한다. 또한 재산권을 중요시한다(순전한 자본주의 사회라면 거의 모든 자산이 개인과 기업의 소유물일 것이다). 자본주의를 비판하는 사람들은 국부의 대부분을 소수의 특권층이 부당하게 독차지한다고 지적한다.

사회주의와 공산주의는 경제와 자원이 모든 사람의 몫이며 어느 정도 평등하게 공유되어야 한다고 생각한다는 점에서 서로 비슷하다. 지지자들은 이 목표를 달성하기 위해 국가가 모든 재화와 서비스의 생산과 소비를 감독하고, 사유재산을 엄격히 제한하거나 법으로 금지해야 한다고 생각한다. 반면에 비판자들은 자유를 제한하는 비효율적인 제도라고 주장한다.

명목상 공산주의냐 자본주의냐 하는 이데올로기가 그 나라의 실제 경제운용방식과 항상 딱 맞아떨어지는 것은 아니라는 점을 유념해야 한다. 예를 들어, 중국은 공산주의 국가이지만 개인이 많은 사유재산과 부를 축적할 수 있다. 영국은 자본주의 체제를 자처할지 몰라도 NHS 등 사회주의적 요소도 채택하고 있다. 일부 경제학자들은 '자본주의적 사회민주주의capitalist social democracy'와 같은 거추장스러운 신조어를 도입해 이 난제를 해결하려 시도했다. 또다른 학자들은 이러한 유형의 꼬리표가 이제는 유명무실해졌다고 말한다.

토막 상식

정치 성향을 나타내는 '좌파'와 '우파'라는 용어는 18세기 프랑스에서 유래했다. 왕과 왕당파는 오른쪽에 앉고, 반대편인 혁명파는 왼쪽에 앉았다.

경제에 정부의 역할이 필요할까?

경제는 인간생활과 자원을 조직하기 위한 시스템일 뿐이므로, 이론적으로는 정부의 감독 없이도 돌아갈 수 있다. 이를 무정부 상태라고 한다. 하지만 무정부 상태는 결코 현실화된 적이 없다. 오늘날 우리가 직면한 경제의 규모와 복잡성으로 보아, 어떤 경제도 정부 없이는 존속하기 어려운 것도 그 이유 중 하나다. 정부가 경제의 매우 중요한 버팀목이 되는 근거로는 아마 다음 다섯 가지 정도를 꼽을 수 있겠다.

- 정부는 어떤 경제체제를 채택할지 논의하고 결정한다.
- 국가는 법과 질서를 집행하고 시민의 재산권을 보호한다.
- 국가는 시장이 제공할 수 없거나 국민이 시장공급을 원치 않는 재화와 서비스를 제공한다.
- 경제가 실패하거나 시장이 오작동하면 정부가 개입할 수 있다.
- 정부는 사회 구성원이 원한다면 시장보다 더 공평하게 소득을 재분배할 수 있다.

규제자로서의 정부

정부가 경제에서 수행하는 모든 역할 중에서 법, 질서, 재산권의 집행자라는 지위는 아마 경제학자들 사이에서 논쟁의 여지가 가장 적을 것이다. 아무리 완고한 자유시장주의자라도 이러한 목적을 위해서는 정부가 필요하다고 믿는 경향이 있다.

정부는 폭력의 독점monopoly on violence이라 불리는 만큼, 규제 집행에 유일하게 적합한 주체이기 때문이다. 이것은 국가 외에는 누구도 폭력을 휘두르지 않는다는 뜻이 아니라, 개인이 국가와 싸울 때 국가를 당해낼 수 없다는 의미다. 결국 국가는 군대와 경찰, 수감시설, 널리 공포된 법률 등을 갖추고 있어서 정부 지시를 따르지 않는 사람을 수감하거나 처벌할 수 있다.

규칙과 그 위반에 대한 실효성 있는 처벌제도가 없으면 경제체제는 붕괴하기 쉽다. 생각해보면 우리 경제를 뒷받침하는 많은 가치 교환 행위는 모든 사람이 같은 규칙을 따르리라는 전제에 의존한다. 그렇기에 구매자는 재화와 서비스를 제공하는 판매자가 제품의 품질을 허위로 표시하지 않을 것이라 믿는다. 정부의 존재와 그들의 독점적 폭력 행사권은 모든 사람에게 이러한 규칙을 따르도록 강력한 동기를 부여한다.

재산권: "이봐, 그건 내 거야!"

재산은 개인이 소유할 수 있는 모든 것을 말한다. 따라서 재산권은 소유물을 결정하고 수호하는 권리다. 많은 사람들은 재산권을 경제성장의 토대라 여긴다. 반대로 재산권을 부의 불평등, 환경파괴와 같은 우리 사회의 가장 어두운 면을 초래한 원흉으로 보는 사람들도 있다.

그래도 재산권의 본질에 대해서는 양측의 생각이 같다. 재산권은 특정 자산을 관리할 권리를 특정 개인(또는 법인)에게 부여하고 다른 모든 사람은 소유자의 허가 없이 사용하지 못하도록 하는 게 핵심이다. 다만 이것이 좋은지 나쁜지에 대해서는 의견이 갈린다.

누군가가 어떤 자원에 대한 확실한 권한을 가지고 있으면, 다른 사람들이 해당 자원을 두고 다투거나 자원을 실제로 사용하는 시간보다 어디에 사용할지 논쟁하는 시간을 더 많이 허비하는 일을 막을 수 있다. 또한 수요가 많지만 희소한 자원을 남용하지 못하게 한다. 그러지 않으면 자원이 급격히 고갈되거나 파괴되는데, 이 현상을 공유지의 비극tragedy of the commons이라고 한다. 이를 설명하는 예로 농부들이 각자 자기 소를 방목하는 공동 목초지가 흔히 거론된다. 각 농부는 자기 소가 많은 풀을 뜯어 먹을수록 이익을 얻지만, 다른 농부의 소가 풀을 다 먹어 치우면 아무것도 얻지 못한다. 그러므로 그들은 풀이 남아나지 않아 목초지가 황폐해질 때까지 소에게 풀을 먹인다.

게다가 소유물은 소유주에게 개인적으로 이익을 가져다주므로, 그 자산을 이용하여 가치를 창출하려는 큰 동기부여로 작용한다. 이러한 가치 창출은 투자(소유물의 가치를 높이기 위한 행위) 또는 교환(소유물에 더 높은 가치를 매기는 사람에게 이전)을 통해 발생한다. 참고로 이렇게 생성된 가치는 꼭 돈이 아니어도 된다. 예를 들어, 자선사업가는 다른 사람들의 건강, 행복 또는 사회 전반적인 후생을 증진하기 위해 자신의 재산을 일부 기부하기도 한다.

동시에 소유물은 그 배타적 특성상, 다른 많은 사람들이 자신의 이익을 위해 해당 물건에 접근하지 못하게 되어 있다. 이는 몇 가지 이유로 종종 문제의 소지가 되곤 한다. 첫째, 소유물은 애초에 부자들이 가장 취득하기 쉽다. 둘째, 어떤 소유물이 모든 사람을 이롭게 할 수 있다면 한 개인이 독점하기보다 공유할 때의 혜택이 더 크거나 중요하다고 볼 수 있다.

여러분이 마을에서 유일한 우물을 소유하고 있다고 상상해보자. 먼저 자신의 갈증을 채운 후 남은 식수를 비싼 값에 팔면 엄청난 부자가 될 수 있다. 그러면 본인에게는 좋겠지만, 대부분의 사람들은 마을의 모든 주민이 공짜로 식수를 이용할 수 있어야 더 공정하다고 생각할 것이다.

공유지의 비극이론은 노벨 경제학상 수상자인 엘리너 오스트롬Elinor Ostrom을 비롯해 경제학자들에게도 연구 대상이 되었다. 오스트롬의 연구에 따르면 공유자원의 소유권을 공동체 구성원이 나눠가지면 더 평등하면서 지속 가능한 방식으로 자원을 사용한다고 한다.

재산권은 권리인가, 월권인가

재산권을 원칙적으로 지지하는 사람들 사이에서도 개인이 소유한 모든 것에 대해 권리가 인정되어야 하는지에 대해서는 여전히 많은 이견이 있다. 이러한 논쟁의 핵심 중 하나는 재산으로 간주될 수 있는 '대상', 또 하나는 그 재산을 취득하는 '방법'이다.

첫번째 유형의 논쟁에 해당하는 예로, 고양이와 개를 소유하는 것이 도덕적으로 허용되느냐를 놓고 반려동물 소유주와 동물권 운동가 간의 대립이 있다. 두번째 논쟁의 예로는 식민지 시대에 무력으로 빼앗아 백인 가족의 소유가 된 토지를 후대에 와서 보상 없이 몰수할 수 있느냐는 문제가 해당한다.

시장이 제공할 수 없거나
국민이 시장공급을 원치 않는 재화와 서비스

우리가 미용실에 가든 심장 수술을 받든 어떤 서비스를 필요로 하거나 원할 때 그것을 얻을 방법에는 몇 가지가 있다. 우선 자급자족하는 방법이 있으나, 너무 성공률이 낮거나 비용이 많이 들 때가 많다. 그래서 대신 시장으로 눈을 돌린다. 우리는 시장에서 필요한 것을 제공받지만 그 대가로 다른 가치물(대개 돈)을 내놓아야 한다.

대개 우리의 선택지는 여기서 끝이다. 그러나 일부 재화와 서비스의 경우 정부가 담당하기도 한다. 물론 어떤 것을 정부가 공급한다 해도 이는 정치적 선택이어서 국가마다 다르다. 예를 들어, 영국과 미국은 모두 모든 아동에게 무상 교육을 지원하지만, 국가의료보험의 경우 NHS라는 형태로 영국만이 전 국민에게 제공한다.

이러한 차이점이 있는 이유는 미국이 무상 의료를 제공할 자원이 없어서가 아니다(미국은 영국보다 잘사는 나라다). 정부가 보편적 의료서비스를 제공하는 기능이 시장보다 떨어질 것이라고 믿는 미국 입법자가 과반수이기 때문이다. 이처럼 국가가 재화와 서비스를 제공하면 비효율적이라는 사고방식은 흔하다. 그들은 정부가 시장과 달리 공공재를 통해 이윤을 창출하려는 의도가 없다는 점을 주된 근거로 내세운다.

이윤은 기업이 지속 가능한 재정적 자립을 가능하게 하는 원동력이다. 기업은 계속 성장하기 위해 이윤을 가지고 투자를 반복할 수 있다. 반면에 정부는 공공재와 서비스에 가격을 매겨 수익을 거둘 수 없으니 재원을 다른 곳에서 끌어와야 한다. 이 자금줄이 바로 세금이나 부채다. 그러나 정부가 돈 벌기에 집중하지 않아서 좋은 면도 물론 있다. 공공재와 서비스는 대개 무료이고, 어디서나 사용할 수 있으며, 후생과 같은 비금전적 결과를 개선할 수 있기 때문이다.

국가가 재화와 서비스를 공급하면 다른 이점도 있다. 정부는 특정 제품을 더 저렴한 가격으로 공급할 수 있으므로 개별 기업보다 규모의 경제 면에서 우위에 있다. 또한 공급을 시장에 맡길 경우 일부 시민은 비싸서 이용하지 못하거나, 사기업은 수익성이 없다는 이유로 공급을 포기할 수도 있다. 그러나 정부에 공급을 맡긴다면 이러한 사태를 방지할 수 있다.

영국의 교육과 의료시스템이 그렇듯, 때로는 정부와 시장이 둘 다 재화나 서비스를 제공해 시민들에게 선택의 기회를 부여한다. 그러나 사회적 합의를 통해 정부가 공급을 오롯이 도맡는 경우도 흔하다. 보통 이 결정은 안정성(민간기업에 맡기면 무모하게 위험을 감수하여 사회에 광범위한 피해를 끼칠 수 있다고 가정) 또는 평등(어떤 사람이 단지 부자라는 이유만으로 더 양질의 재화와 서비스를 누리지 않도록 보장)과 같이 각 사회의 우선순위에 따라 달라진다.

무임승차 문제

무임승차 문제는 국가가 재화와 서비스를 공급해야 한다는 논리를 정당화하는 근거로 흔히 인용된다. 사회에 매우 중요하고 유익한 공공재를 시장이 공급하면 모든 이용자에게서 비용을 징수하기가 너무 어려우므로 시장실패가 일어난다는 것이다.

모든 인류를 절멸할 거대한 소행성이 지구로 돌진하고 있다고 상상해보자. 한 과학자는 소행성을 폭파할 기계를 개발해 세상을 구할 수 있다지만, 그러려면 모든 사람에게서 돈을 걷어야 한다. 하지만 한 사람이 자신의 몫을 지불하기를 거부하고 이웃들의 비용 부담에 슬쩍 묻어가려 한다고 치자. 여러분은 소행성 프로젝트에 실제로 자금을 지원한 사람들과 마찬가지로 무사히 살아남아 큰 이익을 얻을 것이다. 이것은 근본적으로 불공평해 보일 뿐 아니라, 애초에 아무도 돈을 안 내려는 상황을 초래할지도 모른다. 비용을 안 내도 똑같이 혜택을 누릴 수 있다면 뭐 하러 비용을 내겠는가? 그러나 누구나 이런 생각을 똑같이 한다면, 소행성 폭파 기계를 아예 구매하지 못하고 모두가 끔찍한 최후를 맞이할 것이다.

그러나 정부는 이러한 계획에 드는 비용을 세금을 통해 모든 사람에게 지불하도록 강제할 수 있다. 그러므로 현실에서 많은 사람들은 공기정화, 군대, 홍수 제방과 같이 무임승차 가능성이 있는 사업을 정부가 담당하기를 원한다.

흔히 정부가 해결사로 등판해야 하는 또다른 유형의 시장실패로는 외부효과가 있다. 이는 잠시 후 '세금' 단락에서 더 자세히 설명하겠다.

경제 문제 완화

때로 경제는 문제를 일으켜 많은 사람들에게 피해를 입힌다. 예를 들어, 물가가 급등해 사람들이 생필품을 구입하는 부담이 커질 수 있다. 혹은 많은 기업이 동시에 실적이 좋지 않아 직원을 대량 해고해야 할 때도 있다. 또 어떤 은행은 부채가 지나치게 쌓이는 바람에 고객에게 예금을 돌려주지 못하게 될지도 모른다.

이런 일이 발생하면 정부는 문제해결사로 발 벗고 나선다(대개 중앙은행의 힘을 빌린다. 자세한 내용은 8장을 참고하라).

공정성을 위한 소득재분배

자유시장은 아무리 완벽히 작동해도 모든 사람이 똑같이 잘살도록 설계되지 않았다. 사실 그보다는 혁신과 투자에 활발히 참여하는 특정 개인과 기업에 부가 쏠리게 한다. 이것이 사람들로 하여금 공공의 이익에 부합하는 경제활동에 참여하도록 자극하는 인센티브가 된다는 논리다(예를 들어, 흥미로운 신제품이 개발되거나 새로운 일자리가 창출되기 때문이다).

그러나 많은 사람들이 보기에 현실에서 자유시장이 작동하는 방식은 이와 다르다. 따라서 운 좋은 부유층에게만 부가 쏠리고 그 외의 대다수는 완전히 소외되는 현 체제의 결함을 고쳐야 한다는 목소리가 높다.

그러나 또 어떤 사람들은 아무리 부유층이 자신의 부를 '좋은' 목적에 쓰더라도, 어떤 식으로든 부가 불평등하게 분배되는 사회 관행이 제도로 굳어져서는 안 된다고 생각한다. 대신 그들은 모든 사람의 생활수준을 더욱 평등하게 만드는 데 집중해야 한다고 주장한다. 그러기 위한 한 가지 방법은 최상위층에서 최하위층으로 부를 재분배하도록 정부에 요구해, 모든 사람이 더욱 평등한 위치에 놓이도록 하는 것이다.

그러나 정부도 실패할 수 있지 않을까?

시장의 비대화와 시장실패의 해결책이 정부라는 주장이 있는가 하면, 정부의 비대화와 정부실패의 해결책은 시장밖에 없다는 주장도 있다.

한 가지 확실한 사실은 정부가 무능하거나 부패하거나 특정 집단만 대변하면 나머지 모든 사람에게 피해를 줄 수 있다는 점이다. 그러므로 우리는 정부가 경제에서 수행하기를 바라는 역할을 결정할 때 당시 우리가 처한 시간적, 공간적 상황을 항상 염두에 두어야 한다.

규제: 게임의 규칙

규제는 정부가 경제에 질서를 부여하고자 정한 일련의 규칙이다. 정부는 어떤 목표가 됐든, 규제를 통해 그 목표를 달성한다. 예컨대 정부가 모든 직종의 노동자에게 기본 생계비를 충족할 충분한 소득을 보장하고자 한다면 최저임금제를 도입할 것이다. 또 일회용 비닐이 환경에 미치는 영향을 우려한다면 모든 비닐봉지 사용에 요금을 부과할 수 있다.

규제의 필요성

규칙은 질서를 부여한다. 아무 규칙 없는 축구 경기를 상상해보자. 분명 난장판이 될 것이다. 정부 규제는 무엇이 화폐로 통용될 수 있는지부터 화폐가 바닥나면 어떤 결과가 발생하는지에 이르기까지 모든 정보를 알려줌으로써 우리가 경제와 더 쉽게 상호작용할 수 있게 한다.

규제의 '적정 수준'

모든 구성원의 행복, 건강, 부를 극대화하려면 일반적으로 어느 정도의 규제가 가장 효과적인지는 사람마다 견해차가 크지만, 규제가 전혀 필요없다고 생각하는 사람은 거의 없다. 따라서 규제를 둘러싼 논쟁은 전반적인 규제의 총량이 너무 많고 적은지보다는 어느 특정한 규제의 개정, 폐지, 도입이 필요한지 아닌지와 관련된 경우가 많다.

그러나 규제의 정도와 관련해 더 흔히 불거지는 몇 가지 경제적 논점이 있다. 그중 하나가 규제가 적을수록 기업에 이롭다는 생각이다. 기업이 스스로 적합하다고 생각하는 방식으로 자유롭게 물건을 사고

팔 수 있기 때문이다. 하지만 이에 대해 기업이 원하는 것을 잘못짚었다는 반론도 존재한다. 실제로 기업이 원치 않는 것은 잦은 변경으로 혼돈을 유발하는 규제, 즉 준수하기 어려운(그리고 비용이 많이 드는) 규제라는 것이다. 이 논리가 옳다면 기업은 가벼운 규제를 수시로 바꾸는 정부보다 엄격한 규제를 꾸준히 유지하는 정부를 선호할 것이다.

또다른 논쟁은 규제가 개인에게 적용되는 방식이다. 이 논쟁에서는 정부 규제가 사람들을 무의식적 가해로부터의 보호 외에 고의적 가해로부터의 보호까지 포함해야 하느냐는 질문을 던진다. 첫번째 유형의 규제를 예로 들면, 식품 제조업체에 성분 표기를 의무화하여 알레르기 환자들이 성분을 확인할 수 있게 하는 것이다. 이것은 별로 논쟁의 여지가 없다. 두번째 유형의 규제는 담배 판매를 규제하여, 담배가 심각한 질병 위험을 높인다는 사실을 이미 잘 아는 흡연자의 담배 접근성을 차단하는 것이다. 이는 논쟁의 여지가 더 크다.

정부의 규제가 우리의 선택에 영향을 미치는 데 반대하는 사람들은 대체로 개인의 자율성과 자유를 중요시한다. 그들은 고객이 제품에 관해 필요한 모든 정보를 알고 있는 한, 장점(담배의 쾌감)과 단점(폐암 위험)을 알아서 비교해야 한다고 생각한다. 다른 한편에는 우리가 생각만큼 자유의지를 충분히 갖고 있지 않으므로 우리의 선택은 사실 불충분한 정보에 입각한다고 주장하는 사람들도 있다. 유해한 제품이라도 눈에 띄게 진열되거나 매력적으로 포장되어 있으면, 인간은 충동구매에 휩쓸리기 쉽다는 것이다. 게다가 중독이나 질병과 같이 스스로 통제할 수 없는 요인에 의해 판단능력을 잃기도 한다.

나라 살림 꾸리기: 세금 등

시장실패를 바로잡고, 재산권을 집행하는 등 정부가 하는 모든 일에는 비용이 만만치 않게 든다. 따라서 정부는 임무를 수행하기 위해 돈(경제 용어로 '세수입')이 필요하다.

정부가 이 세수입을 모으는 세 가지 주된 방법이 있다. 첫째, 조세제도를 마련한다. 둘째, 채권을 발행해 돈을 빌린다. 셋째, (경제적 가치가 있는) 자산을 매각하거나 임대한다.

세금의 정의

세금은 법에 의해 국민이 정부에 납부해야 하는 요금으로, 국가가 국부를 나누고 재편하기 위해 사용하는 주요 메커니즘 중 하나다. 많은 정부에 세금은 단연 으뜸가는 자금줄이다. 2018/2019 회계연도에 영국 정부가 징수한 세금은 같은 기간 새로 발행한 부채액보다 11배 더 많았다. 이때는 긴축정책의 끝 무렵으로, 정부부채가 평소보다 높은 편이었다.

그런데······ 내가 낸 세금은 어디로 가지?

세금은 강제로 빼앗긴 후 나에게 되돌아오지 않는 것처럼 느껴지기 쉽다. 그러나 그게 사실일까? 세금의 기능에 대해서는 여기서 몇 가지 간략히 설명할 것이다. 그러나 그 돈이 실제로 무엇을 위해 쓰이는지는 크게 세 경로로 나눠 머릿속에 그려보는 것이 도움이 될 것이다.

여러분을 포함한 모든 사람을 위해	보편적 서비스 universal service라고 하는 경찰, 의료, 학교 등 공공재 비용을 부담한다.
여러분이 아닌 다른 사람을 위해	여러분이 내는 세금이나 여러분에게 물건을 파는 회사가 내는 세금에 따라 사회 내에서 소득재분배의 결과가 달라진다. 이것을 부의 이전 transfer of wealth이라고 한다.
오직 여러분을 위해	개인적으로 힘든 시기에 복지제도의 형태로 자신에게 되돌아올 수 있다. 예컨대 직장에서 해고되었든 자신의 계획대로 은퇴했든, 실업 상태가 되었을 때가 이에 해당한다. 따라서 세금은 일종의 공동 저축 내지 보험 장치의 기능을 할 수 있다.

세금이 필요한 이유

정부가 돈을 조달할 다른 방법도 있다. 그러나 거의 모든 역사에 걸쳐 정부의 주수입원은 세금이었다. 고고학자들은 기원전 6000년 경에도 점토에 새겨진 기록을 통해 세금이 존재했음을 발견했다. 왜 세금이 필요했을까? 사회가 개인의 부를 재분배하기 위해서다. 앞서 논의했듯 경제 내에서 부를 이전하는 것은 정부의 핵심 역할 중 하나다. 그리고 이를 달성하는 효과적인 방법이 바로 세금이다. 세금은 한 개인에게서 돈을 가져다가 다른 사람에게 넘겨주는 메커니즘이다.

세금은 공공의 저축이자 보험 장치다

인간은 대개 해고나 퇴직 등 재정적 타격이 큰 사건이 아직 먼일 내지는 남의 일이라고 생각하므로, 이에 대비해 돈을 저축하는 능력이 매우 부족하다. 이런 가운데 세금은 본질적으로 사람들이 나중에 필요할 때를 위해 소득의 일부를 따로 남겨두게 강제하는 역할을 한다.

세금은 특정 행동을 장려하거나 억제한다

또한 세금은 정부가 개인과 기업으로 하여금 더욱 '바람직한' 방식으로 행동하도록 넛지하기 위해 사용될 수 있다. 예를 들어, 정부가 비만 인구와 의료비를 줄이고자 한다면, 사람들이 식품 가격에 민감도가 높다는 점을 이용해 설탕 함유 제품에 높은 세금을 부과할 수 있다. 또는 전통적인 가족관을 중시하는 정부라면 결혼한 커플에게 세금을 감면해 사람들에게 결혼에 대한 금전적 인센티브를 제공할 수 있다.

정부에 자금을 대주고 국가체제를 정당화한다

모든 사람에게 자기 돈의 일부를 내놓도록 강제하는 것은 누구나 납세의 의무가 있다는 신호를 아주 분명히 보내는 방법이다. 오늘날 영국 같은 민주주의 국가에서는 일반적으로 세금의 목적이 시민들에게 원하는 것을 제공하기 위함이라는 관점을 취한다. 그러나 과거 다른 시대와 다른 국가에서는 세금이 호화로운 궁전을 짓거나 전쟁을 수행하는 목적과 같이, 힘 있는 통치자가 '자신'이 원하는 것을 충족하는 수단이었다.

세금의 조정으로 경제호황과 불황의 진폭을 최소화할 수 있다

모든 사람들은 매일 각자가 처한 상황을 다각도로 고려해 언제 돈을 쓰고 언제 돈을 아낄지 결정을 내린다. 그러나 때로는 대형 사건으로 인해 많은 사람들이 동시다발적으로 같은 결정을 내리기도 한다. 그 결과, 갑자기 훨씬 많은 돈이 유통되거나(사람들이 활발히 소비하는 경우) 자취를 감추기도(사람들이 저축하는 경우) 한다. 이러한 급격한 변화는 경제에 충격을 주어 위기를 일으킬 수 있다.

예를 들어, 한 작은 마을에서 그곳 주민의 상당수를 고용하고 있는 기업이 갑자기 망했다고 가정해보자. 실업자로 전락한 주민들은 먹고 살 길이 막막해지고, 대부분 허리띠를 졸라매기 시작할 것이다. 그러면 지역 내 다른 기업들도 물건이 예전만큼 팔리지 않으니 직원들을 해고할 것이다. 그리고 여기서 해고된 직원들도 씀씀이를 줄이는 악순환이 계속된다.

이때 세금은 소비나 저축의 상대적 장점을 부각함으로써 이러한 효과에 대항할 수 있다. 예를 들어, 예금에 세금이 부과되면, 사람들은 이자 수익이 줄어 저축보다 소비를 늘릴 것이고, 상품에 세금이 부과되면, 사람들은 물건 구매에 더 신중해질 것이다.

세금은 자국 통화의 수요를 창출한다

국가 통화는 정부가 직접 발행할 수 있다는 점에서 정부에 커다란 권한을 부여한다(8장 참조). 그러나 이 권한은 국민이 실제로 그 통화를 사용할 의향이 있어야만 효력을 발휘한다. 그렇지 않으면 아무도 정부가 발행한 지폐와 동전을 쓰지 않을 것이다. 국민이 국가 통화를 확실히 사용하게 할 한 가지 방법은 세금을 자국 통화로 납부하도록 의무화하는 것이다.

누가 (가장 많은) 세금을 내야 할까?

세액을 결정하는 요인은 아주 다양하다. 납세자가 거주하는 장소와 돈을 지출하는 용도도 포함된다. 그러나 무엇보다 중요한 요인 중 하나는 바로 소득수준이다.

세금은 부유층에게 가장 큰 부담을 주는 누진세progressive tax와 빈곤층에게 더 큰 영향을 미치는 역진세regressive tax로 나뉜다. 누진세는 부유층보다 빈곤층이 화폐 한 단위의 가치를 더 크게 느낀다는 원칙에 기반하며, 대체로 더 바람직하고 공정한 제도로 간주된다. 따라서 영국을 비롯한 여러 국가에서 소득세는 소득계층의 위로 올라갈수록 소득의 더 많은 부분을 납부하는 구조로 되어 있다.

그러나 소득세를 제외해도 대부분 세금, 즉 전반적인 조세제도가 실제로 역진적이라는 것을 알 수 있다. 역진세는 얼핏 명확히 드러나지 않을 때가 많다. 누진세와 달리 빈곤층이 부유층보다 더 많은 금액을 납부해야 한다고 명시하는 형태가 아니기 때문이다. 대신 두 가지 측면에서 빈곤층에게 간접적으로 타격을 입힌다. 첫번째는 부유층보다 빈곤층이 더 많이 사용하는 물건과 직결되는 세금이기 때문이다. 이는 설탕, 술, 담배에 부과하는 이른바 '죄악세sin tax'를 비판할 때 주로 거론되는 근거 중 하나다. 일반적으로 저소득층이 이러한 유형의 상품을 더 많이 소비하므로 세금의 대부분을 부담하는 셈이다.

두번째 이유는 많은 세금이 소위 일률 과세flat tax, 즉 비례세로 되어 있기 때문이다. 즉, 납세자의 재산과 상관없이 불변의 일정 세율이 붙는다. 예를 들어, 오렌지 주스 한 팩에 부과되는 소비세(영국에는 부가가치세VAT가 있다)는 여러분에게나 빌 게이츠Bill Gates에게나 똑같은 금액이 적용된다. 그러나 이 세금이 여러분의 소득에서 차지하는 비중은 억만장자보다 더 크기 때문에 여러분이 더 무거운 세금 부담을 지는 셈이다.

역진세에서 기억해야 할 점은 최상위층이 비교적 소득의 적은 '비율'을 세금으로 내더라도 절대적 액수로는 여전히 더 많은 세금을 낸다는 것이다. 그들이 전체적으로 더 많이 벌고 많이 쓰기 때문이다(비교를 확장하자면, 빌 게이츠는 여러분보다 더 비싼 오렌지 주스를 사거나 오렌지 주스를 사는 빈도가 더 잦을 것이다.)

어떤 사람들은 이 이유를 들어 세금이 누진적이지 않아도 괜찮다고 생각한다. 부유층은 여전히 소비를 통해 정부 세수입의 대부분을 대주기 때문이다. 하지만 반론도 있다. 세수입이 얼마가 되는지보다는 세금이 납세자에게 가중하는 재정 부담에 더 초점을 맞춰야 한다는 것이다.

영국의 소득세 제도

대부분 선진국과 마찬가지로 영국에는 다양한 세율이 부과되는 소득세 '구간band'이 있다. 이 세율은 항상 바뀌지만, 2020년 초 기준으로 영국 노동자는 연 1만 1500파운드까지 소득세가 면제된다(소득이 10만 파운드 이상인 경우 제외). 그다음부터 4만 5000파운드까지는 20%, 15만 파운드까지는 40%, 그 이상부터는 45%다. 연봉 5만 파운드를 버는 사람이 매년 2만 파운드의 소득세를 낸다는 의미는 아니다. 대신 5만 파운드 중 1만 1500파운드까지는 면세, 3만 3500파운드에는 20%, 나머지 5000파운드에는 40%의 세율이 부과된다. 따라서 연소득세 청구액은 8700파운드가 된다.

마지막으로 전문 용어 하나 더

세금은 누진세와 역진세 외에 직접세direct tax와 간접세indirect tax로도 나뉜다. 차이점은 간단하다. 직접세는 정부에 직접 납부하는 세금이고, 간접세는 중간 매개체를 거쳐 정부에 전달되는 세금이다. 소득세는 정부가 봉급에서 원천징수하므로 직접세에 해당한다. 소비세는 상점 주인에게 지불한 물건값에서 정부에 전달되므로 간접세다.

세금을 어디에 매겨야 할까

정부는 마음만 먹으면 어디에든 세금을 부과하기로 결정할 수 있다. 실제로 인류 역사 동안 정말 별의별 세금이 있었다(튜더 왕조 때는 수염세도 있었다). 그러나 더 보편적인 과세 대상을 나열하자면 다음과 같다.

- 소득
- 소비(물건 구매)
- 자본이득(소유물의 가치 상승)
- 이윤
- 부동산(예를 들어, 지방세)
- 수출입

이들에 세금을 부과하는 것이 옳은 일일까?

이번에도 역시 누구에게 묻느냐에 따라 답이 달라진다. 각 사회가 어떤 조세제도를 채택해야 하는지는 많은 상충하는 의견이 오간다. 많은 사람들은 현재 조세제도에 다양한 유형의 세금을 도입함으로써 세수입의 증가나 공정한 조세를(혹은 둘 다) 도모할 수 있다고 생각한다. 이러한 관점에서 가장 친숙한 유형의 세금은 다음과 같다.

부유세

어떤 사람들은 불평등을 완화하려면 과세 대상을 소득에서 재산 위주로 전환해야 한다고 생각한다. 그런데 우리는 대부분 소득이 재산의 일부에 포함된다고 생각하므로 약간 혼란스럽게 들리기도 한다. 그러나 경제학에서는 소득에 부과하는 세금(소득세)과 자산에 부과하는 세금(부유세wealth tax)을 구별한다.

자산은 집, 자동차, 루비 목걸이, 연금, 저축 등과 같은 가치물이다. 이들 중 많은 부분이 앞에서 언급한 좀더 전통적인 세금의 영역에 들어가는 것처럼 보이지만, 차이점은 과세 '시점'에 있다. 현행제도에서는 자산을 사거나 팔 때, 혹은 연금이나 예금의 경우는 현금화하기 시작할 때 세금을 낸다. 그러나 보유 자산은 소유하는 기간 내내 정기적으로 자산세를 납부해야 한다.

따라서 예금에 부유세가 부과된다면 돈이 은행 잔고에 머물러 있는 동안 쭉 세금을 내야 한다. 따라서 부유세는 저축을 억제해, 훗날 사람들이 어려운 시기에 처했을 때 복지나 정부지원비용을 증가시킨다는 비판도 있다.

외부세

경제 거래에서 (좋든 나쁘든) 부수적 효과가 발생하지만 거래 당사자가 그 비용을 부담하지 않는 경우를 외부효과라고 한다. 오염은 부정적 외부효과의 대표적 예다. 소비자가 트럭을 한 대 구입할 때, 그 가격은 재료비, 인건비, 제조업체의 이윤 등을 포함하지만 운전 시 공기 중으로 배출될 온실가스와 오염입자는 고려 대상이 아니다. 그러나 이 모든 오염물질은 사회적 비용을 초래한다. 기후변화와 호흡기질환을 일으키며, 이를 완화하거나 해결하기 위해 다른 제삼자(대개 정부)가 비용을 지불해야 한다.

따라서 외부세externality tax(경제학에서는 이론의 주창자인 아서 피구의 이름을 따서 '피구세pigouvian tax', 혹은 '교정적 조세corrective tax'라고 통칭한다.—옮긴이)는 거래 당사자들이 자초한 사회적 비용에 대해 금전적으로 책임을 지도록 강제하는 수단이다. 이는 매우 타당해 보이지만 실제로 구현하기는 매우 까다롭다. 외부효과를 수치로 측정하고, 이에 비용을 책정하기가 어렵기 때문이다. 기후변화로 홍수가 발생해 10억 파운드 상당의 재산 피해가 발생하면 각 정유회사나 개인 트럭 운전자는 그중 얼마만큼의 책임을 져야(즉, 금전적으로 물어줘야) 할까?

금융거래세

이 세금의 성격은 명칭에서 매우 확연히 드러난다. 주식매매와 같은 금융거래를 수행할 때마다 정부에 납부하는 세금이다. 주식시장의 큰손 투자자 중에 부유층이 비교적 많다는 점에서 금융거래세financial transactions tax는 누진세의 성격을 띤다.

금융거래세를 지지하는 사람들은 정부가 무모한 투기성 거래를 억제하고, 금융시스템에 쏠려 있는 막대한 부의 일부를 회수해야 한다고 생각한다. 또한 2008년 금융위기 동안 정부가 금융업계를 구제하기 위해 쏟아부은 수십억 달러 중 일부를 환수하는 것이 정당하다는 입장이다.

반면 금융거래세를 깎아내리는 사람들은 이러한 세금이 많은 사람을 이롭게 하는 산업에 타격을 입힐 것이라고 우려한다. 예를 들어, 런던의 금융업은 영국 노동력의 3% 이상을 고용하는 데다가, 이미 영국 정부의 총세수입 중 11%만큼 기여한다는 점을 지적할 것이다.

존재세

단지 존재한다는 이유로 사람들에게 세금을 부과하는 말은 다소 마키아벨리적으로 들릴다. 그러나 이 논리는 우리가 태어날 때부터 학교, 병원, 군대와 같은 국가서비스의 혜택을 받기 시작한다는 것이다. 이에 따르면 취업하거나 회사를 경영하거나 다른 과세 대상 활동에 종사하지 않는 사람도 늘 어떤 식으로든 정부에 자금을 보태야 하는 게 옳다.

그러나 그것이 존재세existence tax의 큰 문제이기도 하다. 급여, 자산, 이윤과 달리 존재한다는 것 자체에는 고유의 금전적 가치가 없다. 말하자면 사람들이 존재세를 납부할 근거가 되는 밑천이 존재하지 않는다. 그러다보니 존재세는 부유층보다 빈곤층에게 훨씬 큰 부담을 안기는, 완전히 역진적인 구조일 수밖에 없다.

마거릿 대처 전 총리의 악명 높은 인두세poll tax가 존재세의 한 예로 볼 수 있다. 그는 모든 성인이 매년 일정 세액을 지방의회에 납부하게 했다. 그러자 재산과 상관없이 똑같은 액수를 내야 하는 인두세가 매우 부당하다는 원성이 빗발쳤다. 결국 많은 사람이 납세를 거부했고, 급기야 폭동까지 일어났다.

로봇세

로봇과 그 외 기술의 눈부신 발전으로 인간이 결국 일자리를 잃을지 모른다는 우려가 커지고 있다. 로봇이 다양한 작업에서 인간보다 낫다는 점도 부분적 이유지만, 더 큰 이유는 대개 로봇이 인간 직원보다 투입비용 대비 가치가 더 높기 때문이다. 고용주는 로봇에게 최저임금이나 점심시간, 커피머신이 딸린 멋진 사무실을 제공할 필요가 없다. 하지만 로봇에 세금을 매기면 고용주의 비용 부담이 커진다. 그러면 인간 노동력의 비용 경쟁력이 올라갈 것이다.

그 외 다른 질문들

높은 세금은 경제에 좋은가 나쁜가?

답은 두 가지에 달려 있다. 하나는 해당 사회가 달성하고자 하는 경제적 목표이고, 또 하나는 이 질문을 누구에게 하느냐다. 첫째, 경제적 목표가 중요한 이유는 어떤 조세제도를 채택하느냐에 따라 경제적 결과도 다르게 나타나기 때문이다. 예를 들어, 기업성장에 초점을 둔 조세제도는 사회적 이동성의 개선에는 좋지 않을 것이다. 둘째, 누구에게 질문하느냐가 중요한 이유는 똑같은 경제적 목표를 원하는 사람들 내에서도 세금 인상이나 인하가 그 목표 달성에 최선의 방법인지에 대해 서로 의견이 '완전히 엇갈릴' 수 있기 때문이다.

이것은 직관으로 판단하기 어려울 때가 많다. 물론 정부가 많은 세수입을 확보하기를 바라는 집단과 세금을 올려야 한다고 생각하는 집단은 완전히 겹칠 가능성이 크다. 그러나 꼭 그렇지만도 않은 이유는 일부 경제학자들은 높은 세금이 낮은 세금보다 '넓게 보면' 더 적은 세수입을 징수한다고 생각하기 때문이다. 이 주장의 이면에 있는 논리는 높은 세금이 과세 대상이 되는 경제활동을 위축시킨다는 것이다. 다시 말해서, 사람들은 더 많은 세금을 내야 한다면 홍보, 창업, 새 옷 구매 등을 계획했다가도 그 생각이 사그라들 수 있다는 얘기다.

그러나 이러한 역효과가 발생하기 직전까지 최대한 올릴 수 있는 세금수준에 대해서는 광범위한 논쟁의 여지가 있다. 일부 경제학자들은 세율이 100%에 가까워야 생산성 하락이 세수입 증가의 이익을 능가한다고 주장해왔다.

왜 어떤 사람들은 세수입이 줄어야 좋다고 생각할까?

일각에서는 세금을 낮추는 건 물론, 한술 더 떠 세수입도 줄어야 한다는 주장도 있다. 세수입 증대는 부강한 경제를 위한 필요조건이 아니라고, 심지어 오히려 해롭다고 생각할 이유로는 여러 가지가 있다.

예를 들어, 세금이 낮아지면 노동자의 가처분소득이 늘어나므로 자신의 후생을 가장 높일 수 있는 무언가에 쓸 수 있는 여윳돈이 생긴다. 소비세가 낮아지면 모든 물건값이 더 저렴해지며, 이는 특히 저소득층에게 이익이 된다. 또 법인세가 낮아지면 기업은 이윤을 신제품개발에 투자하거나, 직원 급여를 인상하거나, 주주에게 배당으로 보상할 수 있다.

또다른 흔한 주장은 정부 재원을 충분히 마련하기 위해 높은 세율을 매기면 잘못된 인센티브를 낳는다는 것이다. 예를 들어, 실업수당을 받는 사람은 취업 욕구가 줄어들 수 있다. 그리고 사람들에게 많은 부를 쌓을 기회를 줘야(재분배를 통해 부를 나누기보다) 전반적으로 더 생산적이고 부유한 사회로 이어진다는 주장도 있다. 이것이 우리가 9장에서 논의한 낙수효과이론이다.

세금을 내지 않는 방법은 무엇일까?

세금을 회피하는 방법은 두 가지로 나뉜다. 하나는 불법인 탈세고, 또 하나는 합법이지만 곱지 않은 시선을 받기 쉬운 절세다. 일반적으로 절세는 세법의 허점을 악용할 수 있을 때 가능하다. 가령 부유층과 권력층은 정부가 자신들에게 유리한 세법을 제정하도록 영향력을 행사할 수 있다. 또한 국가마다 다른 세법을 이용해 돈과 자산을 세계 곳곳으로 이전하기도 한다.

조세도피처에 대해 다들 한 번쯤 들어봤을 것이다. 부유층이 세금을 내지 않거나 적게 낼 심산으로 현금을 숨겨두는 곳이다. 조세도피처는 대개 작은 섬이라는 고정관념이 있기는 하지만 다 그렇지는 않다.

아일랜드는 세계 최대의 조세도피처 중 하나이며, 영국도 마찬가지다.

어떤 지역이 조세도피처가 되는 이유에는 커다란 금전적 이점도 한 몫한다. 대부분 조세도피처는 돈을 보관해주는 대가로 다양한 수수료를 받는다. 그래도 수수료 부담이 세금 부담보다 작기 때문에 세금 회피자들에게 여전히 이득이다. 그러나 결국 그들은 조세도피처에 꾸준하고 쏠쏠한 수입원이 된다(그리고 세금 회피자는 대개 자국 시민이 아니기 때문에 어쨌든 그곳의 세제 혜택은 받지 못할 것이다).

많은 사람들은 힘들게 번 돈을 지나치게 떼어가려는 정부에 정당하게 대응하는 방법으로 절세를 옹호한다. 그러나 이러한 관행은 부유층이 사회적 의무를 회피하는 방편이라며 널리 비판을 받고 있기도 하다.

부채와 재정적자: 세금만으로는 자금이 부족할 때

정부가 원하는 만큼 세금을 올리지 못하면 몇 가지 다른 방책이 있다. 방금 논의했듯이 조세정책을 바꾸면 된다. 그러나 어떤 이유로든 여러 가지 조세정책을 섞는 것을 좋아하지 않는 정부라면 대출을 받는 방법이 있다.

정부부채와 재정적자

정부부채는 언젠가 갚아야 할 차입금이다. 정부는 개인, 다른 국가, 국제통화기금International Monetary Fund: IMF과 같은 기관을 비롯해 다양한 장소의 다양한 사람에게서 대출을 받는다.

재정적자는 정부가 세금 등 수입원에서 징수한 금액보다 더 많은 돈을 지출하는 경우 또는 그 계획을 말한다. 거액의 채무를 짊어진 정부는 세수입을 늘리거나 다른 곳에서 더 많은 수익을 얻지 못하는 한 적자에 빠질 것이다.

정부부채는 공공부채라고도 한다. 개인이나 기업이 진 부채는 민간부채라고 한다.

공공부채는 민간부채와 근본적으로 다르다

겉보기에 정부부채는 기업이 대출을 받거나 개인이 여행 경비를 신용카드로 지출하는 것과 매우 흡사해 보인다. 실제로 정치인들은 공공부채를 민간부채에 빗대어 이야기할 때가 많다. 데이비드 캐머런David Camerons 전 영국 총리는 여러 연설에서 야당인 노동당이 집권기에 "국고의 신용카드 한도를 최고치로 올려놨다"라고 언급한 것으로 유명하다.

대부분 민간부채와 마찬가지로 정부도 빌린 돈에 통상 이자를 지불해야 한다. 정부는 대출 상환능력이 얼마나 믿음직스러운지에 따라 달라지는 '신용 등급'이 있다. 신용 등급이 나쁜 국가는 더 높은 금리를 지불해야 하므로 대개 대출비용이 더 많이 든다.

그러나 자세히 살펴보면 공공부채와 민간부채는 서로 비교할 바가 못 된다. 무엇보다 정부는 막대한 부채를 져도 별로 심각한 재앙으로 여겨지지 않는다. 고도 선진국이자 부국인 일본은 현재 공공부채가

GDP의 249%에 달한다. 그러나 개인이 연소득 대비 2.5배 많은 빚을 지고 있다면 심각한 위기에 처했다고 봐야 할 것이다.

사실 이런 개인은 아마 파산 상태이거나 기본 생계비도 감당하지 못하고 있을 것이다. 그러면 집이나 그 외 자산 가치가 있는 소유물을 압류당하게 되며, 나중에 주택담보대출이나 신용카드 발급이 거절될 수 있다. 행여 더 많은 돈을 빌릴 자금줄을 찾을 수 있더라도, 웬만한 재무설계사라면 소득 범위 내에서 생활하라며 대출을 말릴 것이다. 이에 반해 일본은 여전히 우수한 신용 등급을 유지하고 있어 쉽게 돈을 빌릴 수 있다.

정부가 어지간해서 파산하지 않는 이유는 개인이나 기업에 없는 능력이 있기 때문이다. 바로 돈을 직접 추가로 찍어낼 수 있는 권한이다. 그러나 대부분 정부가 마구잡이로 돈을 찍지 않는 이유는 화폐 발행이 심각한 인플레이션, 즉 급격한 물가 상승으로 많은 사람을 빈곤으로 몰아넣을 수 있다는 경제학적 통설을 따르기 때문이다(실제로 2000년대 후반 짐바브웨에서 이런 일이 있었다. 정부는 계속 돈을 찍어댔고, 물가는 말도 안 되게 올랐다. 임금은 물가를 따라갈 수 없었고, 그 결과 "굶주리는 억만장자"가 양산되었다).

게다가 정부는 부채를 일부 상환하기 위해 수입을 갑자기 늘리기가 개인과 기업보다 더 수월하다. 개인은 고용주가 임금을 올려줄 의향이 있어야만 임금이 오른다. 기업은 소비자가 더 많은 돈을 주고도 제품을 살 의향이 있어야만 제품 가격을 인상할 수 있다. 그러나 정부가 세율을 올리면 모든 납세의무자는 어쩔 수 없이 세금을 더 내든지 감옥에 가든지 둘 중 하나를 택해야 한다.

정부가 대출을 못 갚으면 어떻게 될까?

온갖 수단을 동원했음에도 정부가 대출을 상환하지 못하는, 즉 전문용어로 채무불이행default에 빠지는 경우는 종종 생기게 마련이다. 아르헨티나는 1816년 독립 이후 8번의 채무불이행을 겪었다.

통상 채무불이행이 발생하면 결국 대출자는 대출액의 일부 내지 전부를 잃게 된다. 정부 자산으로 배상해달라고 요구할 수도 있겠지만, 정부가 자산을 순순히 내놓거나 그 자산을 관리하는 다른 국가가 채권자의 곤경을 이해해주지 않는 이상 성공 가능성은 희박하다.

대규모 재정적자가 안 좋은 것일까?

특히 경제학자들을 중심으로 많은 사람이 그렇게 생각한다. 그들이 재정적자를 싫어하는 이유는 대개 정부가 지고 있는 거액의 부채에는 이자 지급이 따른다는 사실 때문이다. 즉, 부채를 상환하는 동안 정부는 처음에 빌린 원금 외에 대출자에게 계속 추가 금액을 지불해야 한다. 그리고 이 돈은 푼돈일 리가 없다. 2018년에 영국은 공공부채 이자 상환에 480억 파운드를 지출했다. 이는 전체 세수입의 8%에 해당한다. 그 돈이면 교과서 배급이나 병상 증설, 소방관 월급 인상에 쓸 수도 있었을 것이다.

그러나 모든 사람이 이 주장에 동의하는 것은 아니다. 미래에 큰 수익이 기대되는 투자 목적이 있거나, 현재의 위기를 완화할 목적으로 대규모 정부적자가 생긴 것이라면 나쁘지 않다는 주장도 맞서고 있다. 다시 말해, 재정적자 증가로 창출하는 이득이 모든 이자지불비용보다 크다는 논리다.

영국은 2008년 금융위기 후 10년간 이 두 견해 사이를 오락가락했다. 그 기간 모든 선거에서 승리한 보수당은 정부의 재정적자를 줄이는 것(정부지출의 대폭 삭감, 즉 긴축)만이 경제건전성을 회복할 유일한 방법이라고 주장했다. 반대론자들은 정부가 불황기에 경기 침체의 끔찍한 후폭풍으로부터 사람들을 보호하기 위해 재정지출을 늘렸어야 했다는 (실업수당을 늘리거나 직원의 대량 해고를 앞둔 회사들을 구제함으로써) 입장이다. 사람들이 일자리가 있어야 계속 물건을 생산하고 월급으로 다른 기업의 제품도 구매할 수 있기 때문에, 그들의 생활수준 개선뿐 아니라 경제성장의 재개에도 도움이 된다는 발상이다. 또한 사람들이 내는 세금도 늘어나므로, 원래 적자를 상쇄할 수 있을 만큼 정부 세수입이 증가할 가능성도 있다.

이것이 부채를 잔뜩 짊어진 개인(또는 기업)과 정부의 또다른 큰 차이점이다. 개인이 자신의 능력 이상으로 지출해서는 안 된다는 점은 거의 누구나 동의한다. 즉, 상환할 수 있는 금액 이상으로 돈을 대출받아선 안 된다. 그러나 정부가 국고를 초과하여 지출해서는 안 된다고 믿는 사람은 단지 일부(캐머런 전 총리와 생각이 같은 사람들)에 국한된다. 다른 사람들은 초과 지출이 경제적 이익의 선순환으로 이어진다고 생각한다.

자산, 채권, MMT

자산은 정부의 자금줄이 되기도 한다

자산은 가치 있는 재산이다. 개인도, 법인도, 정부도 소유할 수 있다. 대부분 정부가 주로 소유하는 자산은 토지이며, 미적 가치가 크거나(예를 들어, 국립공원) 입지가 좋거나(예를 들어, 도심) 자원이 희귀해(예를 들어, 석유, 금, 그리고 요즘 말 많은 희토류가 있다. 희토류는 중국이 거의 독점하다시피 하고 있다) 높이 평가되는 경우를 포함한다. 그러나 도로, 철도, 공항, 우편, 병원, 학교를 비롯한 다양한 정부 자산이 있다. 정부는 국공유 자산을 이용하는 사람들에게 요금을 부과해 자금을 마련한다. 예를 들어, 국립공원 입장권을 유료화하거나 자신들이 소유한 건물을 임대할 수 있다.

아니면 완전히 매각하기도 하는데, 이를 민영화privatization라고 한다. 각종 자산을 민영화하는 정부는 단지 자금을 마련할 새로운 창구를 찾는 것만을 목적으로 하지 않는다. 그들은 대부분 재화와 서비스를 시장에 맡기는 편이 더 낫고 비용효율적이라는 경제 이념을 믿는 경향이 있다. 이 이유로 1980년대에 보수당의 마거릿 대처 총리는 집권기 중 여러 정부 자산을 민영화했다.

반대 방향을 추구하는 정부도 있다. 다른 개인의 사유재산을 빼앗아 국가 자산으로 만들 수 있다. 이를 국유화nationalization라고 한다. 폭력의 독점으로서 정부는 원소유자에게 보상하거나 심지어 허락받지 않고도 자산을 국유화할 수 있고 실제로 그래왔다. 예를 들어, 2000-

2001년에 짐바브웨는 백인 농장주들의 농지를 몰수했고, 1971년 칠레도 구리광산을 대부분 보상 없이 국유화했다.

그렇다면 국유화는 표면상 정부가 가치 있는 자산을 거저 획득하는 방법이다. 그러나 민영화와 마찬가지로 국유화의 주된 목적도 대개 정부의 자금조달이 아니다. 실제로 강력한 법제가 갖춰진 많은 민주주의 국가에서는 정부가 수용한 자산에 대해 시세만큼 소유자에게 지불한다. 또 법원 판결에서 정부 계획이 뒤집힐 가능성도 있다. 이 점에서 국유화는 매우 큰 비용이 드는 과정이 될 수도 있다.

그래도 국유화를 감행하는 정부는 국가안보 문제(특정 자산은 오직 정부가 관리해야 한다는 생각), 공정성 추구, 해당 자산이 운용되는 현 방식의 문제점 등이 이유인 경우가 많다. 예를 들어, 필수재를 시장에 맡기면 가격이 올라 감당하지 못하는 사람들이 많이 생겨날 수 있다. 그렇다면 정부는 시민들에게 적정한 생활수준을 보장할 조치를 취하기로 결정할 것이다. 때로 정부는 극심한 자금난에 빠진 사업 부문을 국유화해 중요한 자산을 보호하고자 한다. 금융위기 때 영국 정부가 스코틀랜드 왕립은행Royal Bank of Scotland을 부분적으로 국유화한 경우도 그 예다.

채권

정부가 자금을 조달하는 또다른 방법은 채권발행이다. 국채는 정부가 자주 발행하는 특수한 형태의 채권이다(기업도 채권을 발행할 수 있다). 쉽게 말해 채권은 일종의 디지털 각서다. 정부는 대출을 요청하고 대출자에게 특정 날짜에 이자와 함께 갚겠다고 약속한다.

개인과 기업에는 채권이 돈을 불리기 위한 투자수단으로 선호되기도 한다. 특히 안정적인 선진국은 상환능력이 더욱 믿음직하므로, 여윳돈을 국채에 투자하는 것은 좋은 재테크 방법으로 여겨진다. 또한 채권은 주로 금융시장에서 거래된다(자세한 내용은 8장 참조). 달리 말하면, 원래 채권을 매수해 정부자금을 빌려준 상대와 정부가 나중에 돈을 갚을 상대는 다를 수 있다.

현대통화이론: "정부가 그냥 돈을 찍어내도 되지 않을까?"

현대통화이론Modern Monetary Theory: MMT은 정부가 돈을 마련하는 방법을 새로운 관점에서 제기하는 이론이다. 기본 원칙은 정부가 세금이나 국채에만 의존할 필요 없이, 화폐를 발행해서 자금을 마련할 수도 있다는 것이다.

앞서 언급했듯이 대부분 경제학자들은 화폐 발행을 좋게 보지 않는다. 물가가 급등해 모든 재화 가격을 감당할 수 없게 되는 초인플레이션이 불가피하기 때문이다. 그러나 MMT 지지자들은 실제로 초인플레이션은 정부가 물가 진정을 위해 개입하지 않거나, 정부지출 규모가 실제 목적 달성에 필요한 자원에 비해 과도할 때만 발생한다고 말한다.

이 자원은 일자리, 설비, 귀금속 등 경제적 가치 창출에 사용되는 어떤 것이든 될 수 있다. 예컨대 정부가 도로를 건설하려면 필요한 자원으로는 굴착기와 건설업자가 포함될 수 있겠다. MMT 옹호론자들은 정부가 정해진 기간에 정해진 영역의 도로를 완성하는 데 필요한 굴착기 비용과 건설업자 인건비만큼만 돈을 인쇄하는 한 문제가 없을 것이라고 믿는다. 이를테면 정부가 필요한 굴착기와 건설업자 비용의 두 배에 달하는 돈 정도는 찍어야 엄청난 인플레이션이 발생할 수 있다는 것이다.

이것이 현실에서 타당한지는 아직 입증되지 않았다. 그러나 알렉산드리아 오카시오 코르테스Alexandria Ocasio-Cortez 하원, 버니 샌더스 상원 같은 미국의 대표적인 좌파 정치인들 사이에서 지지를 얻기 시작한 만큼, MMT가 현실에서 구현될 날이 언젠가 올지도 모른다.

예산: 정부의 씀씀이

정부는 어디에 돈을 쓸까?

정부는 어디에 돈을 쓸까? 짧게 답하자면, 아주 다양한 곳에 쓴다. 앞서 사회기반시설, 복지, 공공서비스, 국채 이자 등 정부지출의 여러 측면을 이미 언급했다. 또한 정부는 자산을 유지관리하기 위해 직원 고용에서 낡은 부품 교체에 이르기까지 온갖 형태의 비용을 지불해야 한다.

정부예산에서 쉽게 볼 수 있는 다른 항목으로는 정부 업무를 위탁받아 수행하는 민간기업에 지불하는 아웃소싱 비용, 그리고 제품 가격을 낮추기 위해 정부가 생산비의 일부를 기업에 부담해주는 보조금이 포함된다.

또한 정부는 자체 기능을 수행하기 위해 상당한 돈을 지출한다. 가장 대표적인 예가 공무원 조직으로, 정부가 할 일을 파악하고, 그 일을 실제로 추진하고, 결과가 얼마나 효과적인지 분석하느라 펜대를 굴리는 사람들이다. 그들에게 임금을 주고, 사무실에서 필요한 컴퓨터, 커피머신을 구입하는 행위도 재정지출이다. 음, 물론 펜대도 필요하다.

정부는 지출을 어떻게 결정할까?

정부예산은 시기, 지역, 정치적 신념에 따라 크게 달라진다. 그들의 예산 규모와 사용처는 여러 요인에 의해 결정된다.

우선 정부는 재정지출을 무턱대고 결정하지 않는다. 실제로 다른 외부 집단의 압력 때문에, 원래 계획한 목적이나 심지어 정부가 선호하는 목적과도 다른 사용처에 지출하도록 설득당하는 경우가 많다.

특히 중요한 집단은 다음과 같다.

유권자	민주주의 국가에서는 대권을 노리는 정당이 집권 후 무엇을 하겠다는 일련의 공약을 걸고 나서야 정권을 잡을 수 있다. 따라서 재정지출의 우선순위는 어떤 공약이 유권자 대다수의 인기를 끌 수 있을지에 따라 결정된다.
로비단체와 압력단체	기업, 특수이익단체, 유력 인사 등은 종종 정부에 영향력을 행사해 자신들의 관심 영역에 돈을 쓰도록(또는 쓰지 않도록) 설득하려 노력한다. 이를 위해 정치인과 연줄을 형성하거나 환심을 사기도(그 대가로 투자나 일자리 창출을 약속하는 등) 한다. 공공 부문 노조나 환경단체와 같은 일부 단체는 요구사항을 들어주지 않으면 (예를 들어, 파업과 시위를 통해) 가만있지 않겠다고 정부에 으름장을 놓기도 한다.
언론	언론은 유권자에게 정부지출 계획에 대해 정보를 제공하고 비평하는 간접적 방식으로 정부에 영향을 미친다. 언론의 정부 감시와 비판은 건전한 민주주의에 필수적이다. 하지만 언론은 정부지출정책에 반대(또는 지지)하는 여론에 불을 지필 목적을 위해서라면 노골적이거나, 자세한 조사를 건너뛰거나, 부정확한 보도도 마다하지 않는 것 또한 사실이다.
주류경제학파	우리는 1장에서 특정한 경제적 '행동'방식이 경제학자와 정치인 사이에서 주류로 자리잡고, 나아가 경제체제로 발전한다고 이야기했다. 정부는 보통 이러한 경제이론을 어느 정도 지침 삼아 예산을 수립한다.

또한 정부지출은 대개 다음의 요인에 따라 결정된다.

경제성장	이러한 주류 경제이론에는 경제성장이란 좋은 것이라는 가설이 포함되어 있다. 경제성장은 일반적으로 실업률이 낮고 복지, 의료와 같은 공공서비스의 부담이 적은 상태와 관련이 있다. 이처럼 현재 대부분 정부는 경제활동의 성과에 커다란 우선순위를 부여한다. 그러므로 미래에 큰 보상이 기대되는 계획에 돈을 투자한다. 이는 전문가를 양성하기 위한 기술 교육 제공부터 해상무역 활성화를 위한 신항 건설까지 다양한 형태가 될 수 있다.
비용편익분석	정부는 일반적으로 어떤 목적에 돈을 지출하기에 앞서 실제로 시민에게 편익을 주고 그 편익이 초기비용을 상쇄할 만큼 충분한지 확인하고자 한다. 이를 파악하기 위해 주로 사용하는 방법이 비용편익분석이다. 쉽게 말해, 정책의 모든 비용과 모든 편익을 합산해 어느 쪽이 더 큰지 비교한다. 비용편익분석이 가장 비판받는 점은 무형의 편익을 측정하기가 쉽지 않다는 것이다. 복지 프로그램을 삭감하면 돈이 얼마나 절약되는지는 쉽게 알 수 있다. 하지만 후생이 얼마나 떨어질지는 눈으로 확인하기 어렵다.

생명의 가치

영국 교통부는 안전성 개선에 투입해야 하는 비용을 계산하기 위해 생명의 가치라는 비용편익분석을 사용한다. 평균적인 사람이 앞으로 10년, 20년, 50년 동안 벌 것으로 예상되는 소득에 기초하여 인간의 생명을 금전적 가치로 환산한다. 그다음 새로운 안전 개선안의 비용을 생명을 구할 것으로 예상되는 인구수로 나눈다. 그 값이 생명의 가치보다 낮으면 투입 대비 산

정부지출로 가장 혜택을 받는 사람은 누구일까?

대답하기 매우 까다로운 질문이다. 우선 어떤 정부인지, 그리고 그 정부의 지출 성향이 어떠한지에 달려 있다. 정부가 다양한 만큼 그들의 정책도 다르고, 결과적으로 편익을 누리는 대상과 범위도 천차만별이다. 그리고 사실 '편익'의 정의 자체도 명확하지 않다. 순전히 금전적 측면의 편익을 가리키는 것일까, 아니면 행복과 삶의 질 같은 더 광범위하고 측정하기 어려운 개념도 포함할까?

재정지출은 주로 빈곤층을 지원하기 위한 목적이라는 것이 세간의 통념이다. 정부의 임무 중에는 모든 사람이 집, 음식, 약간의 현금 등 기본 생활수준에 접근할 수 있도록 보장하는 것이 큰 비중을 차지한다. 충분히 잘사는 사람들은 이런 것들을 능력껏 충당할 수 있으므로 정부의 도움이 필요하지 않을 것이다. 그러나 이 단순한 접근은 소득수준을 막론하고 누구나 정부지출로부터 이익을 얻을 수 있다는 점을 제대로 포착하지 못한다.

아무리 부유층이라도 학교, 도로, 무관세 수입품에 이르기까지 재정지출과 정치적 자본의 많은 혜택을 누린다. 그리고 이 모든 것들은 우리의 경제적 지위 향상에 도움이 될 수 있다. 예컨대 교육은 직원으로서 우리의 가치를 드높이고, 도로는 우리가 쉽게 출퇴근할 수 있는 영역을 넓혀준다. 또 자유무역은 우리가 더 다양한 상품을 접하고 저렴하게 살 수 있게 한다.

재정지출 중 실업수당처럼 논란이 큰 부문도 그 혜택은 우리 생각보다 더 멀리까지 미칠 수 있다. 예를 들어, 복지 수급자들이 물건을 구입하면 그 상점도 이러한 복지 지원의 간접적 수혜자가 된다. 마찬가지로 저임금 노동자를 대거 고용한 회사는 직원이 국가로부터 복지 지원을 받는 경우 임금 인상 압력을 덜 받는다. 정부의 사회안전망은 취약계층이 막다른 상황에 내몰리는 것을 방지하여 범죄율 감소와도 직결되며, 물론 그 결과로 다른 모든 사람도 더 안전한 환경에서 생활하는 혜택을 받는다.

예산

예산은 정부의 지출 계획으로, 대개 공표되는 것이 원칙이다. 특히 민주주의 국가에서는 국민이 정부지출의 영향을 받는 만큼, 국민은 이를 면밀히 감시하고, 정부가 명시한 목표를 지키지 않거나 바람직한 목표에 사용하지 않는다고 생각하면 비판할 수 있다.

정부는 특히 예상치 못한 사건이 경제에 영향을 미치면 본예산과 다르게 지출 계획을 수정할 수 있고 실제로 자주 그렇게 한다. 결국 예산은 예측을 토대로 짜야 한다. 정부가 거둘 것으로 예상하는 세수입, 향후 몇 달간의 경제전망, 정부정책이 가져올 효과 등은 모두 예상하기 나름이다.

　정부가 다른 사람에게 비용 부담을 지우지 않고도(여기서 '비용'은 돈이든 후생이든 상관없다) 일부 도움이 필요한 사람들을 더 잘살게 하는 정책을 꾸준히 모색한다면 이상적일 것이다. 사실 승자만 있고 패자는 없는 정책을 찾기란 거의 불가능하다. 따라서 정부의 예산편성은 대체로 서로 다른 집단 간에 수용 가능한 상충관계 또는 타협점을 찾는 노력이 관건이다.

예산 삭감

누구나 정치권과 언론에서 자주 입방아에 오르내리는 예산 삭감budget cuts이라는 용어를 분명 들어봤을 것이다. 주로 정부가 경제의 특정 부문에 지출하는 돈을 줄이는 것을 비판적으로 가리키는 말이다. 예산 삭감은 정부가 경기 침체에 대응하거나 세수입이 예상보다 저조할 때 꺼내는 자구책이다. 그러나 그 결정이 순전히 정치적일 때도 있다. 예를 들어, 평화주의를 지향하는 정부는 재정 여력이 있어도 군사비를 대거 삭감할 수 있다. 그리고 예산 삭감이 필요하다는 의견이 모아진 분야에서도 삭감의 규모에 대해서는 사람마다 의견이 분분할 수밖에 없다.

11장

세계

지구라는 행성은 참 넓디넓은 장소다. 그러나 오늘날에는 아무리 먼 나라라도 전보다 훨씬 쉽게 접근할 수 있게 되었다. 영국에 거주하는 사람이 아침 식사로 코스타리카산 과일을 먹고, 점심에 뉴욕의 거래처와 전화로 회의하고, 오후에는 중국산 요가 매트를 주문하고, 저녁에는 모로코로 휴가를 떠날 수 있는 세상이다.

그러나 전 세계가 연결된 우리 경제는 한편으로는 세상의 모든 제품, 장소, 사람들을 그 어느 때보다 가깝게 만들었지만, 다른 한편으로는 바로 가까운 이웃과의 접촉을 잃게 했다. 우리는 대개 자신이 쓰는 물건을 어디서, 누가, 어떻게 만들었는지 전혀 의식하지 않는다. 그리고 어떤 경제적 선택이 환경과 사회에 초래할 영향도 인식하지 못할 때가 많다.

이 장에서는 경제활동이 범세계적인 규모로 확장되면 어떤 모습을 띠는지, 그리고 전 인류에게 삶의 터전인 지구에 그것이 어떤 의미가 있는지를 설명할 것이다. 이 책에서 다룬 많은 다른 주제와 마찬가지로 이 장에서도 주요 논점 중 하나는 공정성이다. 하지만 이번에는 다양한 사람들 간의 필요뿐 아니라 인간의 필요와 다른 생물종, 환경의 전체적인 조화에 대해 살펴볼 것이다.

경제학자들은 세상을 어떻게 바라볼까?

경제학자들의 탐구 영역은 크게 두 가지로 나뉜다.

- 무역, 세계화, 보호무역주의 등의 개념을 통해 전 세계인들의 경제활동이 장거리, 단거리에 걸쳐 어떻게 조정되는지 살펴본다.
- 이 모든 경제활동이 세계와 상호작용하는 방식을 지속 가능성, 환경경제학, 생태경제학의 관점에서 살펴본다.

여러분이 점심으로 먹은 사과부터 지금 손에 들고 있는 책에 이르기까지 지금까지 사용한 모든 재화는 어떤 식으로든 지구에서 만들어졌다. 개중에는 지구를 돌고 돌아 여러분 손에 도달한 것도 있을 테니, 여기서 세계화globalization의 개념을 짚고 넘어가도록 하자.

세계화

세계화의 의미와 유래

세계화는 기업, 사회, 경제의 활동 반경이 전 세계로 확대된 현상이다. 세계화라 하면 흔히 원클릭 인터넷 쇼핑이나 초고속 항공 여행으로 대변되는 요즘 문물을 연상하지만, 사실 우리 경제는 최초의 인류가 아프리카를 벗어난 이후 이미 국제적인 차원으로 나아가기 시작했다. 인류 역사는 국가 간 전쟁, 제국주의, 교역, 해외여행, 이주, 식민화로 점철되었으며, 이 모든 이면에는 자국이 아닌 타국의 자원을 이용하려는 사람들의 욕망이 내재해 있었다.

더 최근에 나타나는 현상으로, 세계경제의 양태와 방향을 결정하고 관리하는 역할을 하는 국제기구의 부상을 꼽을 수 있다. 대표적으로 정치권과 뉴스에서 자주 언급되는 WTO, IMF, UN 등 알파벳 약자로 된 명칭의 기관들이 있다.

이 모든 국제기구는 어떻게 생겨났을까?

대부분은 제2차세계대전 중이나 직후에 창설되었다. 당시는 세계 질서에 거대한 격변이 일어나던 시기였다. 영국을 포함해 제국주의가 붕괴하기 시작했고, 식민지들은 독립을 선언했다. 금본위제(8장 참조)는 한계에 다다랐다. 만신창이가 된 전 세계 국가들은 양차 세계대전으로 인한 금전적, 사회적 비용을 계산하기 시작했다.

이러한 정세는 국가들이 서로 평화롭게 관계를 맺고 자원을 공유하는 방법에 새롭게 눈을 뜬 동시에, 글로벌 리더십의 필요성이 반영된 결과였다. 그리고 이 역할을 담당할 국제기구들이 설립되었다.

먼저 중요한 기틀이 다져진 건 제2차세계대전이 한창이던 1940년대 초, 연합국의 경제관료들이 미국 뉴햄프셔주에 모이면서 시작되었다. 그들의 계획은 모든 국가의 상생을 통한 경제성장을 도모함으로써 더이상의 전쟁을 방지할 새로운 경제체제를 설계하는 것이었다. 이 회의를 브레턴우즈 협정Bretton Woods Agreement이라고 한다.

브레턴우즈 협정은 현대 세계경제의 토대를 마련했다. 여기서 각국 통화의 가치를 달러에 고정pegging하는 제도가 성립되었고, 나중에 이는 오늘날 대부분 국가가 채택한 변동환율제로 변형되기에 이른다(이는 8장에서 더 자세히 설명하겠다). 이를 계기로 IMF, 세계은행World Bank, 그리고 세계무역기구World Trade Organization: WTO의 전신인 관세 및 무역에 관한 일반협정General Agreement on Tariffs and Trade: GATT이 창설되었다.

주요 국제기구로는 어떤 것이 있으며 무슨 일을 할까?

여기서 언급할 모든 국제기구의 기본 원칙은 동일하다. 그들은 회원국의 회비와 자금 지원에 의존하지만 안정, 평화, 번영 등 범세계적 이익을 위해 중립을 지켜야 한다. 그들은 모두 숱한 찬사와 비판을 들어왔으며, 현재의 경제체제가 형성되기까지 지대한 영향을 미쳤다.

WTO

WTO의 전신인 GATT의 주요 목표는 관세(해외 수출입에 부과되는 세금)를 철폐하여 국제무역을 촉진하고 덤핑dumping 관행을 없애는 것이었다. 덤핑은 수출국이 상대국의 자체 생산비용보다 훨씬 저렴한 가격에 물건을 판매하는 것이다. 일반적으로 수출국이 이렇게 헐값으로 팔 수 있는 것은 정부의 생산보조금이 아니고서야 불가능하다. 그 결과 수입국의 현지 기업들은 가격 경쟁력에서 밀려나 버티기 어려워진다. 이 이유로 덤핑은 아주 악명 높은 전략이다.

WTO는 1995년에 GATT를 대체하면서 훨씬 크고 강력한 조직으로 거듭났다. 그리고 일련의 무역협정들을 모아 합치기보다는, 새로운 무역협정을 협상하고 기존 협정의 집행을 강화하는 특별한 임무를 맡았다.

WTO에는 현재 193개 회원국이 있으며, 세계무역의 96.4% 이상을 관할한다. 무역 분쟁을 심판해 위반 국가에 제재를 가하고, 무역협정을 비준한다. 또한 '최혜국대우(통상 조약이나 항해 조약을 체결한 나라가 상대국에 대하여 가장 유리한 혜택을 받는 나라와 동등한 대우를 하는 일—편집자)'를 원칙으로 두고 있는데, 이는 회원국들이 미국·멕시코·캐나다협정United States-Mexico-Canada Agreement: USMCA나 EU의 단일시장과 같은 특별 자유무역협정Free Trade Agreement: FTA이 우선 적용되지 않는 이상, 서로 동일한 조건에서 거래해야 함을 의미한다.

WTO는 전 세계 시장을 개방함으로써 사람들이 자국에서 생산된 재화와 서비스보다 더 저렴하거나, 질이 좋거나, 색다른 재화와 서비스에 접근할 수 있게 했다는 공로를 인정받고 있다. 그러나 동시에 WTO가 비민주적이고 특정 국가의 이익을 다른 국가보다 우선시한다는 많은 비판도 피할 수 없었다. 대개 이 주장의 주된 근거는 부유한 국가가 가난한 국가보다 상대국의 무역장벽을 낮춤으로써 얻는 혜택이 더 크다는 생각을 기반으로 한다.

UN

UN은 어쩌면 현재 관점에서 세계정부에 가장 가까울 것이다. 1945년에 설립되었으며 전 세계의 건강, 안전, 평등, 번영, 평화를 유지하는 것이 목표다. 각국이 글로벌 이슈를 논의하고 해결책을 모색하는 만남의 장이 되기도 한다. 전 세계 대부분 국가가 UN에 가입해 있다 (팔레스타인, 대만과 같이 여전히 독립 요구가 빗발치는 국가는 예외다).

회원국들은 회비를 부담해 UN 예산을 구성하는데, 2020년 기준으로 30억 달러였다. 또한 회원국은 권고와 규칙을 따르기로 동의한다. 하지만 언제든 탈퇴할 수 있어, 계속 UN의 방침을 따르거나 돈을 납부할 의무는 없다.

UN은 6개 주요 기관으로 구성되어 있다. 여기에는 국가 간의 의견 차이를 조율하고 국제법을 집행하는 국제사법재판소International Court of Justice: ICJ, 그리고 무엇보다 국제 제재를 부과하고 회원국의 군사 행동을 승인할 수 있는 안전보장이사회가 포함된다. 안전보장이사회에는 블루 헬멧Blue Helmet을 쓰고 분쟁 지역으로 파병되는 유엔평화유지군이 소속되어 있다.

UN은 이 6개 기관과 함께 많은 소규모 전문기관과 프로그램의 모체 역할을 하며, 그중 몇 가지는 누구에게나 친숙할 것이다. 여기에는 국제연합교육과학문화기구United Nations Educational, Scientific, and Cultural Organization: UNESCO, 국제노동기구International Labour Organization: ILO, 세계보건기구World Health Organization: WHO, IMF, 세계은행이 포함된다.

또한 UN은 세계인권선언(모든 인간이 누려야 할 30가지 자유를 열거한 조항)과 새천년개발목표(사람들의 생활수준과 세계경제를 개선하기 위한 결의)에 이바지했다.

UN은 여기저기 다양한 일에 관여하고 있다. 그러나 그들의 역할이 실제로 효과적이고 유용한지는 의견이 엇갈린다. 조직이 비대하고 관료적이며, 일부 회원국(특히 강대국)의 이익을 다른 회원국보다 우선시하느라 갈등해결이라는 본래 목표는 뒷전으로 밀려났다는 비판도 받았다(예를 들어, 최근 시리아와 예멘에서 몇 차례 평화 회담을 주재했다가 실패했다). 반면에 지지자들은 UN 덕에 지금까지 제3차세계대전이 발발하지 않았음은 물론, 인류의 삶을 개선하고 빈곤과 질병 퇴치에 크게 공헌했다고 주장한다.

IMF

IMF의 주요 역할은 글로벌 금융시스템을 안정적으로 유지하는 것이다. 쉽게 말해 세계의 돼지 저금통에 비유할 수 있다. 회원국들은 모두 회비를 납부하며, 재정위기에 처해 도움이 필요한 국가는 IMF에 대출을 요청할 수 있다. 또한 회원국에 재정적 조언과 평가를 전달한다.

IMF는 고위험 국가로 간주되어 다른 곳에서 차관을 받기 어려운 (즉, 채권자가 채무국의 상환을 기대할 수 없는) 국가에 대출해준다. 대신 조건이 붙는다. 대출받는 국가는 자유시장정책을 시행하고, 무역장벽을 제거하며, 정부의 경제 통제권을 축소해야 한다.

IMF가 이러한 조치를 요구하는 이유는 경제성장, 일자리 창출, 국민의 전반적인 생활수준 개선에 도움이 된다고 믿기 때문이다. 그러나 이에 동의하지 않는 많은 사람들은 IMF의 요구 조치가 도리어 불평등과 빈곤을 악화한다고 비판한다. 또한 일각에서는 비선출직으로 구성된 기관이 각국 정부에 경제를 이래라저래라 하는 것에 불편해 하는 관점도 있다. 시간이 지나면서 IMF는 이러한 비판에 대응해 권고의 방향을 다소 수정했다.

세계은행

IMF와 마찬가지로 세계은행도 회원국의 회비로 운영되고 다른 국가에 권고와 대출을 제공한다. 그러나 중요한 차이점이 있다. IMF 구제금융은 한바탕 금융위기를 겪은 국가가 이후 자립할 수 있도록 돕는 목적으로, 모든 회원국이 이용할 수 있다. 세계은행 차관은 장기적 경제 발전을 촉진하고 빈곤을 줄이기 위한 목적으로 중소득, 저소득국만 이용할 수 있다.

세계은행은 특히 사회기반시설의 자금조달이 주 임무다(원래 설립 목적은 전후 유럽의 경제 재건이었다). 경제학자들은 대개 세계은행의 접근방식을 좋아한다. 병원, 도로 등 사회기반시설은 가시적 성과가 뚜렷하고 경제적 후생 개선을 측정하기 쉬운 방법이기 때문이다. 그러나 토건사업에 치우치다보니, 환경을 파괴하고 지역공동체의 고유색을 퇴색시킨다며 도마 위에 오르기도 했다. 댐 건설 지원은 특히 악명 높은 사례였다.

무역과 이민

경제학에서 말하는 상호연결된 세계란 대개 국경 간의 자유로운 이동을 의미한다. 오늘날 세계는 크게 네 가지 측면에서 서로 연결되어 있다.

- 재화
- 서비스
- 사람
- 돈

이 중 국경을 넘나드는 재화와 서비스의 거래가 우리가 흔히 말하는 무역을 가리킨다.

자유무역

무역에 장벽이 거의 없으면 '자유'무역free trade이라고 한다. 흔한 무역장벽으로는 관세(수입품에 붙는 세금), 쿼터제(수입량 제한), 수입제한(특정 품목의 수입 불가)이 있다. EU 전역에서 볼 수 있듯 FTA는 이러한 장벽의 전부 또는 대부분을 제거한다.

경제학의 대부분 주제가 그렇듯, 자유무역도 찬성하는 사람이 있는가 하면 반대하는 사람도 있다. 찬성론자들은 기업이 광범위한 고객에게 더 많은 제품을 팔 수 있고, 소비자는 더 저렴한 가격에 많은 제품을 살 수 있어 모두에게 이득이라는 장점을 내세운다. 반대론자들은 자유무역이 창출하는 부의 대부분이 기득권층에게 돌아가고, 자국 기업은 비용 절감에서 유리한 대기업과의 힘겨운 경쟁에 내몰린다고 비판한다.

비교우위

비교우위론은 자유무역의 핵심 사상을 대표하는 이론이다. 한 국가(또는 기업, 개인)가 다른 국가보다 어떤 품목을 생산하는 데 더 능하다는 뜻이다.

예를 들어, 프랑스는 와인으로 세계적 정평이 나 있지만 위스키는 그 정도에 못 미친다. 반대로 스코틀랜드는 상대적으로 위스키 강국이다. 그러나 프랑스인과 스코틀랜드인 둘 다 와인도 위스키도 즐겨 마신다. 각국은 자신의 특화 업종이 아닌 그저 그런 주류를 생산하려면 많은 시간과 노력을 들여야 한다. 대신 그들의 주 종목인 주류 생산에 각자 집중하고 최종생산물의 일부를 다른 국가와 서로 교환한다면 양국의 소비자 모두 더 고품질의 술을 즐길 수 있게 된다.

자국 경제 보호하기

보호무역주의protectionism는 자유무역주의의 반대다. 자국 재화와 서비스가 수입품에 비해 떨어져도 우대해주는 정책이다. 일반적으로 정부가 보호무역주의 정책을 실행하는 방법은 수입품에 높은 관세를 부과하는 것이다. 예를 들어, 세금으로 외제 차의 가격을 올려서 더 많은 사람들이 국산 차에 눈에 돌리게끔 유도한다. 더 나아가 어떤 국가는 외국산 수입을 전면 금지하기도 한다.

보호무역주의는 자국 소비자들이 더 비싸거나 품질이 낮아도 국산품을 쓸 수밖에 없게 한다는 이유로 흔히 비판을 받는다. 무엇보다 자국 기업들이 치열한 경쟁에 직면할 필요가 없기 때문이다. 또한 부패한 정부가 유착관계에 있는 대기업을 돕는 방법으로 악용할 수도 있다. 그러나 보호무역주의는 무역의 악영향을 일부 방지할 수도 있다. 또한 제품이 소비자에게 도달하기까지 이동 거리가 짧을수록 탄소발자국이 줄어들기 때문에 흔히 환경운동가들의 호응을 얻기도 한다.

더욱이 가난한 국가에서 보호무역주의는 아직 경쟁력이 준비되지 않은 자국 산업을 보호하고 소비자를 확보하게 함으로써 선진국과 맞먹게 수준을 끌어올릴 기회로 간주된다. 이를 유치산업보호론Infant Industry Argument이라고 한다. 보호무역주의는 전략적으로 중요한 분야의 역량을 키우는 것은 물론, 국내 일자리와 부를 창출하는 수단이 되기도 한다.

이민이 경제에 미칠 영향

이주immigration(및 이민)는 사람들이 한 지역에서 다른 지역으로 이동해 장기간 체류하는 것이다(보통 국가 간 이동을 가리키지만 도시와 시골과 같은 지역 간 이동을 포함하기도 한다). 사람들은 다양한 이유로 이주하지만, 정치인과 경제학자들의 주된 관심사는 경제적 이주economic migration다. 이는 고임금, 양질의 일자리, 더 나은 생활수준 등 경제적 상황을 개선하는 것이 주된 목적이다.

이민은 논란의 여지가 크고 많은 사람이 아주 강경한 의견을 표출하는 주제다. 이러한 논쟁은 대부분 어떤 지역에 (특정) 집단이 새로 들어오면, 지역경제에 득이냐 실이냐는 논란으로 요약된다. 경제학자들은 대개 이 가치를 돈으로 환산해서 논의한다. 예를 들어, 다수의 연구 결과에 따르면 이동의 자유는 이주 노동자 개인의 소득으로 보나(자신의 기술에 가장 많은 보수를 받을 만한 국가로 이동할 수 있다) 이들을 고용하는 국가의 GDP 증가로 보나(필요한 노동자를 구할 인력 범위가 훨씬 확대된다) 재정적 효과가 큰 것으로 나타났다.

또다른 흔한 연구 주제는 이민자가 국내 일자리(특히 저숙련 일자리)에 미치는 영향이다. 어떤 사람들은 자국민들의 일자리 경쟁자가 늘어나므로 경제적 이주를 싫어한다. 또한 그들은 가난한 나라 출신의 이주자들이 저임금과 열악한 노동조건을 기꺼이 감내할 의향이 더 크다고 생각하는 편이다. 그래서 자국민들도 이러한 악조건을 수용하든지, 아니면 일자리에서 밀려날 수밖에 없다는 것이다.

약간 다른 관점에서 또 하나의 우려는 이주 노동자가 대거 떠나간 본국의 경제가 받을 영향이다. 송금(이주 노동자가 가족에게 보내는 돈)은 많은 사람들에게 주요 수입원이 되겠지만 생산가능인구에 커다란 공백이 생기면 이들 국가 경제가 어려움에 처할 수 있다. 예컨대 의사, 교사와 같은 필수 인력이 부족해질 수 있다. 그리고 특히 가난한 국가에서 모든 국민의 재능과 기술이 골고루 발현하지 못하면 새로운 사업을 발굴하고 GDP를 성장시키기가 더 어려워진다. 이러한 상황을 흔히 두뇌 유출brain drain이라고 한다.

이 모든 문제는 그 자체로 답을 찾기 어려울 만큼 복잡하지만, 물론 이주에는 사람들이 보통 떠올리는 돈 외에 다른 유형의 가치도 많이 얽혀 있다. 예를 들어, 이민의 증가는 현지 문화에 추가되는 이질적 문화의 영향과 관련해서도 종종 찬반양론이 나뉜다.

국내 돈 묶어두기

자본통제capital control는 돈을 국가 밖으로 빼내거나 안으로 들여오는 액수를 제한하는 것이다. 국부가 유출되지 않게 억제하고 대신 국내 경제에 재투자되도록 유인하기 위한 방책이다. 과거에는 인기 있는 정책이었으나 근래에는 별로 선호되지 않는다. 세계화의 경제학적 정설 중 하나는 사람들이 자기 돈을 원하는 곳에 투자할 수 있어야 한다는 것이다. 가장 큰 수익을 낼 투자처를 찾음으로써 전 세계를 풍요롭게 하기 때문이다.

국제개발

개발의 의미

아주 잘사는 국가가 있으면 못사는 국가도 있고, 거주 지역에 따라 시민들의 생활수준이 천차만별이라는 점은 누구나 아는 사실이다. 국가가 얼마나 부유한지를 구별하는 방법으로 흔히 '선진국' '개발도상국' '미개발국'이라는 용어가 붙는다. 따라서 경제개발은 일반적으로 GDP, 평균 소득, 경제성장의 향상과 관련이 있다.

경제개발에 착수하는 방법에는 여러 가지가 있다. 그러나 이 장에서 다루는 세계화 개념과 특히 밀접한 연관이 있는 것으로는 그중 두 가지가 있다. 바로 해외직접투자와 원조다.

그러나 개발에 접근하는 다른 관점도 있다. 인간개발human development은 경제개발과 유사한 개념을 차용하지만, 자유, 건강, 교육, 시민권 개선과 같이 금전적 가치 이상의 의미도 포함하고 있다. 또다른 방식을 취하는 지속 가능한 개발은 환경보호라는 대의를 따라 미래 세대에 해를 끼치지 않고 현재 세대의 필요를 충족하는 개발이다.

개발 산업

개발 산업은 전 세계의 빈곤이나 불평등을 줄이려는 노력에서 출발했다. 개발 산업의 주체로는 앞서 언급한 정부, 자선단체, 기업, 국제기구를 비롯해 사회운동가들도 포함된다.

개발 산업은 아동 교육에서 질병 치료에 이르기까지, 명백히 좋은 취지를 인정할 만한 수많은 프로젝트에 자금을 지원해왔다. 정부와 체제가 너무 무력하거나 부패하여 이런 일을 수행할 수 없는 국가에서 대신 나서 국민을 돕는 기능을 했다.

하지만 개발 산업도 역시나 비판의 대상이 되었다. 개발 산업이 개도국에 스스로 부강해질 기회를 주기보다 선진국의 지원에 의존하게 만든다는 주장도 있다. 또 그 국가의 정부가 담당해야 할 교육, 의료 등을 타국이 제공한다는 점에서 민주주의를 우회하는 방법이라는 비판도 있다. 그리고 어떤 원조든 조건이 따르고, 국민의 선호와 상관없이 그 나라 경제와 사회를 서구화하도록 압박하는 수단으로 전락한다는 우려의 목소리도 있다.

원조를 바라보는 두 관점

원조는 어떤 사람이나 계획을 돕기 위해 물자를 제공하는 모든 행위다. 대외원조foreign aid는 한 국가 국민이 다른 국가 국민을 돕는 것으로, 대개 두 가지 범주로 나뉜다.

인도적 원조humanitarian aid	전쟁이나 자연재해 같은 비상사태의 단기적 대응이다.
개발원조development aid	빈곤과 같은 더욱 장기적, 체계적 문제해결이 목적이다.

특히 개발원조는 비교적 부유한 선진국이 가난한 개발도상국에 제공하는 경향이 있다.

원조라는 개념을 못마땅해하는 사람들도 있다. 이러한 비판은 크게 두 가지로 나뉜다. 첫째 부류는 부유한 국가가 가난한 국가의 문제를 해결하느라 돈을 쏟아붓는 일을 멈춰야 한다고 생각한다. 부패를 조장하고, 빈국이 부국에 종속될 가능성 때문이다. 대신 가난한 국가가 자신들의 힘으로 주력 산업을 키우고, 정책을 시행하고, 전반적인 해결책을 고안할 여지를 제공해야 한다고 주장한다.

둘째 부류는 부유한 국가가 가난한 국가에 자원을 제공하는 것은 찬성하되, 이를 '원조'로 규정하는 것을 문제 삼는다. 그들은 빈국이 직면한 많은 문제가 실은 서구 선진국이 주범이라고 지적한다. 서구 국가가 식민주의, 불공정 차관 제공, 교묘한 사업 관행 등을 통해 타국의 부를 빼앗고 자국의 이득을 꾀했기 때문이다. 따라서 이러한 착취로 창출한 부의 일부를 되돌려주는 것은 이타주의라기보다 대갚음이라는 것이다.

해외직접투자

해외직접투자Foreign Direct Investment: FDI는 한 국가의 기업이 다른 국가로 사업활동을 넓히는 것이다. 타국으로 진출해 신규 매장을 열거나, 기존 기업의 소유권을 취득하거나, 기업을 합병하는 방법 등이 있다. 미국 이외의 국가에 있는 애플 매장은 전부 FDI의 예다. 2010년 크래프트Kraft(미국 대기업)가 캐드버리Cadbury(영국 제과업체)를 인수한 것도 마찬가지다.

FDI는 단순히 다른 국가에 돈을 투자하는 것에 그치지 않는다. 나아가 투자회사가 상대국에서 기업경영방식에 상당한 영향력을 행사하며, 보통 자기네의 신기술, 노하우, 지식을 도입하는 일을 포함한다. 또한 투자 기간이 긴 편이다.

경제학자와 국제기구는 대체로 FDI를 긍정적으로 본다. FDI를 실행할 여력이 되는 기업은 이미 크게 성공한 기업이 대부분이다. 따라서 현지 정부에는 훌륭한 잠재적 세입원이 되는 동시에, 현지인들에게는 많은 신규 일자리와 사회기반시설로 혜택을 줄 수 있다. 또한 다양한 기술이나 작업방식을 공유해 노동자의 숙련도를 높이고, 고임금 일자리를 제공하며, 다른 현지 기업에 수익성을 높이는 노하우를 전수할 수 있다.

그러나 물론 FDI에 대한 비판도 존재한다. 아무리 성과가 좋더라도, 많은 사람들은 자국 산업의 대부분을 장악한 외국인을 곱게 보지 않는다. 애국심 때문일 수도 있고, 자국민이 아닌 외부자의 이익을 위한 내정간섭이 우려되기 때문이기도 하다. 또한 국내 기업의 수익은 모두 현지에서 지출되는 반면, 외국계 기업의 수익은 대부분 본국으로 갈 가능성이 더 크다.

환경: 지구와 경제를 생각하는 법

우리가 먹고 입고 사용한 모든 것은 지구의 자원으로 만들어졌다. 그리고 철로 부설에서 해외 인기 브랜드의 옷 구매에 이르기까지, 우리의 모든 경제활동은 어떤 식으로든 환경에 영향을 미친다. 그런데도 환경은 오랫동안 경제학자들의 연구 영역에서 거의 벗어나 있었다. 하지만 이제는 특히 기후변화, 그리고 경제활동이 이에 미치는 영향에 대한 경각심이 높아지면서 경제학계에서도 변화의 조짐이 보인다.

인간이 주변 세계와 관계를 맺는 방식이 (지구의 역사에 비해) 매우 짧은 기간에 극적으로 변했다는 사실을 기억할 필요가 있다. 우리의 먼 조상인 초기 인류의 소비수준은 생존에 필요한 것, 즉 수렵채집으로 획득한 식량, 피난처와 무기 제작에 필요한 나무와 돌 등으로 거의 한정되었다. 이 모든 재료는 집에서 몇 걸음 떨어진 거리 내에서 구할 수 있었을 것이다.

오늘날의 소비는 대부분 집에서 수천 마일 떨어진 거대한 공장에서 복잡한 기계로 만들어진 물건이 광범위한 운송망을 거쳐 소비자 손에 들어가는 방식으로 이루어진다. 사람들은 생존에 필요하지 않더라도 재미있거나 멋지거나 편리해 보인다는 이유로도 물건을 구입한다. 그리고 이 모든 물건을 소비하려면 점점 더 많은 지구 자원을 사용하고 더 많은 화석연료를 태워야 한다.

물론 이 많은 문물을 쉽게 접근할 수 있다는 장점도 과소평가해서는 안 된다. 우리 사회가 백신, 책, 비행기 등을 생산할 수 있게 된 덕에 수십억 인구의 건강, 복지, 삶의 질이 크게 향상했다. 그러나 이 모든 소비는 지속 가능하지 않으며, 우리가 바뀌지 않으면 대대적인 환경파괴와 경제붕괴를 맞이하리라고 걱정하는 사람들이 점점 늘어나기 시작했다.

환경과 관련된 주요 경제이론에는 두 가지 조류가 있다. 바로 환경경제학과 생태경제학이다.

이 둘의 차이점이 뭘까? 간단히 말하자면 환경경제학자들은 경제와 환경이 별개이면서 서로 연결된 관계로 보는 반면, 생태경제학자들은 경제를 환경에서 분리할 수 없는 일부로 간주한다. 얼핏 보면 거기서 거기처럼 보일지라도, 이 차이로 말미암아 두 진영이 환경과 경제의 두 마리 토끼를 잡을 방법으로 제시하는 아이디어와 해결책은 사뭇 다르다.

환경경제학자들은 환경을 노동시장이나 주택시장과 같이 자체 시장이 존재하는 또 하나의 자원으로 인식하는 편이다. 따라서 그들은 시장을 연구하고 개선하는 기존 방법을 환경에도 적용하려 한다. 기존의 경제이론에 기반한 환경경제학적 개념의 예로는 탄소세와 자연자본natural capital이 있다.

그러나 생태경제학자들은 환경을 이런 식으로 접근하면 안 된다고 생각한다. 경제학의 핵심은 대부분 가격 책정과 소유권 보장을 기반으로 한다. 즉, 어떤 대상의 가치와 그 대상을 누가 차지할 수 있느냐가 중요하다. 생태경제학자들은 환경 없이는 경제도 생명도 존재할 수 없으므로 환경은 본질적으로 가격을 매길 수 없을 만큼 소중하며, 인간 이외의 생물종과 아직 태어나지 않은 후대를 포함한 모든 생명체에게 똑같이 중요하다고 주장한다.

탄소세, 탄소 상쇄, 배출권거래제

세 가지 모두 시장을 기반으로 한 환경경제학적 도구로 알려져 있다. 이들은 환경을 파괴하는 경제활동에 더 큰 비용이 들게 함으로써, 기후를 해치는 행위를 줄이는 것이 목표다. 어떤 행위에 수반되는 비용이 크면 대부분 사람들은 비용 부담을 느끼고 그 행위를 하려는 의지가 꺾인다는 논리다.

탄소세	사업활동 중 이산화탄소와 기타 온실가스를 대기로 방출하여 환경을 해치는 사람들에게 매기는 부과금이다.
탄소 상쇄	탄소를 배출할 때마다 대신 다른 곳에서 그에 상응하는 탄소 배출량을 줄이는 것이다. 예컨대 나무를 심거나, 공기 중 이산화탄소를 포집해 지하에 저장하거나, 재생가능에너지에 투자하는 식이다.
배출권거래제	배출총량거래cap-and-trade라고도 하며, 정부의 배출권 없이는 탄소 배출이 금지되는 것이다. 배출권은 수량이 제한되어 있으므로, 정부가 총탄소배출량을 제어할 수 있다. 각 기업은 정부나 다른 기업으로부터 여분의 배출권을 구매함으로써 더 많은 탄소를 배출할 수 있다.

이와 같은 시장 기반 도구들은 환경보호에 관심 있지 않은 사람들에 대해서도 행동 변화를 유도하게끔 설계되었다. 또한 친환경정책에

사용할 재원을 마련하는 기능도 한다. 그러나 본질적으로 부유층은 비행기 여행이나 공장 설립 등을 통해 계속 공해를 일으키는 반면, 빈곤층은 이러한 기회에 접근하기 더 어렵게 한다는 점에서 불공정하다는 비판도 자주 듣는다. 또한 돈만 있으면 환경을 지킬 의무에서 벗어날 수 있다는 오해를 심어줄 소지가 있어, 기후변화를 너무 걱정하지 않아도 된다는 사고방식이 확산할 가능성도 있다.

순환경제

대부분 현대 경제학 조류와 달리 순환경제circular economy는 새로운 자원을 전혀(또는 별로) 사용하지 않고 낭비를 최소화하려는 경제 모델이다. 때로 재생경제regenerative economy라고도 불린다. 순환경제의 기본 정신은 "쓰레기 감량reduce, 재사용reuse, 재활용recycle"이다. 소비를 과거 수준으로 줄이고, 그래도 계속 써야 하는 자원이라면 수명을 연장하자는 것이다. 순환경제라는 명칭은 물건이 일정한 사용기간을 거쳐 폐기되는 선형경제linear economy와 반대되는 특성에서 유래되었다.

그린 뉴딜

그린 뉴딜은 미국의 일부 정치인들이 채택해 전 세계 환경운동가들의 호응을 얻은 일련의 정책을 가리킨다. 정부가 국가자금과 자원을 투입해 녹색 일자리를 창출하고 녹색 비즈니스를 촉진하여 전반적으로 친환경 경제를 육성한다는 발상이다. 지속 가능성에 집중하면 특히 사회경제적 사다리의 맨 아래에 있는 사람들의 경제적 기회를 빼앗을 것이라는 우려에 대응하는 차원에서 탄생했다.

환경을 보호하면 경제에 손해일까?

환경정책에 반대하는 사람들은 환경을 보호하려면 일부(또는 모든) 사람들의 희생이 불가피하다는 점을 걱정한다. 예를 들어, 화석연료 사용을 중단하면 해당 산업에 종사하는 모든 노동자가 일자리를 잃을 것이다. 게다가 경제성장률은 오롯이 직전 해보다 올해 물건이 더 많이 생산되었는지만을 따진다. 따라서 우리가 많은 물건을 만들고 구매하기를 중단하면 경제성장률의 하락이 불가피하다. 그러면 일자리 증가, 국부 증가, 생활수준 개선에 제동이 걸릴 가능성이 크다.

이러한 우려에 대응하는 여러 가지 논리가 있다. 일각에서는 쇠퇴하는 직업과 산업을 새로운 친환경 직업과 산업으로 대체할 수 있다면 우리에게 손해될 게 없다는 주장도 있다. 예를 들어, 기존의 석탄 공장 노동자가 대신 태양광 패널 공장에 재취업하는 식이다. 어떤 사람들은 언젠가 녹색 신기술이 개발되어 기존의 생활방식을 고수하면서도 지구에 피해를 덜 주게 될 날이 오리라고 믿는다. 예를 들어, 현재 과학자들은 공기 중 탄소를 빨아들이거나, 메탄을 방출하고 토지를 점령하는 소를 기르지 않고 쇠고기를 배양하는 방법을 연구중이다.

그러나 현재 생활방식으로 발생하는 환경 문제를 실제로 이러한 기술이 상쇄하기에 충분할지 모두가 확신하는 것은 아니다. 이를테면 일부 환경운동가들은 경제의 탈성장을 촉구한다. 그렇다면 우리는 비행기 여행이나 패스트패션, 익일 배송과 같이 편리하지만 꼭 필요하지는 않은 것들을 포기해야 할 것이다. 그들은 이러한 희생 없이는 현세대와 미래 세대가 많은 것을 잃을 것이라고 주장한다. 결국 기후변화는 더 극심해질 자연재해에서 전염병의 확산에 이르기까지 각종 재난으로 연결된다는 것이다.

환경보호와 평등의 관계

환경보호운동은 전 세계 빈곤층의 필요를 별로 고려하지 않는다는 비판을 종종 받아왔다. 산업화된 선진국은 탄소 배출이 자유롭던 시대의 이점을 오랫동안 누렸을 뿐 아니라, 애초에 기후변화를 야기한 온실가스 생성에 책임도 가장 크다는 것이다. 따라서 일부 저개발국들은 선진국이 자국민의 생활수준을 높이기 위해 사용해온 똑같은 기술을 자신들에게는 금지하려 한다며 반발하고 있다.

12장

이제는 새로운 경제 언어가 필요할 때

이 책의 서두에서 우리는 경제학에 대한 사람들의 몇 가지 인식과 오해를 살펴봤다. 그리고 책의 나머지 본문에서는 경제가 여러분의 일상과 현실 문제에 깊숙이 침투해 있다는 점을 알리고자 노력했다. 여기에서 이 이해가 왜 그토록 중요하고, 또 이를 토대로 어떻게 경제적 사고를 확장할 것인지 살펴보겠다.

공통의 언어가 없는 대화는 제자리걸음

궁극적으로 경제를 정의할 때 유일하게 확실한 한 가지는 명확한 정의, 그리고 우리의 일상생활과 연결된 정의가 없다는 것이다. 동시에 경제는 중요하기 때문에 우리는 계속 경제에 관해 이야기할 수밖에 없지만, 한편으로는 이 혼동을 무시하고 어떻게든 빨리 대화를 끝내고 싶어한다. 그 결과 알고 보면 지극히 개인적이고 공감이 가는 인간사를 이야기하면서도 헷갈리고 추상적인 전문 용어가 난무하게 되었다. 그러다보니 대화수준이 높아지지 않는다. 결과적으로 우리가 집단으로서 사회의 미래를 상상하고, 토론하고, 결정하는 능력도 제자리걸음이었다.

대화에 맥락과 연관성이 부족하다

이 책의 서두에서 언급했듯이 경제는 일반적으로 하나의 동질적 완전체로 그려지지만, 실은 각 인간의 행동과 관계가 뒤죽박죽 얽혀 있다. 따라서 경제를 설명하기는 매우 어려운 작업이다. 각 경제적 사건과 그것이 개인의 삶에 미치는 영향의 관계는 워낙 다양하고 복잡해서, 경제를 별개의 단일체로 보는 습관이 없더라도 대화상대 모두 경제와 우리 삶의 연결관계를 찾기 어려워한다.

선동적이고 양분된다

그동안 우리는 복잡한 개념을 지나치게 단순화하지 않으면서도 이해하기 쉽게 전달해야 할 필요성을 충분히 인식하지 못했다. 그러다 보니 경제의 많은 부분을 커다란 하나로 뭉뚱그리고 현실의 세세한 단면을 놓치게 되었다. 우리는 '은행' '수급권자' '법인' 등 각 집단에 속한 경제주체가 다 똑같고 '나'와 동떨어진 존재인 것처럼 이야기한다. 그 결과 '우리'와 '그들'로 갈라치기를 일으키는, 명백히 선동적인 수사법에 빠지고 만다.

이런 문제의 원인 중 하나는 경제가 흔히 공론의 장을 통해 논의된다는 것이다. 총리의 질의응답, 열띤 퀴즈 쇼, 전화 참여 라디오 쇼를 떠올려보자. 이들은 모든 사람에게 더 나은 경제적 미래라는 공동의 목표

를 위해 다 함께 대화하는 자리라기보다, 두 편으로 나뉘어 오직 '승자'
와 '패자'를 가려내는 경쟁처럼 보인다.

가치보다 정치적 목적과 엮이기 쉽다

공통된 가치중립적 용어가 없으면 화자가 특정 정치관을 뒷받침할
목적으로 용어를 취사선택하고 정량적으로 사용하기 쉽다. 정치인들
이 경제 용어를 말해서는 안 된다는 뜻이 아니라, 그들의 말이 '가치중
립적'인 탈을 썼을 뿐 다분히 정치색을 내포하기 쉽다는 뜻이다. 이런
의미에서 경제는 항상 편향될 위험이 있다.

더 쉽게 말하자면, 대개 사람들은 같은 문제라도 다양한 관점과 가
치관을 통해 바라본다. 이 모든 견해가 대화에 반영되지 않는 한, 효과
적인 토론은 어렵고 나아가 피곤해진다.

따분하고 버겁다

경제 뉴스는 대개 보는 사람을 기운 빠지게 하고, 무력감을 안겨준
다. 경제 주제는 온갖 복잡한 전문 용어, 수학, 전반적인 선민의식에 둘
러싸여 있어, 우리는 그 거대한 동질적 완전체에 기가 눌리고 좌절하다
가 금세 머리가 지끈거리기 시작한다. 결국 경제에 흥미도 잃는다.

현재 통용되는 경제 용어는 분명 사람들이 문제를 논의하기 어려움은 물론, 때로는 처음부터 문제를 인식하기조차 어렵게 한다. 우리가 바로 가까이에 있는 경제를 제대로 바라보는 법을 깨우치려면 간단하고 구체적이며 생생한 경제 용어를 만들어야 한다. 그러면 처음에 얼핏 막연해 보이던 경제의 모든 영역이 눈에 잘 들어오고, 모든 경제 현상이 자신과 연관되어 있음을 깨닫게 될 것이다. 한마디로 경제는 더욱 인간적 요소를 반영하고 '인식하기 쉽게visible' 바뀌어야 한다. 새로운 경제 언어로 다음과 같은 효과를 기대할 수 있다.

대화가 더 잘 통한다	경제 언어가 명료해지면, 내가 어떤 사안에 찬성하는지 반대하는지 더 쉽게 판단할 수 있다.
이해하기 쉬워진다	정확한 언어는 뭔가 잘못된 것 같을 때 적절한 질문을 제기할 수 있게 한다.
상상력을 모은다	새로운 정의를 통해 사람들이 경제란 자신의 힘으로 바꾸고 재구성할 수 있는 것임을 깨닫게 되면, 누구나 사회의 필요에 부합하는 경제 아이디어를 낼 수 있다.

숫자에 가려진 인간의 재발견

경제학의 언어는 더 인간 친화적으로 변해야 한다. 즉, 전문 용어를 줄이고 대신 대부분 사람들이 공감하는 일상 용어로 대체해야 한다. 그러면 우리는 그 모든 전문 용어와 숫자가 나타내는 실체, 즉 인간활동을 잊지 않게 될 것이다. 우리가 경제를 이야기하기 위해 어떤 단어를 사용하든, 경제 용어는 숫자에 가려진 경제의 실제적이고 인간적인 요소를 드러낼 수 있어야 한다. 우리가 경제를 이야기할 때는 경제 내에서 각자의 고유한 위치와 경제주체로서의 위치를 반영시킴으로써, 개인으로서 우리가 변화의 주역이 될 수 있음을 확실히 자각할 수 있게 해야 한다.

추상적 개념을 알기 쉽게

여러분은 경제에 둘러싸여 있고 그 안의 일원이지만, 경제는 눈에 보이지 않는다. 그러나 경제의 구성 요소와 작동방식이 논의와 대화 주제에 더 많이 오를수록 경제가 눈에 들어오고 구성 요소, 작동방식, 이점, 한계 등을 더 쉽게 알 수 있다. 그리고 무엇보다 이러한 구성 요소가 다양하게 존재하는 방식을 머릿속에 더 쉽게 그릴 수 있다. 이처럼 경제를 관찰하고 이해하고 상상하는 과정이 다름 아닌 경제학과 경제학자의 역할이다! 이제 여러분도 이 책을 다 읽었으니 자신 주위에 있는 경제가 눈에 보이는지 스스로 물어보기 바란다. 자세히 살펴보면 경제가 어디에나 있음을 알게 될 것이다. 그리고 무엇보다 중요하게는, 경제 안에서 활동하고 있는 '자신'을 발견할 것이다.

경제를 제대로 이해하기 시작하면(즉, 주변 세계를 정확히 인식하면) 경제가 쓸데없이 난해한 동질적 완전체가 아니라 현실 세계의 복잡한 인간사라는 것을 깨닫게 될 것이다. 그리고 원인과 결과 사이의 실제 연결고리를 찾을 수 있게 되며, 이러한 인과관계를 강화하거나 약화하려면 어떤 정책이 필요한지 정확히 짚어내는 판단력이 생긴다. 경제를 제대로 바라보는 관점을 갖추면 우리 자신의 결정이 미치는 파급효과와 우리에게 영향을 미치는 파급효과의 근원도 이해할 수 있게 된다. 겉으로 무작위처럼 보이는 사건들 사이에서 맥락을 찾기가 더 쉬워지고, 정확한 지식으로 무장하여 다음으로 갈 방향을 결정하기 위한 훨씬 명확한 지도를 갖추게 된다.

우리가 세상을 주도적으로 살아갈 수 있도록

경제에 눈이 트이고 귀가 뚫리는 것이 중요한 이유는 우리가 경제의 이해를 바탕대로 의사 결정을 내리기 때문이다. 경제를 바라보는 명확한 시각이 생기면 우리가 세상의 어떤 경제체제 속에서 살기 원하는지에 대한 자각과 주도성이 강해진다. 경제가 돌아가는 원리를 알면 더 많은 정보를 따져 미래를 계획하고 의사 결정을 내릴 수 있다.

우리 두 필자의 경험에 따르면 사람들은 건강, 의료보험, 교육과 같은 문제에 결부된 정부정책에 대해서는 스스로 느끼는 정책 이해도가 높았다. 따라서 이들 분야에서 그들은 틀림없이 정보에 입각한 투표를 하고 있었다. 그러나 경제 문제와 관련해서는 특정 경제정책이 무엇을 의미하는지, 또는 그 결과가 자신들에게 어떤 영향을 미치는지 아는 바가 없었다. 따라서 그들은 불충분한 정보에 입각한 투표를 한다고 봐도 무방하다.

사람들이 경제 언어를 편안하게 사용할 수 있게 되면, 미래 경제를 내다보는 상상력이 풍부해지고 숨겨져 있던 상호작용과 상호관계를 세상 밖으로 꺼낼 수 있다. 토론이 활발해지면 더 많은 이야기가 나오고, 더 많은 이야기로 더 많은 주제가 튀어나온다. 우리가 경제학의 언어순화에 더 많은 노력을 기울일수록 경제학이 선한 목적으로 사용될 가능성도 높아진다.

게다가 우리가 더 적극적으로 경제 담론에 임할 때 얻을 수 있는 잠재적 보상은 엄청나다. 우리는 경제가 어떻게 작동하기를 원하는지, 경제 내에서 자신이 어떤 역할을 하고 싶은지 등 중요한 질문을 스스로 해볼 수 있다. 예를 들면 다음과 같다.

- 자원 고갈에 일조하지 않는 소비 방법은 무엇일까?
- 내 저축을 지키거나 불평등을 줄이려면 어떤 정책을 지지해야 할까?
- 몇 년 후 주택시장은 어떻게 변할까?
- 우리나라보다 열악한 국가를 가장 공정하게 원조할 방법은 무엇일까?

또한 우리는 완전히 발상의 전환을 꾀하고, 이전 같으면 논의되지 않았을 주제에 대해 사람들끼리 마음을 열기 시작할 것이다. **쉽게 말해 "내가 뭘 할 수 있지?"라는 질문이 과거에는 체념에 가까웠다면, 경제를 논할 수 있게 되면서부터는 미래에 대비하려는 의지로 바뀌게 된다.**

현실에서 실천할 방법

경제학계

경제학자들은 이미 자신들의 전문 주제를 대중에게 전달하는 방법에 더욱 신경쓰기 시작했다. 경제학을 더욱 이해하기 쉬운 학문으로 만들 방법을 찾는 모든 학자라면 경제 지식을 대중에 널리 알리려는 책임감부터 갖추는 것이 좋은 출발점이다.

학교

대부분 학생들은 학교에서 경제학을 전혀 공부하지 않는다. 물론 모든 학생이 중등교육자격검정시험General Certificate of Secondary Education: GCSE까지 경제학을 공부할 필요는 없다. 하지만 그들에게 시민으로서

필요한 기초적인 경제 역량을 가르칠 수 있게 학교 교재를 개선하는 일
은, 앞서 언급했듯 무조건적인 경제 울렁증이나 성인이 되어서도 경제
이야기를 어려워하는 등의 현 세태를 해결하기 위한 필수 과제다.

언론

언론은 우리가 아는 경제 지식뿐 아니라 경제정책을 바라보는 '시
선'을 형성하는 데 중요한 역할을 한다. 다음 표현 문구를 보고 같은 경
제 주제라도 어감이 얼마나 달라질 수 있는지 확인해보자.

예산 삭감	균형재정	긴축	예산 칼질	책임 있는 예산 운용	낭비 축소

수식어와 표현을 책임감 있게 사용하면 사실을 더욱 투명하게 보도
할 수 있다. 따라서 기자들에게는 경제 현상을 더욱 정확히 전달할 수
있도록 훈련과 역량개발이 필요하다.

특히 기자들에게 도움이 될 한 가지 조언은 절대적 수치보다는 상
대적 수치를 사용하라는 것이다. 예컨대 정부가 특정 정책에 수백만 또
는 수십억 파운드를 지출한다는 것이 실제로 무엇을 의미할까? 이 액

수는 평년보다 늘어났을까, 줄어들었을까? 전체 재정지출의 몇 퍼센트를 차지할까? 정부의 다른 지출처와 비교하면 어느 정도 규모일까?

정치인과 정부

정치인은 일상에서 경제 용어를 더 바르게 사용하고, 절대적 수치를 피하고, 인간을 논의의 중심에 두고, 자신의 인용 수치와 발언의 맥락을 명확히 해야 한다. 또한 경제정책을 정치화하는 것을 피하고 결정의 이면에 숨은 가치관을 분명히 밝혀야 한다.

모든 사람들

진정한 민주주의 경제는 모든 사람의 목소리에 귀 기울인다. 나이, 배경, 경험을 막론하고 모든 사람이 경제에 대한 각자의 관점을 가족, 친구, 학교, 직장, 지역사회와 공유할 수 있어야 한다.

최근 '재정건전성financial health'이라는 말이 유행이다. 개인이 자신의 재정을 관리하고 미래의 재정 상태를 통제할 수 있는 능력을 말한다. 우리는 여기에 경제건전성economic health 개념도 보태야 한다고 생각한다. 즉, 사람들이 자신이 속한 경제 세계를 이해하고, 그에 대한 견해를 발전시켜 목소리를 높이고, 변화를 위한 의미 있는 첫걸음을 떼자는 뜻이다. 경제건전성을 다지려면 우선 경제를 주제로 대화부터 시작해야 한다. 이 대화의 물꼬를 트려면 경제학의 언어가 모든 사람에게 널리 친숙해져야 한다. 이 책을 읽는 여러분은 이를 현실로 만들기 위한 한 걸음을 내딛고 있는 셈이다.

누구나 전문가가 될 수 있을까?

모든 사람은 자신의 경험에 있어서 전문가다. 그렇다면 누구나 경제 전문가가 될 수 있다고 해석해도 될까? 글쎄, 그렇기도 하고 아니기도 하다. 모든 사람이 전문 경제학자의 경지에 오를 만큼 몇 년씩 공부할 수 있는 것도 아니고, 또 그럴 필요도 없다. 그래도 일반 시민의 관점은 지금보다 훨씬 광범위하게 경제 담론에 포함될 수 있고 포함되어야 한다.

학자와 시민의 관계는 의사와 환자의 관계와 비슷하다. 의사는 유용한 특정 전문 지식이 있어서 증상을 진단하고 치료법을 제시한다. 하지만 환자는 자신이 '느끼는' 통증과 자신의 우선순위와 목표에 가장 잘 맞는 치료법만큼은 누구보다 정확히 안다. 마찬가지로 시민들은 경제학자들의 말을 경청하고 신뢰해야 하지만 궁극적으로 어떤 방향을 택할지 결정하는 건 본인 몫이다. 그리고 경제학자는 시민을 더 기꺼이 경제적 의사 결정에 참여시켜야, 시민들도 학자들의 견해에 더욱 신뢰와 존중을 보낼 것이다.

감사의 글

●

이 책은 몇 년에 걸친 준비와 작업 끝에 완성되었다. 아래 분들의 노고가 없었다면 이 책은 탄생하지 못했을 것이다.

이코노미 임직원	척 베이커, 클레어 버킷, 압둘 부디아프, 조 얼, 에밀리 필킹턴, 윌 호르위츠
이코노미의 초기 후원자	테오 코켄, 마리아 쿨신, 저스틴 웨이어스
일러스트 및 시각 디자인	줄리언 버튼
구성 편집 및 프레임워크 개발	빅토리아 왈더시
학술 편집	카할 모런 박사
이코노미 주관 연구	알리 노리시
자료 조사	제이콥 에인스코프, 샬롯 케이터, 브라이언 체파룰로, 빌렘 드 코트, 조슈아 에어, 마이클 헤어, 로사 호지킨, 대니얼 라피더스, 난디 음키제, 리엄 멀라니, 캘럼 템피스트, 니나 웨버
학술 자문	마리 브리굴리오 박사, 장하준 박사, 클레어 롬바르델리 수석경제고문(영국 재무부), 그레고리 메이오 교수, 조 미첼 박사

기본 학습 공동 편집	벤 티핏, J. 크리스토퍼 프록터
기본 학습 제공	리싱킹 이코노믹스(ecnmy.org/thanks)
기본 학습 학술 지도	모리스 앨트먼, 로라 베어, 조엘 벤저민, 웬디 칼린, 빅토리아 칙, 대니 돌링, 다이앤 엘슨, 매들린 에반스, 벤 파인, 가레스 그로크, 키스 하트, 수전 히멜와이트, 제프리 호지슨, 알프 호른보리, 요하네스 야거, 롭 점프, 스티브 킨, 에바 네이처트, 올리버 리히터스, 브렛 스콧, 피온 트래버스-스미스, 프랭크 반 러벤, 아이린 반 스타베렌, 개스턴 얄로네츠키
기획	제드 출판사의 켄 발로
블룸스버리의 직원들	올리비아 델로, 멜라니 스칼리아리니, 맥스 비커스, 킴 워커
특별히 감사드릴 분	자신의 경제 이야기를 들려준 시민 여러분

참고 문헌

•

Alexander, S. (n.d.). Limits to Growth: Policies to Steer the Economy Away from Disaster. [online] The Conversation. Available at: https://theconversation.com/limits-to-growth-policies-to-steer-the-economy-away-from-disaster-57721.

Anderton, A. G. and Gray, D. (2015). Edexcel AS/A Level Economics, 2. London: Pearson Education Limited.

Aristotle and Jowett, B. (1955). Politics: Book I, Chapter IX. Para 1257. Chicago: Great Books Foundation.

Arnsperger, C. (2008). Pluralist Economics, 14–19. London; New York: Zed Books.

Backhouse, R. E. and Medema, S. G. (2009). 'Retrospectives: On the Definition of Economics'. Journal of Economic Perspectives [online] 23(1): 221–33. Available at: https://pubs.aeaweb.org/doi/pdfplus/10.1257/jep.23.1.221 (Accessed 14 November 2019).

Bayer, A. and Rouse, C. E. (2016). 'Diversity in the Economics Profession: A New Attack on an Old Problem'. Journal of Economic Perspectives 30(4): 221–42.

BBC (2018). Cocaine's Unexpected Economic Impact. [online] BBC News. Available at: https://www.bbc.co.uk/news/av/45104007/why-gdp-includes-the-illegal-drugs-trade (Accessed 26 August 2020).

BBC Bitesize (n.d.). Breaking the School-to-Prison Pipeline. [online] BBC

Bitesize. Available at: https://www.bbc.co.uk/bitesize/articles/zd9wkmn (Accessed 26 August 2020).

Blanchard, O. and Johnson, D. R. (2013). Macroeconomics: Global Edition. Harlow: Pearson Education.

Briguglio, M. (2019). 'Wellbeing: An Economics Perspective'. Perspectives on Wellbeing, 145–57. Leiden: Brill | Sense.

Casey, K. and Richards, J. (2016). Making Sense of the Economy: A Conversation with Joe Richards. [online] The Totality. Available at: http://www.wondrouskennel. com/2016/03/making-sense-of-economy-interview-joe-richards.html (Accessed 26 August 2020).

Cavalcanti, T. and Tavares, J. (2016). 'The Output Cost of Gender Discrimination: A Model-based Macroeconomics Estimate'. The Economic Journal [online] 126(590): 109–34. Available at: https://www.repository.cam.ac.uk/bitstream/ handle/1810/267278/CavalcantiTavaresEJFinal.pdf?sequence=1&isAllowed=y (Accessed 19 February 2020).

Chang, H.-J. (2014). Economics: The User's Guide. Gretna: Pelican.

Charles, K. K., Hurst, E. and Roussanov, N. (2007). Conspicuous Consumption and Race. [online] National Bureau of Economic Research. Available at: https:// www.nber.org/papers/w13392 (Accessed 26 August 2020).

Dale, G., Mathai, M. V. and Puppim, A., eds (2016). Green Growth: Ideology, Political Economy and the Alternatives. London: Zed Books Ltd.

Dasgupta, P. (2007). Economics: A Very Short Introduction. Oxford: Oxford

University Press.

Dawnay, E. and Shah, H. (2005). Behavioural Economics: Seven Principles for Policy-Makers. London: New Economics Foundation (NEF).

Di Tella, R., MacCulloch, R. J. and Oswald, A. J. (2001). 'Preferences over Inflation and Unemployment: Evidence from Surveys of Happiness'. American Economic Review 91(1): 335–41.

Dorling, D. (2017). The Equality Effect: Improving Life for Everyone. Oxford: New Internationalist.

Dustmann, C. and Frattini, T. (2014). 'The Fiscal Effects of Immigration to the UK'. The Economic Journal [online] 124(580): F593–F643. Available at: https ://academic.oup.com/ej/article-abstract/124/580/F593/5076967 (Accessed 16 March 2019).

Earle, J., Moran, C. and Ward-Perkins, Z. (2017). The Econocracy: The Perils of Leaving Economics to the Experts. Manchester: Manchester University Press.

Easterlin, R. A. (1974). Does Economic Growth Improve the Human Lot? Some Empirical Evidence. [online] ScienceDirect. Available at: https://www.scienced irect.com/science/article/pii/B9780122050503500087 (Accessed 23 February 2020).

Economy (2016). Economy. [online] Economy. Available at: https://www.ecnmy. org/learn/you/social-influences-culture-information/what-are-social-norms/.

Economy (2017). Does It Make Sense to Think of Governments and Markets as Separate Things? [online] Economy. Available at: https://www.ecnmy.org/learn/

your-government/the-role-of-the-state/governments-and-markets/ (Accessed 26 August 2020).

Economy (n.d.). What Is 'Rational Choice Theory' and Who Is 'Homo Economicus'? [online] Economy. Available at: https://www.ecnmy.org/learn/you/ choices-behavior/rational-choice-theory-homo-economicus/.

Economy and Rethinking Economics (2018). Doing Economics Differently. London; Manchester: Economy, REPCE.

Fioramonti, L. (2014). How Numbers Rule the World: The Use and Abuse of Statistics in Global Politics. London: Zed Books.

Fleming, D. (2016). Surviving the Future: Culture, Carnival and Capital in the Aftermath of the Market Economy. White River Junction: Chelsea Green Publishing.

Foundational Economy Collective (2018). Foundational Economy: The Infrastructure of Everyday Life. Manchester: Manchester University Press.

Gavrilova, E., Kamada, T. and Zoutman, F. (2017). 'Is Legal Pot Crippling Mexican Drug Trafficking Organisations? The Effect of Medical Marijuana Laws on US Crime'. The Economic Journal 129(617): 375–407.

Goodwin, B. (2007). Using Political Ideas. Chichester: Wiley.

Hatton, E. (2020). Under Compulsion: Why College Athletes and Graduate Students Are Like Prisoners. [online] Times Higher Education (THE). Available at: https://www.timeshighereducation.com/features/under-compulsion-why-college-athletes-and-graduate-students-are-prisoners (Accessed 26 August

2020).

Heywood, A. (2012). Political Ideologies: An Introduction. Houndmills: Palgrave Macmillan.

Kolbert, E. (2017). 'Why Facts Don't Change Our Minds'. The New Yorker. [online] Available at: https://www.newyorker.com/magazine/2017/02/27/why-facts-dont -change-our-minds (Accessed 25 February 2019).

Krugman, P. and Wells, R. (2013). Economics. New York: Worth Publishers.

Loayza, N. V., Olaberría, E., Rigolini, J. and Christiaensen, L. (2012). 'Natural Disasters and Growth: Going Beyond the Averages'. World Development [online] 40(7): 1317–36. Available at: https://ideas.repec.org/a/eee/wdevel/v40 y2012i7p1317-1336.html (Accessed 26 August 2020).

Mankiw, N. G. and Taylor, M. P. (2017). Economics. Andover: Cengage Learning.

Meyer, R. and Liebe, U. (2010). 'Are the Affluent Prepared to Pay for the Planet? Explaining Willingness to Pay for Public and Quasi-Private Environmental Goods in Switzerland'. Population and Environment 32(1): 42–65.

Neate, R. (2012). 'Queen Finally Finds Out Why No One Saw the Financial Crisis Coming'. The Guardian [online] 13 December. Available at: https://www. the guardian. com/uk/2012/dec/13/queen-financial-crisis-question (Accessed 26 August 2020).

Ngai, L. R. and Sheedy, K. (2011). Macroeconomic Principles. Secondedn. Essex: Pearson.

Norrish, A. (2017). Exploring How People Feel About Economics (and Why We Need to Improve It). London: Economy.

Noy, I. and Vu, T. B. (2010). 'The Economics of Natural Disasters in a Developing Country: The Case of Vietnam'. Journal of Asian Economics [online] 21(4): 345–54. Available at: https://econpapers.repec.org/article/eeeasieco/v_3a21_3ay_3a2010_3ai_3a4_3ap_3a345-354.htm (Accessed 26 August 2020).

Patrinos, H. A. (2013). The Hidden Cost of Corruption: Teacher Absenteeism and Loss in Schools. [online] blogs.worldbank.org. Available at: https://blogs.worldbank.org/education/hidden-cost-corruption-teacher-absenteeism-and-lossschools.

Pew Research Center (2003). Chapter 6: Social and Economic Values. [online] Pew Research Center's Global Attitudes Project. Available at: https://www.pewresearch.org/global/2003/06/03/chapter-6-social-and-economic-values/ (Accessed 26 August 2020).

Prentice, A. and Bryan, L. (2020). Economics for Beginners. London: Usborne Publishing Ltd.

Raworth, K. and The Extinction Rebellion (2019). This Is Not a Drill: An Extinction Rebellion Handbook (Chapter 25). London: Penguin Books.

Roine, J. (2017). Pocket Piketty. London: Zed Books.

Ryan-Collins, J., Greenham, T., Werner, R. and Jackson, A. (2011). Where Does Money Come From?: A Guide to the UK Monetary and Banking System. London: New Economics Foundation.

Ryan-Collins, J., Lloyd, T. and Macfarlane, L. (2017). Rethinking the Economics of Land and Housing. London: Zed.

Schwartz, S. (2012). 'An Overview of the Schwartz Theory of Basic Values'. Psychology and Culture Article, [online] 11: 12–13. Available at: https://scholar works.gvsu.edu/cgi/viewcontent.cgi?article=1116&context=orpc.

Steger, M. B. (2009). Globalization. Oxford: Oxford University Press.

Stiglitz, J., Sen, A. and Fitoussi, J.-P. (2009). The Measurement of Economic Performance and Social Progress Revisited: Reflections and Overview. [online] ideas.repec.org. Available at: https://ideas.repec.org/p/spo/wpmain/infohdl2 441-5l6uh8ogmqildh09h4687h53k.html (Accessed 26 August 2020).

The Daily Mail (2018). Britons Would Rather Discuss Sex than Talk about Their Finances. [online] Mail Online. Available at: https://www.dailymail.co.uk/news/article-5978729/Britons-discuss-sex-talk-finances.html (Accessed 26 August 2020).

United Nations (2019). World Population Prospects 2019: Highlights | Multimedia Library – United Nations Department of Economic and Social Affairs. [online] Un.org. Available at: https://www.un.org/development/desa/publications/world-population-prospects-2019-highlights.html.

YouGov (2016a). Poll (Economics and the EU Referendum). YouGov.

YouGov (2016b). Poll (Feelings towards Economics in the Media).

색인

●

ㄱ

가격
　집값 28, 175, 205-209, 211-220, 223-
　225
가격 상한제 221
가격 책정 192, 395
가격경직성이론 190
가격메커니즘 178, 186-189
가격차별 190-191
가계 55, 142-144, 147, 204, 217
가사 112, 122, 199, 260, 265
가치
　범주 72, 148, 154, 202, 230, 391
가치설 69-70
가치이론 69-70
가치저장의 수단 274
간접세 351-352
갈등 97, 141, 278, 382
값을 매길 수 없는 72
개발 산업 390
개발원조 391
개발의 의미 389
개인의 가치관 148, 153, 162
개인의 필요 101, 151, 158
개인주의 34, 154
거래 23, 46, 77, 79, 82-83, 95, 113, 149,
155, 174, 177, 179-180, 216, 225, 231,

261, 265, 273, 275, 285, 287-288, 290-
293, 297, 304, 307, 310, 327-330, 354-
355, 366, 376, 380, 384, 396
거시경제정책 172
거시경제지표 172
거시경제학 68, 109, 138-139, 171-172
결정론 108
경기적 실업 267
경력 63, 169, 231, 233, 264
경쟁 180, 184, 188, 191-195, 220, 222,
239, 242, 245, 248-251, 292, 316, 356,
380, 385-388, 404
경제
　개인의 역할 139
　계획경제 27, 89-90, 177, 197, 328-329
　교육 24, 27, 39-40, 49, 73, 90, 93, 95,
　101, 112, 116, 121, 123, 128, 131, 133,
　156-157, 174-175, 179, 198, 232-233,
　242-243, 264, 269, 288, 304-306,
　314, 320, 330, 338-339, 370-371,
　382, 390, 408, 410
　균형 상태 133, 182
　대화 14, 16, 20-21, 25, 28, 39-42, 46-
　47, 54, 61, 63, 95, 103-106, 135, 159,
　325, 402-406, 412
　보호무역주의 377, 386-387
　이민의 영향 387
　장소와 공간 36, 55-56, 78, 92-93, 95,
　105-106, 138, 148, 156, 174-175, 177,
　202, 204, 209, 216, 219, 248, 272,

엄청나게 중요하고
믿을 수 없게 친근한 경제

: 경제 뉴스 앞에 작아지는 이들을 위해

초판 인쇄 2023년 11월 9일
초판 발행 2023년 11월 20일

지은이 베스 레슬리, 조 리처즈
옮긴이 임경은

책임편집 박영서
편집 심재헌 김승욱
디자인 조아름
마케팅 정민호 박치우 한민아 이민경 박진희 정경주 정유선 김수인
브랜딩 함유지 함근아 고보미 박민재 김희숙 박다솔 조다현 정승민 배진성
제작 강신은 김동욱 이순호

발행인 김승욱
펴낸곳 이콘출판(주)
출판등록 2003년 3월 12일 제406-2003-059호
주소 10881 경기도 파주시 회동길 455-3
전자우편 book@econbook.com
전화 031-8071-8677(편집부) 031-955-2689(마케팅부)
팩스 031-8071-8672

ISBN 979-11-89318-50-5 03320